THE POWER OF MAKING THINKING VISIBLE

一本同時強化
教學力與學習力的實作書

讓思考變得可見的力量

榮‧理查特 Ron Ritchhart
馬克‧邱奇 Mark Church ——著

劉恆昌，侯秋玲 ——譯

Practices to Engage
and
Empower All Learners

目錄 Contents

Part II　│第二部─────────18 個強大的思考例程│

Part III　│ 第三部─────────────發揮力量 │

Figures ｜圖片｜

Tables ｜表格｜

謝辭

本書講述了身為研究人員的我們歷經多年鑽研，去了解「讓思考變得可見」（MTV, making thinking visible）的力量訴說了什麼樣的故事，但不僅如此。本書還匯集了全球各地數百位加入我們這趟旅程的教師心聲。這些老師甘願冒險並試用仍在開發中的新例程，跟我們分享自己的成功和失敗，促使我們探索新的可能性。藉由教學實作和對學生學習的個人探究，這些教師形成了社群，推動我們的集體學習。參與的教師多到數不清，在此，我們確實想要表彰以下這群教師，他們付出額外的努力，和我們一起記錄、反思、分享、討論並檢視他們的實作。希望我們在本書的描述能夠公允呈現出他們的貢獻。

從 2000 年開始，在卡普威坦（Carpe Vitam）基金會的支持下，我們在瑞典和歐洲的幾所國際學校展開讓思考變得可見的研發工作。從那時起，和我們合作的國際學校數量穩定增加，我們也持續向這個多元化的全球教育工作者團隊學習。我們特別要感謝華盛頓國際學校的 Tom Heilman 和 Emily Veres、亞特蘭大國際學校的 Joyce Lourenco Pereira、慕尼黑國際學校的 David Riehl、盧森堡國際學校的 Nora Vermeulin、阿姆斯特丹國際學校的 Mary Kelly、清奈美國國際學校的 Walter Basnight、北京國際學校的 Kendra Daly 和 Gene Quezada、Chadwick 國際學校的 Regina Del Carmen、新德里美國大使館學校的 Chris Fazenbaker、Marina Goodyear 和 Tahireh Thampi、Lusaka 美國國際學校的 Julie Frederick、基多科托帕希學院的 Laura Fried 和 Paul Miller、杜拜美國社區學校的 Matt McGrady、沙烏地阿拉伯王國阿卜杜

拉國王科技大學附屬花園小學的Caitlin McQuaid。

　　從2005年開始，我們和澳洲墨爾本的比亞立克學院展開長達13年的夥伴關係。《讓思考變得可見》（*Making Thinking Visible*, 2011）書中的許多故事就是源自這個高產出的協作。從那時起，以這些努力為基礎，這些想法便已經在澳洲各地廣泛的傳播開來。很多學校現在已經採用讓思考變得可見的實作，並以豐富而令人興奮的方式推動它們，使其更上層樓。在彭利和埃森頓文法學校的Nina Bilewicz懷抱這些想法，並支持教師在教學中勇於冒險並嘗試新的實作，我們從這些嘗試中受益匪淺，並得以從該校的Sheri McGrath、Amanda Stephens、Steve Davis、Darrel Cruse、Lee Crossley、Kate Dullard和Peter Bohmer深入的反思作品中學習。類似的實驗獲得南澳獨立學校聯盟的支持，在阿德雷德的荒野學校中，包括Alison Short在內的許多老師都熱切的試驗這些例程，並付諸實踐。我們還要感謝以下幾位：比亞立克學院的Sharonne Blum、聖三一小學的Michael Upton、聖方濟·札維耶小學的Nick Boylan、澳洲天主教大學的Kathy Green、聖母玫瑰小學的Alice Vigors、聖菲立普基督學院的Pennie Baker、紐因頓學院的Wayne Cox、太平洋路德學院的Alisha Janssen以及紅土學校的Amy Richardson。

　　在過去10多年中，我們一直透過與願景深遠的奧克蘭學校和密西根州各地的學校合作，為該地區超過200,000名學生發展思考的文化。因此，我們能夠看到這些想法在才華橫溢的教師、輔導教師和校長的呵護下成長、深化和發展。10年來，Lauren Child引領了這番成就，他一直在尋找方法去發展教師領導力和經驗的方法，這產生了一個龐大的教師網絡，讓他們能夠

採用我們正在開發的新例程，並運用在自己的課堂來創造最大成效。參與者包括大學利格特大學預科學校的 Shernaz Minwalla、Jodi Coyro 和 Michael Medvinsky、園景小學的 Alexandra Sanchez、國際學院的 Jeff Watson、代爾他凱利小學的 Julie Rains、奧克蘭學校的 Steven Whitmore、來自休倫谷的 Jennifer Hollander、貝米斯小學的 Kim Smiley、Morgan FieldsMary Goetz、Ashley Pellosma 和 Jennifer LaTarte。我們也很幸運能夠借用特拉弗斯城 Mary Beth Schmitt 的專業知識和經驗。透過安那堡全心設計學校的 Katrin Robertson 和 Diane Tamblyn 提供的卓越專業學習，我們有機會和愛默生學校的 Connie Weber、希爾頓小學的 Mary Beane 和沃什特瑙國際高中的 Trisha Matelski 老師一起工作，並向她們學習。

在匹茲堡，Jeff Evancho 建立了一個教育工作者網絡，他們深度投入零點計畫理念的使用和分享。我們從這些努力中受益，特別是南費耶特高中 Tara Surloff 和桂格谷高中 Matt Littlel 的努力。在加州德爾馬，教育局長 Holly McClurg 和助理教育局長 Shelley Petersen 藉由定期使用學習實驗室，致力於發展這些想法。阿什利瀑布小學的 Caitlin Williams 和 Andrea Peddycord 參加了這些實驗室，他們不只和同事，也和我們分享了他們的努力。我們還要感謝北卡羅來納州巔峰學校的 Jessica Alfaro、華盛頓州貝爾尤學區的 Julie Manley、麻州馬堡黑德鄉村學校的 Natalie Belli，以及紐澤西州紐波特市史蒂文斯合作學校的 Hardevi Vyas 等人的貢獻。

自 2012 年以來，蘇格蘭格拉斯哥的織錦合夥顧問（Tapestry Partnership）促成蘇格蘭地方教育當局投入了**讓思考變得可見**的理念。在 Katrina Bowes、

Victoria McNicol、Marjorie Kinnaird、Lesley Robertson和其他幾位的領導下，蘇格蘭各地的教師和校長在當地學校脈絡中勤勉的創造出讓思考看得見、受到重視並積極推廣的課堂。我們從多位學習領導者的努力中學到了很多，包括 Madelaine Baker、Louise-Anne Geddes、Claire Hamilton、Gagandeep Lota和Laura MacMillan。

　　在了解讓思考變得可見對學生表現的影響時，我們要感謝所有和我們無私分享資訊的學校和老師。其中包括華盛頓國際學校的Jim Reese、加州長堤智識美德學院的Jason Baehr、密西根州布隆非希爾市威氏小學的Adam Scher和密西根州特洛伊市貝米斯小學的Jeremy Whan。在澳洲，有墨爾本衛斯理學院的Nathan Armstrong和聖雷納德學院的Stuart Davis，以及來自新南威爾斯紐卡索聖菲立普基督學院的Judy Anastopoulos。在智利，有智利科技大學INACAP的Yerko Sepulveda。

　　我們要感謝我們零點計畫的同僚，他們一如往常，是我們在這項工作中的智識夥伴。Veronica Boix-Mansilla、Flossie Chua、Melissa Rivard，以及「跨學科與全球研究」倡議和「全球視角計畫」跟我們分享了「三個為什麼」和「美好與真相」例程，並幫助我們更加理解例程如何吸引並賦能學習者。Mara Krechevsky、Ben Mardell、Terri Turner和Daniel Wilson不斷激發我們的想像力，鼓勵我們以書面記錄學習與支持深度專業學習的實作。

　　我們要特別感謝「創造思考文化」線上課程的講師和輔導教師，他們願意和我們分享多年來讓思考變得可見並輔導其他教師發展思考文化的學習收穫。他們的觀察和洞見對我們了解讓思考變得可見的威力至為寶貴。感謝海

岸學校的Cameron Paterson、羅徹斯特高中的Erika Lusky、西德維爾友伴學校的Denise Coffin、史蒂文斯合作學校的Shehla Ghouse、歐斯邦小學的Erik Lindemann和國際學院的Jeff Watson。我們也感謝那些閱讀本書早期書稿，並提供編校、回饋和建議的人士，包括Julie Landvogt、Connie Weber和Pete Gaughan。

　　如果沒有Melville Hankins家族基金會的無私支持，本書不可能問世，他們最近持續在資助我們的研究和開發工作。他們的資助還促進了我們和新墨西哥州聖塔菲的曼德拉國際磁性學校（MIMS）的多年合作。這些想法在MIMS得到了Ahlum Scarola和Randy Grillo兩位校長以及一群鼓舞人心的協調專員的支持，包括Natalie Martino、Nevada Benton和Scott Larson，他們和一群敬業的教師一起工作，不斷成長並相互分享。要特別感謝數學老師Rudy Penczer、David Call、Jessie Gac和Anne Ray，當我們需要這些想法在數學課堂發揮作用的實例時，他們都願意在課堂上嘗試新的例程，並分享他們的成果。

作者介紹

　　榮‧理查特（Ron Ritchhart）是哈佛零點計畫的資深研究員暨首席研究員，他的研究專注於發展學校和課堂文化，以作為培養學生成為強大思考者和學習者的主要工具。榮的研究和著作為世界各地學校、學校系統和博物館的工作提供資訊。他的研究主要從教師的最佳實作中了解他們如何創造強大學習的條件，以課堂為基礎而聚焦於學習。榮在《智識品格》（Intellectual Character）一書中發表了開創性的研究，確認思考例程為核心教學實作，並為了解學校和組織廣泛運用的群體文化鋪設架構。他和馬克‧邱奇與凱琳‧莫莉森（Karin Morrison）合著的《讓思考變得可見》一書使思考例程的使用普及化，並促進深度學習和高度參與。榮的著作《創造思考文化》（Creating Cultures of Thinking）帶著讀者進入各種學習環境，展示教師如何創造出思考被重視、看得見，並受到積極推廣的課堂，使思考成為團隊成員日常經驗的一環。榮在劍橋或世界各地學校的工作之餘，經常往返於新墨西哥州的聖塔菲和加州的聖塔巴巴拉。

　　馬克・邱奇（Mark Church）在教育界工作超過25年，首先擔任課堂教師，之後成為其他教師和學校領導的學習引導者。馬克目前是哈佛零點計畫中「讓思考變得可見」和「思考文化」兩項倡議的顧問，在這些工作中，他利用了自己的課堂教學經驗以及他和世界各地教育工作者共事所獲得的觀點。他熱衷於幫助教育工作者安心的置身於各種可能性中，像是這樣的宏大概念：思考能夠幫助他們不只成為學生的學生，還要成為他們自己的學生。馬克相信創造出思考看得見、受重視並積極推廣的那些教師的力量。雖然馬克的家在西雅圖，但他周遊世界，用這些想法吸引人們投入，這些想法持續激發他的熱情，並帶給他許多喜樂。馬克與榮・理查特和凱琳・莫莉森合著了《讓思考變得可見》一書。

導讀

在1998到1999學年度間，我花了一年去研究特別擅長促進學生思考的一群教師[1]。這群教育工作者關心思考、讓思考成為教學核心，而且成效卓著，因而獲得同僚、輔導教師、校長及大學教授推薦。這群教師不只促進學生在當下思考，還發展了他們思考的特質與傾向、培養他們長期的心智習性，並鍛鍊他們的智識品格。我和這群非凡教師的協作在我心中迴盪多年，更提供了我20年來研究與撰述的資訊。

穿梭於課堂之間，看各州各校形形色色學生，我開始注意到有個非常強大的模式正在浮現：這些如此擅長促進學生思考的教師從來不曾上過一堂思考技能課！這群經驗與背景迥異的教師運用架構，通常是自己制定與設計的架構，細心的提示、搭建起思考的鷹架並支持學生去思考，而不是教學生思考。更重要的是，這些架構在學年中一再使用，所以很快的成為學習與思考的**例程**。這些例程成為課堂經緯中的一環，同時有助於創造思考的文化。

當我們看見思考例程的威力不只促進學生的思考在當下變得可見，同時也發展出長期的思考特質與傾向時，哈佛教育學院零點計畫的研究小組同僚大衛·柏金斯、夏蕊·提許曼和我選擇產出思考例程作為我們思考可見計畫的核心實踐。儘管我所觀察的教師是為了自己的需要而設計出自己的例程，但我們的團隊要著手發展出一系列可以廣泛運用的思考例程，我們設法編製成不只跨越學科領域、還可以在不同年齡層使用的例程。身為研究者，我們的任務不是設計課程或介入教學，而是設計一個**方法**來啟發學生成為思考者與學習者。我們的目標是設計一個方法，可以培養思考特質與傾向並提升學

生的智識品質。為了讓這個方法可行，我們知道教師必須先接受讓思考變得可見的目的是教學的重要目標，唯有如此，這些實作才可能在他們的課堂變得鮮活生動。

從思考可見計畫（Visible Thinking project）伊始，我們就注意到，教師自然而然的受到這些工具吸引，因為容易操作。此外，學生也因為喜歡這些工具而開始更主動投入學習。更重要的是，和我們合作的教師開始重視讓學生思考和讓他們的思考變得可見的意義。我第一次請教師帶著學生思考的證據來跟同儕分享時，許多人帶來學生的短文、學習單或完美的試卷。他們單純的假設了思考必然顯現在學生的正確答案或模範作業中，但教師們迅速理解到：思考更像是歷程，而不是作品。雖然作品當然可能包括思考的證據，但有時作品卻讓學生的思考變得不明顯。這個正確回應是猜的嗎？靈光乍現嗎？歪打正著嗎？或純粹是背誦的答案？學生是如何達到終點的？我們唯有揭露通常神祕而隱形的思考過程，才可能回答這些問題。

當然，我們很開心教師們發現思考例程有幫助、吸引學生也可以應用。讓思考變得可見最早的網站（www.visiblethinkingpz.org, 2005）和後續出版的《讓思考變得可見》一書讓全世界的教師易於使用思考例程。大約 10 年後，現在，我們覺得有更多可以分享，而且已經開發了許多我們希望問世的新例程。單單這些例程本身就足以成為原書的姊妹篇，但我們想做的不僅是要分享這些我們認為很有用的新例程。思考例程的力量確實轉化了教學與學習，我們也希望分享這件事。我們想要傳達我們學到的一件事：教師如何自己發揮MTV實作的力量。「力量」是建構本書的主軸，因為本書和前作提供了有用的洞

見和重要的工具，二書應該被視為互為搭配的姊妹書。但這本新書特別有助於了解MTV為何與如何成為一套重要的教育實作，以及教師（不論是合作使用或自行使用）如何協助發揮這些實作的威力。

　　我們從第一章開始探討讓思考變得可見的六大力量。這些「力量」從我們在全球各地不同學校的深入研究中浮現，代表了MTV實作重塑了學校教育的前景，也構成我們作為研究者的理由。雖然教師經常把思考例程當作有用的實作和有幫助的策略跟同儕分享，但為了在全校有效運用，我們必須深入了解這些實作到底在哪些地方可以吸引學生、教師和學校。對許多教師來說，在自己可以開始建立例程之前，他們需要了解這種發展潛力。資深的教育工作者通常對新近的風潮或技巧心懷疑慮，他們需要好的理由說服自己去嘗試一套新的作法。

　　在第二章中，我們引用我們的長期研究，來分享我們對於「讓思考變得可見」這個教學目標及這套實作的理解。這些背景資訊幫助我們妥善運用思考例程，也完整的了解這些例程轉化學習的威力。其中呈現了幾個如何設計和構成思考例程的原則，《讓思考變得可見》的讀者可能記憶猶新。然而，在我們目前的工作中，我們持續增長並演進如何運作例程的知識，本章呈現的新觀念中，有些很可能可以促進包括資深老手的實作。

　　現在，幾乎每一個哈佛零點計畫的新專案都會用到思考例程。有時專案團隊利用既有例程，有時團隊會創造新的例程，好用來為思考搭建鷹架、支持各自的專案所試圖促進的特定思考行動。思考例程通常採取逆向式設計，藉由檢視學習情境，並辨識在那個脈絡中有效吸引投入的思考種類，這

些努力產生了豐富的新思考例程。雖然我們撰寫本書的第一直覺是分享我們設計或改編的所有例程，但我們很快發現那實在太多了。因此，我們選出運用最廣泛且效果強大的18個思考例程來分享，目的包括「投入與人互動」（engagement with others，第三章）、「投入想法探索」（engagement with ideas，第四章），和「投入行動」（engagement in action，第五章）。

關於如何以最有效的方式運用思考例程，過去20年的經驗教會我們許多，我們從教師展現的技巧中學習到如何改編與應用思考例程來吸引學生投入學習與思考。我們從不順利甚至失敗的那些時刻所學習到的事物，和順利的時刻學到的一樣多。此外，有時看到教師只把思考例程當成表面化的活動運用，我們也學到了東西。這些表面化絕不是任何教師的意圖，不過，這讓我們深入思考它們為何、如何發生，以及我們如何幫助教師避免這種情況。我們最後理解了以下幾點的重要性：規劃思考、在我們心中和學生心中都預期思考、敦促學生當下的思考以提升他們的思考，以及在教學順序中適切的定位思考例程。我們在第六章分享了如何有效運用思考例程的學習內容。

最後，在總結中要傳達的是，我們多年來學到教師在接納讓思考變得可見的目標後，如何相互學習。在第七章，我們分享了我們發展來幫助教師透過專業探究、觀察、分析與反思來相互學習的工具與實作。如果想和運用這些想法的校外教育工作者建立連結，進行分享和進一步討論，那麼哈佛大學教育學院零點計畫舉辦的各種研討會、研習和線上課程（http://www.pz.harvard.edu/professopnal-development）可以提供寶貴的專業機會。

當你閱讀本書時，我們鼓勵你現在就加入我們的探尋來發揮讓思考

變得可見的力量，從書中分享的故事獲得靈感。利用其他人的學習，甚至把這些學習延伸到你自己的教學情境中來產出自己的洞見。你可以透過臉書（https://www.facebook.com/MakingThinkingVisible），或在推特與IG用#MakingThinkingVisible或#VisibleThinking，或追蹤並標記@RonRitchhart或@ProjectZeroHGSE，藉著和我們分享你自己的學習，把你的聲音加進合唱中。最重要的，是把這些思考例程以及MTV的實作變成遍及你的課堂和全校的實際行為模式，這樣一來，你也可以體驗讓思考變得可見的力量。

1　Ritchhart 2000

The Power of Making Thinking Visible

PART ONE

LAYING

THE FOUNDATION

FOR POWER

第一部

奠定力量的基礎

The Power of
Making Thinking Visible

CHAPTER
1

第一章

Introduction to Thinking Routines

思考例程介紹

把教學重點真正的放在「讓思考變得可見」，從根本上改變了學生和教師的角色。運用思考例程記錄我們的學習時，我注意到學生的發言愈來愈踴躍，而且是學生在主導我們的學習。這種聚焦在學生思考上的教學，把力量交到學生手中，並且培養出一種建立在互信和尊重基礎上的師生關係。

亞歷珊卓・桑琪絲，密西根州諾維市園景小學三年級教師

當我將班上學生的思考變得清晰可見，就好像用量油尺檢測油量一樣，我能夠馬上看見他們理解和不理解的事，這是我下一步教學需要做什麼的線索。這大概是我從25年前開始執教以來，在教學方式上的最大改變。我現在能夠更靈敏的回應學生的思考了。

卡麥隆・派特森，澳洲雪梨海岸學校教學部主任，中學歷史教師

親眼見證這些語文溝通障礙兼中度認知障礙的學生從難以回答指定的閱讀理解問題，轉變成自豪的展現他們的思考，這永久改變了我對「以神經多樣性支持協助學習者」的觀點。讓思考變得可見的實作為這些學生提供了一條前人未曾走過的道路，給了他們一副聲音、一個目的和一股自豪感。對於這些學生的學習成就和思考能力，我看到我們學校所有教職員在態度上都產生了巨大的轉變。

依瑞卡・盧斯基，密西根羅徹斯特中學語言治療師，教學輔導教師

　　亞歷珊卓、卡麥隆和依瑞卡滔滔不絕的述說著讓思考變得可見（MTV）的力量，他們的聲音並非少數，已經有許多來自世界各地不同課堂的教師跟我們分享MTV對他們的教學和學生的學習所造成的改變。我們以研究者的身分在課堂中觀察，親眼看見了這樣的改變，見證了一種全新的學校教育典範在專注投入、目的明確的學習情境中萌生。這也推動了我們從2011年首次出

版《讓思考變得可見》之後的許多研發工作。在與各家學校持續協作的過程中，我們既試著掌握我們看到教師在吸引學生投入思考並使其可見時所用的種種方法，同時也試著去理解這些作為所造成的差異。MTV的實作如何改變學生和教師？是什麼讓這套實作影響力如此強大？為了讓學生的思考變得可見，眾人所做的努力是如何轉化了我們長久以來熟悉的傳統學校教育故事？

在這一章，我們清楚說明了我們看見MTV的思考例程課堂發揮改變力量的六種方式。MTV的力量可以：

- 促進深度學習
- 培養投入的學生
- 改變學生和教師的角色
- 強化形成性評量的作法
- 提升學習成效（即使是以標準化測驗評量）
- 發展思考的特質與傾向

我們引用教師們的心聲來探討每一種力量，這些教師都曾經分享他們在自身教學和學生學習中的哪些情境下看見MTV的力量。我們會連結相關的研究，好進一步詳細闡述這些教師的說法。最後，我們會明確解釋這些「力量」為何又如何普遍存在於可見式思考的實作，以及特定的思考例程當中。究竟是什麼讓MTV思考例程有助於形成這種力量？教師如何能在自己的課堂裡發揮這種力量？

◉ 促進深度學習

「思考可見計畫」開始於2000年，基礎則建立在1990年代的前一個計畫「為理解而教」（Teaching for Understanding）。理解和思考這兩個觀念是深度學習此一概念的核心。雖然深度學習並沒有單一的定義，但這塊領域的主要研究

贊助者惠烈基金會（Hewlett Foundation）將深度學習定義為：理解學科核心內容的重要意義，加上運用這些學科內容來進行批判思考、解決問題的能力[1]。這些核心的學術素養再加上協作、溝通、自我導向學習，以及作為學習者的正向信念和態度等人際能力與內在能力，這些都有助於激勵一個人持續終身學習。

以發展出深度學習的學校和課堂所做的大規模研究為基礎，雅爾・梅塔和莎拉・法恩主張以下這三大元素出現交集時，深度學習就會出現：

- 精熟度（Mastery）：發展理解的機會。
- 自我認同（Identity）：連結特定領域，並發展為在世上擁有一席之地的學習者的機會。
- 創造力（Creativity）：產出對個人有意義的事物的機會。

這些機會融合了批判性思考、應對複雜性、挑戰假設、質疑權威和擁抱好奇心——全都是所謂深度學習的核心元素。

來自賓州桂格谷奧斯本小學的艾瑞克・林德曼老師在他的三年級課堂實施讓思考變得可見時，看到了這些元素如何發揮作用，「當我們運用可見式思考例程時，課堂學習的故事產生了戲劇性的改變。這些例程為學生建立起處理複雜性的能力，同時也激發他們探索的興趣。當我的學生開始內化和應用這些思考工具，我成了他們這一段持續性研究的顧問。當學生成了帶頭的人，好奇心和興奮感便激發了深度學習。」他如此評述。艾瑞克的話證明了讓學生的思考變得可見有顛覆性的影響力，促使教學超越了知識傳遞的範疇，不只把焦點放在學科內容的轉化，也放在學習者的徹底改變上。

密西根州奧克蘭郡國際學院的中學數學老師傑夫・華特森同樣注意到這種從知識傳遞到轉化的改變。「我探訪過的數學課堂大多是講授導向、以教師為中心的學習環境。很多時候，師生之間唯一的互動是學生回答老師的『有沒有問題？』」他喟嘆著。相對的，傑夫注意到，「思考例程是一種不可思議的方法，改變了整個課堂的動態，『學習』這件事自然而然的翻轉到學生手

上，並讓他們扮演更主動積極的角色。最棒的是，這些改變的影響力如此強大，卻不需要花一毛錢，也不需要任何課程上的更動或大刀闊斧的改革。」

先前我們已經指出，理解和思考的議題位於深度學習的核心，而這兩者也是老師能否有效運用思考例程的核心。在運用某項思考例程時，老師需要將其置於建立理解的更大情境脈絡下，去思考它的用途：在我努力要幫助學生建立理解的這份雄心壯志中，要如何適當的納入這一課？然後，老師才能開始聚焦在這一課的目標：我希望學生開始努力掌握哪些想法？我們需要探討的複雜面向和細微差異在哪？我能夠如何促使學生理解，並推進他們的理解？找到這些問題的答案之後，老師就可以開始找尋學習資源素材，並確認哪些思考類型最適合用來探索那份素材。唯有當這些思考充足之後，教師才有能力選擇一項適當的思考例程，來當作該次探索的工具或結構。

◉培養投入的學生

紐澤西州新港史蒂文斯合作學校的哈蒂薇·維亞斯老師反思 MTV 思考例程對她的三、四年級學生造成的學習改變時，提到它有吸引學生投入的力量：「持續運用思考例程來探討第一手和第二手資料、當作對話的規範和思考的提示，逐漸成為一股推動力，讓學生從原本的有點感興趣轉向高度投入，藉由確認哪些步驟可做出改變，轉而產生採取行動的真正渴望。思考例程吸引學生在情感面投入，也促成了高層次的智識嚴謹度和倫理面的反思。」

從哈蒂薇的這段話，可以定義出三種不同的投入類型：（1）投入與人互動，（2）投入想法探索，（3）投入行動。在投入與人互動這一方面，我們體認到：學習是在他人的陪伴下展開，是一種社會性的努力。我們在團體裡學習，向團體學習，跟團體一起學習。團體支持我們的學習，也挑戰我們的學習，讓我們能夠（有機會）達成更高層次的表現。同時，學習也要求個人投入各種想法的探索，雖然我們也可以被動的接收新資訊，但理解是一段主動深入挖掘和創造意義的過程，是我們把自己帶入學習當下的那一刻。為了

跟「單純只是參與活動」有所區隔，有時候這種主動學習被視為「認知投入」（cognitive engagement），正是這種對各種想法的認知投入引發了學習。而去探索重要、有意義、跟世界連結的概念，通常意味著學生想要採取行動。提供學生採取行動的機會和框架，能鼓勵學生發展能動性（agency）和力量，同時也讓學習變得跟學生切身相關。

我們發現，這個將投入的本質分為三種類型的架構，非常有利於了解思考例程如何以不同的方式吸引學生，所以我們運用這個架構來組織本書第二部所呈現的思考例程。當然，這三種投入類型並非各自獨立，我們在每種類型標題下呈現的思考例程也不是各自獨立。雖然某項思考例程可能提供一種讓學生與人互動的絕佳方式，但學生也還是投入了想法探索。同樣的，在思考如何採取行動時，我們可能會與他人互動合作，但想法的探索依然居於核心。

我們可能會忍不住想責怪學生缺乏投入，畢竟，我們在課堂上所注意到的，是他們的行為（或欠缺某種行為）。然而，大衛·薛諾夫的研究發現，影響學生投入程度的因素，有75%可歸因於教室學習情境的差異，只有25%是因為學生本身的背景特質[2]。薛諾夫及同事進一步發現，高中生反應，當老師讓他們參與思考時，他們會更加投入[3]。這些發現跟其他研究者評估都會區中學生對教師看法的發現很類似，當教師們引導學生投入獨立思考時，學生肯定這種作法有益於發展他們的理解力和自主性[4]。在梅塔和法恩[5]對深度學習的研究中，讓所有學生深度投入、有機會思考是何等重要也是教師們共同關切的主題。他們發現，重視深度學習的教師將思考和投入視為學習必須具備的一部分，也是**所有**學生都有能力做到的事。這樣的看法和那些無法吸引學生持續投入深度學習的教師截然不同——他們更可能認為理解、思考和投入都超出他們學生的能力範圍。

這種「思考導致學生投入」的現象並非僅限於國、高中生，密西根大學講師凱特琳·羅伯森在她的藝術教育課上也體驗到了。「多年來，我都是運

用問題提示來讓大學生投入文本討論，這些『討論』最後常常變成『問答時間』，學生只是回答我的問題，卻沒有對話。學生感覺是勉強投入，有時彷彿我們全都在課堂上夢遊。」凱特琳說出她的觀察。但凱特琳並非只想將這種行為模式歸咎於學生，她做出了改變。「當我開始運用思考例程之後，一切都變了。學生有了空間可以讓自己的思考變得可見，而非只是回答我的問題提示，整個課堂變得充滿對話活力。學生的想法不斷冒出來，新的觀點以多元形式顯示出來、引發討論與分享。我真希望自己在教師生涯的早些年就這樣做了。」她說。在世界的另一端，澳洲天主教大學的凱西・格林在運用思考例程時，學生也有同樣的反應。在體驗過思考例程之後，學生問她：「為什麼我們大學的其他課程不這麼做呢？這樣更有意義，也有用多了！」

◉改變學生和教師的角色

在教學的傳統灌輸模式裡，學生和教師的角色都已定義得很清楚。教師是宣講者，通常透過演講、PowerPoint簡報或指定閱讀的文本來傳播知識；學生則是接受者，接收教師宣講的資訊。如果課堂是互動式的，往往只是教師對學生提問，看看學生是否知道教材內容。在這種模式裡，「好」學生做了充分準備，以免被教師的問題給問倒，而所謂的「壞」學生就是不專心，或只有在被點名時才參與。不幸的是，這種諷刺的教室課堂戲本（parody），對許多學生來說卻是大量記載的事實[6]。

當教師們認同目標是讓學生的思考變得可見，並開始運用思考例程時，他們就會開始看到教師和學生角色的轉變。一開始，這些轉變很微小，但隨著時間進展，這些轉變有可能變得巨大。可以確定的是，許多教師開始運用思考例程時，它們可能只是附加在傳統的灌輸教學模式上，用來讓學習更生動有趣。但即使是在這種情況下，教師還是可能看見未來可能性的微光。然後教師必須接納這份可能性，並且定期的、深思熟慮的運用MTV的步驟來培育這份可能性。教師必須採用的不只是讓思考變得可見的例程，也包括讓思

考變得可見的目標。教師對教學必須採取全新的立場，必須改變我們訴說的學習故事，並且重新思考教育的目標。

經歷最大課堂改變的教師們雖然沒有丟棄原本的課程，或放棄幫學生準備高利害關係的考試，但他們認為自己的教學角色超越了考試，目標是為學生的終身學習作準備，考試只是終身學習之路上的小里程碑。聽聽卡麥隆・派特森怎麼說：「雖然我希望我的學生測驗成績好，但我也希望他們發展出在充滿機器人的全球化世界裡茁壯成長所需的特質與傾向──能夠自主思考、創造和提出問題。」採取這種教學立場的教師，不以簡化棘手的素材、讓教材變得更簡單為目標，他們探索的，是如何讓學生親近和理解那些想法。學生的問題令人興奮，而不是讓人分神。這樣的教師在檢視塞進自己課程裡的許多成分時，能辨別並非所有內容都是同等重要，所以會避免為了趕進度而全部教完，他們知道深度理解才能為未來的學習作好準備[7]。

當教師心理上有了這些轉變，換上全新的心態，MTV的種種實作就能夠發揮轉化力量，教師也會注意到自己和學生的改變。密西根州布萊頓市希爾頓小學的三年級教師瑪莉・畢恩就認知到這種改變發生在她自己和學生身上。「讓思考變得可見、專注於培養思考文化，教會了我如何幫助孩子表達自己的思考。」瑪莉反思道：「在所有人都重視學生思考的課堂文化裡，學生會自然的開始主動發起學習活動，而且是運用一些我從來不知道可以這麼做的方式。現在學生會建議我使用哪些思考例程來挖掘某個主題的複雜性，我可以退到一旁，讓學生圍坐成一圈來討論和思考各種觀點。師生角色轉換讓我不只觀察到孩子知道什麼，還可以更了解他們怎麼聽、怎麼想、怎麼參與和回應。」

瑪莉改變了她的角色，從知識灌輸者變成協調者，努力建立支持的文化、創造探究的情境條件和有意義的探索機會。主導課堂的聲音從教師的聲音變成學生的聲音，她的學生不再是被動的知識接收者，而是主動的創造者、指揮者和學習團體的成員。瑪莉發現學生擁有主動決斷的能力，所以她

必須克制自己身為教師想要緊握韁繩和控制學生的傾向，相反的，她讚許學生展現出這種投入的全新高度，設法促使學生更加投入，賦權給學生，進而創造出有能動性的意識。

對於學生的能動性和自主決斷能力，華盛頓特區西德威爾友伴學校的幼兒園教師丹尼絲・柯芬也有同感。「在讓學生思考變得可見的過程中，我賦權給學生，他們開始展現出一種『內在年齡更大』（be bigger on the inside）的企圖——這是他們說的話，不是我。這個意思是，他們的想法和行動計畫可能跟學校裡年紀比較大的學生和大人一樣有效、同等複雜。」

MTV改變教師角色的另一種方式是教師變成了學生的學生，亦即，教師開始好奇學生的學習、學生如何理解各種想法、學生在想什麼以及什麼想法會吸引學生投入。MTV允許也要求教師以不同的方式來認識學生。傳統上，我們是以學生的學業表現和學生擁有的知識技能來認識他們，許多學校制度倚靠期末各科測驗、透過簡化的分數來定義學生。當我們將重點放在學生的思考時，我們看學生的角度就多了很多。我們開始關注他們是如何知道他們所知道的、他們有什麼疑問、面對什麼樣的挑戰，不再認為這些挑戰是學生的不足，而是有趣的探索機會。這種對學生如何思考的好奇心，更進一步驅動我們努力將MTV當作一種機制，用來深入了解學生，並提供更能回應學生需求的教學內容。

●強化形成性評量的作法

在教育界了解回饋和形成性評量對促進學習大有用處之後[8]，政策制定者和課程行銷者就一直設法讓形成性評量在學校生根，成為正式作法。不幸的是，進行的形式往往是要求教師設計和提出一套形成性評量任務，在某些情況裡，這些任務還必須正式寫下來，甚至在學生開始學習之前就要寫入課程計畫。我們曾聽過教師對學生宣布：這是交出指定的正式任務前的「一項形成性評量」，而大部分學生將此宣布聽成「這個不算分數」，結果，原本

意在為教與學提供資訊的任務，在學生眼中變得毫無意義，而且評量被學生視為某種**對他們做的**事情，而不是**跟他們一起做**的事情。這些想把形成性評量正式化的作為之所以出問題，在於形成性評量並非一項任務，而是一種實作。如果你依賴和設計正式任務的目的是為了提供自己和學生「一項形成性評量」，那麼很有可能你的形成性評量實作是薄弱的，對學生幫助不大。

真正的形成性評量是融入教學過程，並不斷努力了解我們學生的學習。它是一條雙向道，積極的讓師生投入有關學習的對話中。它不存在於任務當中，也不是評鑑學生在該項任務上的表現。形成性評量存在我們聆聽、觀察、檢視、分析和反思學習的過程裡。即便如此，只有當我們運用那些資料來**了解和促進**我們的教學和學生的學習時，我們的評量才達到形成性的目的。到了此時，推動形成性評量的是我們對於學生學習的好奇心，以及想要確認自己的教學是否回應了學生學習需求的渴望。

如果我們想知道的不只是學生知道什麼，更想知道他們是如何知道的，那麼我們就必須讓他們的思考變得可見。因此，讓學生的思考變得可見是一種形成性評量的實作，就像史蒂文斯合作學校的校長謝拉・高斯所說：「洞察學生的思考後，教師就有了非常珍貴的資訊，可用來規劃個別學生接下來的學習步驟，也幫助我們更了解每一位學生，更了解如何有效影響學生、促進他們進一步學習。」

談到思考例程作為形成性評量工具的明確好處，凱特琳・羅伯森指出這些思考例程的開放本質對她的大學生特別有用：「透過要求學生使用一項思考例程（相對於一次小考或其他預先設計好的工具）來讓他們的思考變得可見，我不只可以收集到資料，藉此了解學生在特定領域的學習，還能夠以我從未想過或預期的方式來發現學生的學習情形。」她補充說，思考例程同時提供了她很需要的和意料之外的資訊，「幫助我設計出更好的學習機會，當我們在學習之路上前進時，能以豐富又細緻的方式去支持和擴展學生的學習。」

　　在本書第二部分享的每項思考例程當中，都有一節特別談及「評量」，不過並不提供如何評分、如何評估學生對思考例程的回應等相關資訊，因為這些評量會很快送出一個訊息，告訴學生說你期盼、尋找的是具體的答案，而不是他們的思考。你會找到普遍性的指導原則，指引你在執行一項思考例程，並根據這項思考例程所要促進的思維來檢視學生後續的回應時，要注意和尋找什麼。如果你注意到學生的回應很弱或很有限，或者學生有困難，你也可以找到有關如何回應的建議。

　　如果你真的需要或想要做總結性評量，我們的建議是，把思考例程當作建立理解的媒介，整理學生可能出現的所有混亂思考，然後再接著做一份比較傳統的作業，讓學生分享他們的理解。湯姆・海爾曼運用「剝水果」思考例程（參見頁142）的方式就是很好的例子。湯姆教華盛頓國際學校的高中學生運用這項思考例程進行小組合作，以理解一首詩，然後學生再寫出個人對於這首詩的評論。在學生使用「剝水果」思考例程的過程中，湯姆介入指導、提出問題、給予提示和協助學生學習，這就是發揮作用的形成性評量實作。然後，他依據學生能否援引詩句裡的證據來建構這首詩的意義，為學生的批判性評論打分數。因此，學生很重視他們「剝水果」的思考時間，因為這提供了機會去理解，而非不算分數的形成性評量任務（湯姆討論他運用「剝水果」思考例程和評量的影片，請參見：https://www.youtube.com/The PowerOfMakingThinkingVisible）。

◉ 提升學習成效（即使是以標準化測驗評量）

　　我們剛開始進行思考可見計畫時，即使是免費的，也很難找到美國的學校跟我們合作，因為我們的計畫並非專以提高考試分數為目標。當時正值美國「標準與績效責任」運動（Standards and Accountability movement）的高峰，我們向校方解釋我們的計畫是讓學生思考、投入和發展理解力，但還是沒有學校願意參與。後來，當我們開始擴大分享計畫的工作和相關的思考例程時，我

們不斷收到校方詢問它們與學生考試成績有何關係。老實說，我們無法回答這些問題。我們知道這些例程吸引學生投入學習，促使他們思考，並幫助他們建立理解。我們認為這將會幫助他們應付標準化測驗，但我們沒有證據。但在後續幾年，我們已經能夠收集到這方面的資料。

正如三年級老師艾瑞克‧林德曼指出的：「現今的標準化測驗包含更多開放式問題解決的題型，需要更複雜的分析。讓思考變得可見幫助學生理解這些問題，還有完成任務所需要的思考類型。當學生深入了解自己的思考過程以及如何應用這些過程，他們就能夠有『精熟級』的表現。」因為我們認為MTV是一套複雜的實作，需要時間和支持方能成熟，所以我們不將它視為老師採用之後就可立即評鑑結果的課程。因此，為了檢核MTV如何影響學生的成績表現，我們仰賴個別教師和學校收集研究資料，這些教師和學校接納MTV作為一種目標和實作，並且透過持續的專業學習，在他們的學校或課堂裡培植MTV。

結果非常可觀。2010年，華盛頓國際學校的英語科發現國際文憑大學預科課程（IB Diploma）的學科平均分數，不管是高級程度（HL）或標準程度（SL），都比前一年大幅提高（見表1.1）。SL班級學生的進步尤其顯著，平均成績從2009年的5.2分（國際文憑的7級分制）上升到2010年的6.07分，而且高達79.3%的SL學生在英語學科測驗中獲得頂級7分或6分，前一年則只有30%。2011年，HL學生的分數保持平穩，但SL英語班學生的分數持續攀升，平均達到6.23分，其中87.1%的學生得分為6或7分，沒有學生得分低於5分。學生的表現不僅強力上揚，也令人驚訝，因為2011年有更多學生需要學習扶助。老師們將此歸因於2011年的學生連續三年接受MTV的訓練。英語學科表現非常出色的同時，華盛頓國際學校的其他學科領域也有類似的進步。學生的成績表現在後續八年皆相當穩定。

在澳洲的墨爾本，納森‧阿姆斯壯開始在威斯理學院的高四英語班實施可見式思考例程和建立思考文化後，發現他的學生在維多利亞教育證書

**表 1.1　華盛頓國際學校 2009-2011 年國際文憑大學預科課程
　　　　A1 英語測驗分數**

IB 英語 A1 高級程度				IB 英語 A1 標準程度			
年度	總人數	平均分數	7 或 6 分比率	年度	總人數	平均分數	7 或 6 分比率
2009	29	5.07	24.1%	2009	30	5.20	30.0%
2010	36	5.58	52.8%	2010	29	6.07	79.3%
2011	24	5.54	50.0%	2011	31	6.23	87.1%

（Victoria Certificate of Education, VCE）的測驗表現上，得分位列前10%的比率增加了2.5倍，從2007年的21%上升到2008年的55%，而且這種卓越的成績表現在後續幾年一直保持穩定。在澳洲新南威爾斯州紐卡索的聖菲利浦基督教學院，甚至連家長們都發現MTV對學生的影響，有位家長給高中英語教師茱蒂·阿納斯托普洛斯寫了這樣的信：

　　親愛的茱蒂，

　　　　詹姆斯（化名）在十年級的時候英語成績低於平均程度，他對順利拿到高中教育證書（Higher Secondary Certificate, HSC）也不抱多少希望。但他對英文的努力加上英語課程引入思考例程的新學習方式，提升了他的口語能力和自信心，更棒的成果是他寫作的劇本在英語 HSC 得到了 6 級分（最高評分等級）。對於我兒子的進步，向您致上我的感謝和無限感激！！！

位於澳洲墨爾本的聖雷歐納德學院過去四年來一直致力於實施MTV以

建立思考文化。校長斯圖亞特・戴維斯知道，一般學校總是表揚頂尖的學生，並且以校內有多少學生能夠獲得頂尖排名來行銷學校。然而，當學生競逐排名，如同澳洲的情況，便代表國內只有極少比率的學生能夠達到這些等級。排名前1%的學生每年僅占全國學生的1%。更有甚者，學校過度關注頂尖的學生，反而忽略了他們應當負責教育的絕大多數學生。斯圖亞特認為，要評估MTV造成什麼影響，最佳方式是觀察中位數（一半學生得分高於此數，一半學生得分低於此數）的變化，以及學校最底層1/4學生的分數，而非只看頂尖的學生。換言之，MTV的實作是否幫助了能力較低和普通的學生？聖雷歐納德學院學生的澳洲高等教育入學排名成績中位數（Australian Tertiary Admission Rank，簡稱ATAR，代表的是澳洲所有十二年級學生的百分位排名）每年都穩定攀升：2015＝81.55，2016＝85.58，2017＝87.4和2018＝90.5。學校最底層1/4學生的排名也一樣：2015＝68.92，2016＝73.06，2017＝76.97和2018＝78.24。

　　至於國中學校層級，加州長灘市的智能美德學院自2013年成立以來一直將思考例程放在學習的核心，在2015年的智慧平衡評量（Smarter Balanced Assessment，實施此評量測驗的第一年），數學和閱讀的成績表現居學區之冠，而且顯著優於加州的平均分數。新墨西哥州聖塔菲的曼德拉國際磁性學校（簡稱MIMS）成立於2014年，是一所使用國際文憑中學課程（IB Middle Years Program）、無入學條件限制的國中磁性學校，最終將會發展成包含七至十二年級學生的中等學校。我們從這所學校成立之初就在梅爾維爾・漢金斯家族基金會（Melville Hankins Family Foundation）的資助下與之合作。在新墨西哥州的大學與職涯準備度評量聯盟（Partnership for Assessment of Readiness for College and Careers, PARCC）持續實施測驗的3年當中，MIMS八年級英語成績穩步上升，2016年精熟率為46%（西班牙裔學生為27%），2017年為60%（西班牙裔學生為41%），2018年為67%（西班牙裔學生為59%）。八年級的數學分數並非一致穩定的上升，2016年為44%，2017年為39%，2018年為49%。然而，與

當時學區的平均精熟率17%相比,這些分數確實顯示出長期且非常強勁的成長。觀察同一群學生在學校逐年進步,看看他們的精熟率隨時間推移發生了什麼變化,也很有啟發意義。我們追蹤記錄2016年七年級學生整體的英語精熟率,從2016年的46%上升到2017年的67%,再到2018年的77%。若只看這個群體裡的西班牙裔學生,分數則是從2016年的24%上升到2017年的41%,再到2018年的56%。

2010年,密西根州布隆非希爾市的威氏小學發現,他們的學生在新的全州寫作評量表現遠遠優於學區內使用同一寫作課程的其他學生,與整個學區學生有66%達到精熟的比率相較,威氏小學有82%的學生得分達到或超過精熟等級。唯一的差異在於,威氏小學從2008年開始致力於成為一所「可見式思考」學校。這是全新的評量,所以沒有前幾年的資料,但威氏小學與學區內學生人數相似並使用相同寫作課程的學校,是很好的準實驗比較。同樣的,密西根州特洛伊市的貝米斯小學在2010年英語科達到精熟等級或以上的學生比率是85%,透過在教學裡持續實踐可見式思考例程,到了2013年,這個比率提高到98%。貝米斯小學也發現,數學科表現達到**高級**程度的學生比率也顯著增加,從2010年初始表現的28%,2011年37%,2012年49%,提升到2013年的50%。

這些例子可能會被認為不具鑑別度、不夠嚴謹而被否定,因為它並非發生在實驗研究情境(這在教育研究裡是罕見案例)。我們無法根據這些資料來衡量如果一位教師「實施」MTV,他會得到多大的效果量(effect size),也不可能看到它與其他更直接介入或單一焦點的課程計畫相較,效果究竟如何。此外,我們也知道這裡面有干擾變數,因為這些學校有清楚的目標和願景,並有強大的領導力量在引領教師,我們知道這些都會影響學生學習。我們認為這些資料告訴我們的是,讓思考變得可見的作為,只要運用得當,並長期堅持不懈,就可以大大提升學生的表現——即使在標準化測驗評量的表現也一樣。

　　這不令人意外。當學生的認知投入度更高時，我們知道他們的表現也會提高[9]。哈佛大學物理學教授最近的一項研究發現，相較於那些透過較為直接、被動聽講的方式來學習的學生，以主動方法來學習的學生學得更多[10]，儘管學生們都覺得自己以聽講方式會學得比較好。當學生深入理解學習素材，他們往往更容易回憶其中內容，更善於將所學轉移到新的情境中應用，並在解決問題的情境中表現更好[11]。而且，當學生投入思考時，他們的理解也會增加。因此，就算這些作為並非設計成計畫來實施，我們也不應該過於懷疑這些作法對學生表現所產生的影響。正如卡麥隆‧派特森所說：「當我讓學生的思考清晰可見時，就變成大家共享的思考，所以這是『我們的』思考，在彼此之間來回彈跳激盪，而不是鎖在他們的腦袋裡面。這種公開分享思考的過程建立起我們集體的理解，我們全都學得更多，**而且**他們考試的表現也都很好。」此外，當學校或教師完全支持可見式思考時，我們從未看到學生的成績下降。這與其他試圖讓學生投入深度學習方案的實施成效是一致的[12]。

　　對實驗研究數據感興趣的人，若想知道運用思考例程的實驗組相較於控制組的表現，那麼，智利科技大學職業培訓學院的耶爾科‧塞普爾韋達和胡安‧伊‧維內加斯—穆格利所做的一項量化研究頗有啟發性[13]。他們研究了883名分布在32個課程區和3個校區的商學院學生，這些學生選修一門「成本和預算」的核心課程（使用相同的課程大綱、小考和測驗），其中有152名學生是實驗組，教學中運用了思考例程（規律的運用5種不同的思考例程），另外有兩組控制組學生接受的都是傳統的教學方法，實驗組的期末考試成績（1—7分制）比兩個控制組平均高出1.3分。

　　關於可見式思考，我們有時會被問及一個相關問題：有什麼實徵證據可以證明可見式思考的效果？儘管這個問題似乎與考試分數的問題相同，但實徵證據和實驗證據未必一樣。實徵證據指的是能從經驗中觀察或驗證，而所有人都可以得到MTV的實徵證據。在運用思考例程時，你可以自己回答：這

項例程如何改變學生的投入度？學生正在建立理解嗎？這項例程如何協助他們探索主題？比起我以往常用的較傳統的方法，學生的探索是否更深入了？你在每個當下所看到的，從和學生一起匯報，到後續你對學生作品的分析和反思，皆構成了你自己的實徵證據，這些證據應該受到重視。我們不應該讓考試分數成為談及學校和課堂教學時的唯一話題，現在是我們向家長、學生和社群提供更強有力的學習證據的時候了。

雖然我們沒有特別強調MTV的實作是提高考試分數的一種手段，但這並不代表我們沒有研究MTV的影響力。既然我們設計思考例程是為了培養學生的思考能力，這就是我們早期研究所評估的項目。我們發現，定期運用MTV實作對學生發展後設策略知識有顯著影響，也就是學生對於自己有哪些策略可供運用的認識。在一個人主導自己的思考和告訴自己身為思考者應該做什麼的能力中，後設策略知識是一個關鍵因素。因此，MTV實作有助於將學生培養為思考者和學習者。請參見理查特等人[14]的文獻，了解這項研究的完整說明。

◉ 發展思考的特質與傾向

思考可見計畫的主要目標是透過培養學生的思考特質與傾向，讓他們發展成思考者和學習者。「特質與傾向」描繪出一個人與這個世界互動的模式，是我們性格（個性）的一部分。我們思考的特質與傾向反映了我們是什麼樣的思考者和學習者。當然，特質與傾向不只是擁有技能或能力而已——它暗示著這個人同時也**有意**去運用這些能力，既知道也能敏銳察覺要在什麼場合運用這些能力，而且在應用這些技能的當下是**有動機**的[15]。因此，能力、意向、意識和動機必須全部出現，我們才會說一個人具有某種「傾向」。

當教師運用思考例程時，就是在幫助學生發展思考能力，建立起一整套思考行動的完整技能。當我們明確說出這種思考的名稱，並且在對學生介紹思考例程是一種帶有目的的思考工具時反覆提到這名稱，便能進一步強化這

段過程。將「理解地圖」（Understanding Map，參見圖2.1）張貼在課堂或學生的筆記本上，讓學生便於參照，學生便有了可自行運用的一整套思考行動技能。來自曼谷國際學校的五年級老師珊卓‧哈恩表示：「我的五年級學生變成小專家，能夠辨識他們運用的是哪種思考行動，也能描述如何用它來幫助自己找到每週數學題的解法。有些學生甚至更進一步創造出個人化的問題提示，讓自己在另一種情況下能夠想起並運用這個思考行動。」

當我們運用思考例程、記錄、提問和傾聽，讓可見式思考在課堂上規律出現時，我們向學生傳達了這樣的訊息：思考是珍貴重要的。思考融入我們所做的一切當中，並成為課堂結構的一部分。學生開始看見思考的價值，也更傾向於將思考視為學習中的重要部分，而不是偶爾附加的東西。他們成為了不同的學習者。

密西根州特洛伊市的貝米斯小學長久以來一直在使用MTV實作，全校教職員普遍都接納MTV的目標和例程。多年來，五年級老師金‧史麥莉親眼見證了它所造成的改變。「當學生累積了愈來愈多年運用思考例程的經驗，他們也逐漸內化這些例程。結果，他們進行對話的方式以及他們使用的語言都發生了變化，他們可以輕鬆而不費力的討論自己的思考。」同樣的，丹妮絲‧柯芬也看到了她的幼兒園學生因為定期練習MTV而產生的改變。「多年來，我注意到我的學生帶著這些思考能力離開幼兒園，他們的思考繼續深化，思考例程變成一種內在習慣或特質傾向。我看見我的學生將這種新形成的學習身分（learning identity）、思考例程和所有能力帶到其他學科的學習上，甚至是與家人的互動中。」

談到特質傾向的發展，我們的研究顯示，阻礙個人培養出特質傾向的最大障礙往往在於未能看出調動技能的時機[16]。人們通常擁有思考的能力，但卻未能認出應該調配這些能力的情況。在學校裡，若都是由教師來明確的告訴學生何時、何地該運用他們的技能，學生覺知的發展可能會出現問題。為了發展覺知，教師必須後退，讓學生跨步向前，做出更多這類的決定。當

然，如果學生沒有看出時機，我們可以介入，但如果我們在學生有機會辨認應用時機之前就這樣做，就等於剝奪了他們發展特質傾向的機會。

密西根大學的講師凱特琳‧羅伯森開始看到她的學生逐漸發展出這種覺知。「學生一旦內化了各種思考例程的結構，就會開始提議他們想使用哪種例程，如此一來，我們學習的中心就是**他們的**思考，而不是我的思考。令人振奮的是看到他們率先自行做出這些選擇，而不是由我來規劃所有教學。」在學習光譜的另一端，貝米斯小學附設幼兒園老師珍妮佛‧拉塔特則體認到，她必須將更多的控制權交給學生，讓他們擁有空間去發展自己的特質傾向。「透過讓學生發聲，你傳達出這樣的訊息：他們的想法和思考與課堂上發生的學習是密切相關的。如果我們把指揮棒交給他們，他們自然而然就會開始掌握自己學習的能動性。」

◉結論

基於我們在此闡述MTV的實作力量，你可能認為我們已經找到一種萬靈丹，可以治癒學校的弊病、減輕教師的負擔，並且顯著提升學生的學習能力。遺憾的是，事實並非如此。在本章裡，我們試圖告訴你的是，MTV實作的運用可能會帶領你、你的學生和你的學校走到什麼地方。但這裡闡述的六種力量是基於我們在合作學校的課堂研究，這些教師長期以來持續不懈，並在同事的支持下，深度投入MTV思考例程的實踐。唯有透過這樣的持續努力，才有可能發揮其中一種力量，更別說發揮全部六種力量要多努力了。教與學是複雜的任務，我們必須尊敬這種複雜性。在教學裡沒有快速的解方，唯有意義深遠的努力才能創造出學習的情境條件，MTV實作是這些重要努力中的一部分。

知道可能達到什麼境界並了解MTV的潛力，有助於避開我們在實施思考例程時見過的最大陷阱，也就是，以為它們只是用來打破學校單調學習的一些活動而已。當你在後續章節讀到更多實作，並且嘗試運用我們分享的新思

考例程時，要記得我們在此闡述的潛力。當你把這些實作整合到教學裡，請將這六種力量視為一套行動理論，據此可判斷你是否成功[17]。行動理論將教學行動與因行動而出現的預期結果結合在一起。擁有一套清楚明白的行動理論，不管是為自己或整個學校，都有助於我們避免掉進實施陷阱裡——亦即我們只是執行一套實作，然後就希望最好的結果發生。行動理論提供我們需要的檢驗標準，用以評估我們的作為。

運用此處所闡述的六種力量來作為行動理論，意味著什麼？一種可能性是：**如果**我／我們運用MTV來讓我們的學生主動投入互動、投入想法探索、投入行動，**那麼**學生將體驗到深度學習，更加投入到學習中，在學習中承擔更積極主動的角色，發展為思考者和學習者，並且提升學習成果。同時，身為教師的我們將成為更好的傾聽者，學會鼓勵學生採取主動，並對學生的學習獲得新的洞見，從而幫助我們規劃出回應學生的教學。你的行動理論不需要像我們在這裡所做的一樣囊括六種力量，也許你在一段時間內只想專注於其中一種或兩種，而後再擴展到其他。我們鼓勵你利用這六種力量來打造自己的行動理論，並在運用MTV實作的過程中不時回到行動理論，審視你的作為。如果你發現，過了一段時間後，你持續的努力和行動並沒有帶來預期的結果，請與同事一起反思為什麼會發生這種情況。你會發現排解疑難問題的有用建議遍布全書，無論是關於個別的思考例程或更整體的MTV實作。在你運用MTV實作的過程中，請重新檢視這些建議，以指引你進行反思。

1　Hewlett Foundation 2013
2　Shernoff, 2010.
3　Shernoff, 2013.
4　Wallace and Sung, 2017.
5　Mehta and Fine, 2019.
6　Lyons 2004; Pianta et al. 2007; Ritchhart 2015; Mehta and Fine 2019.
7　Schwartz et al. 2009.
8　Black and Wiliam 2002; Hattie 2009.
9　Newmann et al., 1992; Shernoff, 2013.
10　Deslauriers et al., 2019.
11　Newmann et al. 1996, 2001.
12　Claxton et al., 2011.
13　Sepulveda and Venegas-Muggli, 2019.
14　Ritchhart et al., 2009.
15　Ritchhart 2002.
16　Perkins et al. 2000.
17　City et al. 2009.

CHAPTER
2

第二章

Making Thinking Visible
A Goal and Set of Practices

讓思考變得可見：
目標和系列實作

PART I

第一部　奠定力量的基礎

讓思考變得可見並不是一套訓練方案、一種教學介入，甚至也不是一個框架。有時我們稱它為一種「取徑」（approach），這有助於將它描述成一種能廣泛運用的教育計畫，不是只要直接套用，即可實施。多年下來，我們漸漸覺得，最好是將「讓思考變得可見」理解成一個廣博的教學目標，以及支撐這個目標的一套實作。讓我們來探討這兩大目標吧。

◉把思考變得可見當作教學目標

如果我們相信學習是思考的結果[1]，那麼我們不僅想讓學生思考，還要去了解思考逐步展開的過程，好讓我們得以支持、引發和培養思考。當我們讓思考變得可見，那我們不只有機會看見學生理解了**什麼**，亦即思考的產物，也能看出他們是**如何**理解的，亦即思考的過程。當然，打開學生腦中的思考，既有可能提供證據去證實學生的見解，也可能揭露他們的誤解。

教學不是講述，以預先規劃的進度和步調來傳遞學科內容並不會產生深度學習。當學生參與種種想法，在我們的指引和支持下提出問題、探索和建構意義時，學習才會發生。因此，我們需要讓思考變得可見，因為它提供我們所需要的資訊，讓我們能設計出學習機會，以帶領學生的學習更上一層樓，並讓學生能夠持續探索想法。在理解的過程中，只有當我們了解學生在思考、感受、關注什麼，我們才能運用這些知識讓學生進一步投入，並協助他們理解。因此，讓學生的思考變得可見成為有效的回應式教學裡持續存在的要素。

讓學生的思考變得可見也有助於實現更廣博的教育目的，這個目的超越了學科內容，聚焦在這個問題上：學生在與我們相處的時光中，逐漸成為什麼樣的思考者和學習者？這個問題談到一種教育目的，它是超越考試，擴大到終身學習、投入和行動的；它談的是身分認同（identity）的觀念。為了讓學生發展出這種思考者和學習者的身分認同，我們需要揭開思考過程的神祕面

紗，讓它變得可見。我們這樣做，就是提供了示範，讓學生知道何謂探索想法、何謂思考和學習。在這樣做的過程中，我們打破了「學習只是將教科書的資訊傳輸到記憶裡」的迷思。學校的重點不再是「快速正確的答案」，而是持續不斷理解新想法和新資訊的心智活動。柯林斯、布朗和霍勒姆[2]在1991年發表一篇開創性的論文，將讓思考變得可見與認知學徒制（cognitive apprenticeship）的想法連結在一起[3]。他們提出，一個學科領域的深度學習和精熟度，並非僅是來自於知識的獲得，而是學習如何像那個特定領域的人一樣思考。當師傅跟學徒分享他們的思考過程，讓思考過程變成學習的核心部分，就可以做到這一點。

　　維高斯基[4]曾經論及學習的社會文化背景在提供示範上的重要性：「孩子會漸漸發展出生活環境中其他人所過的那種智識生活。」這是我們最愛引用的名言之一，因為它為教育的意義提供了一個強大的隱喻。我們讓學生被什麼樣的智識生活所環繞？這智識生活是否堅韌、激勵人心並且多層複合？我們要如何培養他們的智識生活？在我們的課堂裡，學生學到了什麼是學習嗎？身為師傅的我們，在思考、學習、解決問題、設計、辯論和公民養成的過程中，如何培養這些學徒？我們要怎麼做，才能不只是灌輸知識和傳授外部考試如何得高分的小訣竅，才是為學生未來的生活作準備，而非只為了考試？

◉讓思考變得可見是一套實作

　　思考是一段內在歷程，發生在個人心智的運作當中，似乎頗為神祕又難以觸及──因此需要讓思考變得可見。這裡我們使用「可見」一詞，不僅是代表可用肉眼看見的東西，還代表我們能夠感知、注意和識別的東西。當我們讓思考變得可見時，思考對所有人而言都變得顯而易見，包含老師和學生。然後，思考就變成了可被分析、探測、挑戰、鼓勵和推進的東西。要讓思考變得可見，可運用以下四種實作：

- 提問
- 傾聽
- 記錄
- 思考例程

雖然每一種作法都可單獨討論、檢視和反思，但實際上它們是相互增強和互補的整合性實作。

◉ 提問

問題不只推動思考和學習，也是思考和學習的結果。在我們接觸新想法和發展理解的過程中，新的問題會隨之浮現。伏爾泰曾有一句名言：「評斷一個人得看他問什麼問題，而非看他給什麼答案。」因為問題可能揭露一個人理解的真實深度，以及他們對這個議題的投入程度。幾乎在所有的思考例程裡，問題都明顯扮演核心的角色。許多項思考例程內建了特定的問題，像**美好與真相、三個為什麼、四個如果和什麼？所以呢？現在要怎樣**？這些問題有助於推動思考和學習。其他的思考例程如**剝水果、經驗─困難─困惑＋領悟、無領袖討論**和**分享─提問─想法─學習**，則是以提出自己思考的問題為核心，這些問題讓學生成為學習的驅動者，同時也如伏爾泰的名言那般顯現了他們的好奇心和理解。我們甚至還有一項思考例程是在處理問題本身，亦即**問題排序**──可幫助學生提出好的問題，以形塑探究之路。

除了思考例程裡內建問題的這種特性之外，我們也發現，老師若不提出我們所謂的促進型問題（facilitative questions），就無法有效讓學生的思考變得可見。這類問題追問學生的回應，展現我們對他們的思考很感興趣，也提供更深入探究的機會。我們最愛的促進型問題是：「是什麼讓你這麼說？」我們甚至在我們的第一本書裡，把這個問題本身變成了一項思考例程，英文縮寫為「WMYST？」。老師們稱它為「神奇問題」，因為它能夠解鎖學生的

思考，常常揭露出一個答案背後出乎意料的想法。老師們表示，定期使用「WMYST？」讓他們學到了很多，而且與學生、朋友和家人也有了更深入的對話。我們發現，這個問題的措辭似乎表達出恰到好處的語氣，以不帶任何威脅的方式邀請人們進一步闡述和澄清他們的想法。當然，像「告訴我為什麼？」或「你的原因／理由是什麼？」這樣的問題也算促進型，可以發揮同樣的作用。它們督促學生提出更完整的解釋，但根據它的音調語氣和說話方式，可能無法像「WMYST？」一樣表達出很高的好奇心和興趣。

　　在使用促進型問題時，老師的目標是了解學生的思考，進入學生的頭腦中，並讓他們的思考變得可見。於是，我們將教學的典範**從**試圖將我們腦中的內容傳遞給學生**轉變為**試圖將學生腦中的想法拿到我們腦中。研究顯示，傳統課堂上，大多數教師的問題都是複習型問題[5]。這類問題聽起來像是小考，總是在強調要去回想知識。然而，我們的研究顯示，當教師懷抱的目標是讓思考變得可見，他們提出的大多數問題本質上都是促進型問題。當老師對學生的想法更好奇，對聽到正確答案較不感興趣時，這種轉變是很自然的。教師研究者吉姆‧敏斯特爾甚至為這種提問模式創造了一個專有名詞，稱之為「反思型拋問」（reflective toss）[6]。在反思型拋問中，老師的第一目標是試圖「接住」學生的意思和了解他們的評論，如果老師無法立即了解，即可拋出類似這樣的問題：「你可以多說一點嗎？」或「我不太了解你的意思，你可以用另一種方式說說你在想什麼嗎？」老師一旦掌握了學生的意思，接著就會「回拋」一個問題：「那麼，這告訴你什麼？」、「你認為你的根據是什麼？」或者，再次提出我們最愛的：「是什麼讓你這麼說？」促使學生向老師和自己進一步闡述和解釋想法。

◉ 傾聽

　　當然，如果一個人不想聽答案，就沒有理由提出好問題。正是透過傾聽，我們提供了一個機會，讓學生的想法被我們看見。只有當學生知道我們

是真的對他們的想法感興趣時，他們才有理由與我們分享想法。因此，傾聽不僅是我們老師必須投入的一種行為，也是我們在教室裡必須承擔的一種立場。瑞吉歐教學（Reggio Emilia）的「傾聽教學法」（pedagogy of listening）便是這種立場的絕佳體現。瑞吉歐教育工作者認為，教師在尋求與學生建立學習關係時，基礎必須是傾聽。在這樣的學習情境中，「每個人都覺得有權提出自己的理論，對特定問題提出自己的解釋」[7]。正如女性主義詩人愛麗絲・杜爾・米勒所言：「傾聽不只是不說話」，更是「對別人告訴我們的事物抱持著熱烈的、人性化的關注」。這種強烈的人性關注讓我們能夠在教室裡建立起社群，並且發展出以探索想法為中樞的互動。

研究員英格里緒、欣茨和泰森[8]將這種強烈的關注稱為「同理型傾聽」（empathetic listening），在其中，教師「傾聽的對象和目標都是學生自己對某個想法或情境的理解、感受和觀點，同時也主動擱置自己的興趣、需求、觀點和判斷」。這種傾聽的目的在於理解學生的觀點和建構的個人意義。這與敏斯特爾所說的老師試圖「接住」學生的意思產生了共鳴。以這種方式傾聽時，我們可能會發現自己也在反思對於討論主題有什麼樣的理解，而且學生的思考可能會改變我們自己的觀點。

然而，這並不是傾聽的唯一原因，尤其是在教育環境中。英格里緒、欣茨和泰森也提出「教育型傾聽」（educative listening），意思是，我們傾聽並且關注學生的困難、挑戰和困惑。在此，我們必須盡力確認的是，學生遭遇的挑戰何時能夠導向建設性的努力、與各種觀點奮鬥，而且最終會讓這個學生產生全新見解，或相對的，何時這個挑戰過於龐大、學生負荷不了，可能導致學生關機、停止運作。另外還有「生成型傾聽」（generative listening），在其中，我們傾聽學生的思考和想法，而這麼做可能生成新的探索機會，或擴展我們的目標。

◉記錄

　　思考和學習的過程可能難以捉摸而稍縱即逝，記錄是盡可能豐富的捕捉這段過程的作為。但思考存在於哪裡？在學生給我們的答案裡？在學生提交的完成作品裡？儘管這些成果裡可能含有思考的殘留物，但在努力獲得好分數和產出正確答案的過程中，思考和學習常常被模糊化了。我們比較能在處理想法的混亂過程中逐漸找到思考，在最終成果裡比較難以找到。當我們能夠捕捉到這段過程時，它便提供一個媒介，讓我們能分析和反思其中的思考。

　　我們「零點計畫」的同事克萊切斯基、透納、馬德爾和席德[9]花了數十年的時間調查這些文件紀錄如何協助學生的學習和教師的成長。他們對記錄的定義是：「藉由各種媒介去觀察、記錄、詮釋和分享教與學的過程和成品，以深化學習的實作。」[10]潛藏在這份定義中的想法是，記錄的目的必須有助於促進學習，而不僅僅是將學習過程捕捉下來。這樣的紀錄不僅包括收集的資料，還包括分析、詮釋和反思這其中所發生的思考和學習。如此一來，記錄不只連結了傾聽的行動，也將其擴展開來。為了捕捉和記錄學生的思考，教師必須是敏銳的觀察者和傾聽者。當教師捕捉、記下學生的想法時，也在向學生表明這些點子和想法有價值，而且值得繼續探索和檢驗。

　　學生思考的紀錄也提供了一個舞臺，學生可以從中觀察自己的學習過程，為自己使用的策略作註記，評論正在發展的理解。紀錄所提供的可見性奠定了基礎，讓我們反思自己的學習，並且將這段學習視為討論的對象。運用這種方式，紀錄為個人和團體揭開了學習過程的神祕面紗，在此過程中培養、建立更強的後設認知覺識（metacognitive awareness）。對教師來說，這種對學生學習的反思，發揮的作用就是用文字最真實的意義進行評量，因為紀錄闡明了學生的學習和理解。為了發掘紀錄的豐富性，我們通常需要更多雙眼睛，而不是只用自己的眼睛來看。與同事分享紀錄可以引發有意義的學習討論，讓我們能夠注意到學生思考的不同面向以及教學啟示，這些可能是只靠

自己觀看紀錄時容易錯失的。

　　就像提問和傾聽是運用思考例程時不可或缺的部分，記錄亦同。有時候，學生會以個人或小組的書寫文件進行自我記錄，這成了與他人分享思考的載體，不是當作學生「投入任務」的證據，而是當作其他人檢視和評論的文件。其他時候，老師需要藉由記錄以捕捉學生的思考，在這種情況下，老師要問自己一個重要的引導問題：「為了以後我們全班可以回到這份紀錄來進行更仔細的檢視和分析，我要記下什麼？」

◉思考例程

　　思考例程是讓思考變得可見的核心實作，可作為提示和促進思考的**工具**、顯露和支持思考的**結構**，而且透過長期的運用，思考例程會變成行為的**模式**。我們發現，在學習有效運用思考例程的過程中，了解工具、結構和模式這三種層面是很有用的。雖然在接下來的討論裡，我們會分別呈現這三種層面，但重要的是認知到思考例程是同時在這三種層面中運作。即使是在討論思考例程的工具層面時，我們還是能看出它有助於建構和支持思考，而這項思考例程在這過程中慢慢的變成一種行為模式。

·工具·

　　身為教師，首先我們必須確認我們想要引導學生產出哪一類型的思考，然後再選擇特定的思考例程當作實行這項思考任務的工具。任何工具都一樣，因應任務選對工具很重要，如果任務需要的是鐵槌，那鋸子就感覺礙手礙腳，也不適用。所以，我們需要的是哪種類型的思考工具？我們想要協助學生進行哪種類型的思考？如果思考例程是工具，那麼工具箱裡有些什麼呢？

　　對致力於深度學習的學校而言，發展學生的理解是非常重要的目標，所以能夠導向理解的思考就特別關鍵。因此，大多數的思考例程在設計時都是

以此為目標。什麼樣的思考能夠導向理解？我們定義出建立理解必備的八個思考行動，作為「可見式思考與創造思考文化」計畫的一部分。如果過程中遺漏了其中任何一項思考行動，學生的理解很可能就會出現巨大的鴻溝，或者，要針對該主題建立扎實的理解恐怕會困難許多。這八個思考行動包含了：仔細觀察並描述所見、建立解釋與詮釋、運用證據進行推理、建立連結、考量不同視角與觀點、掌握核心並形成結論、感到好奇並提出問題、揭露事物的複雜性並深入表象。這八個思考行動結合起來，就形成我們所謂的**理解地圖**（見圖2.1）。

圖2.1 理解地圖

我們如何建立理解？

仔細觀察並描述所見
你看到、注意到什麼？

感到好奇並提出問題
這有什麼令人好奇疑惑之處？

建立連結
這有多符合你的已知？

考量不同視角與觀點
換個角度看到什麼？

建立解釋與詮釋
到底發生了什麼事？

運用證據進行推理
你是根據什麼這樣說？

揭露事物的複雜性並深入表象
表層之下埋藏了什麼？

掌握核心並形成結論
居於核心或中心的是什麼？

透過具體指出建立理解需要哪些類型的思考，理解地圖已經被證明對老師和學生雙方都非常有用，可以用來確定要幫學生處理特定學科內容時，需要哪一類型的思考。一旦確定之後，老師就可以選擇適切的思考例程來促進該類型的思考，這項思考例程因而變成達成目標的工具。這對於我們向學生介紹思考例程的方式非常重要，我們不能只是宣布「今天我們要來進行『創造意義』的思考例程」（這等於只說出一場活動的名稱），而是要宣布這節課的目的，以及我們試圖啟動的思考類型，然後說明這項例程就是達成目的的工具：「今天我們要把所有的學習整合起來、建立連結，以別人的想法為基礎來擴展思考，並且再多提出一些問題。為了幫助我們做到這些事，我們將要運用的工具是『創造意義』的思考例程。」

理解地圖也可當作有用的計畫工具，幫助教師規劃出貫穿整個單元的理解。雖然老師通常不會計畫在單一節課裡讓學生投入八種思考行動，但透過整個單元的課程，老師可以輕而易舉的確保學生會投入八種思考行動中的每一種。同樣的，學生想要發展自己的理解時，也可以自行應用各種思考行動。對許多學生來說，建立理解的過程是一個謎，因此，他們不斷嘗試應用自己所擁有的工具，也就是把知識背起來，努力建構出對內容的理解——不意外的，成效有限。理解地圖解開了建立理解的過程之謎。

·結構·

我們精心研發的思考例程，目的是要支持和組織學生的思考。在不少例子裡，思考例程的步驟都是擔任天然的鷹架，引導學生的思考往更細緻複雜的層次發展。舉例來說，在展開「創造意義」這項例程時，我們力圖仔細的排序，並且為一個創造共同意義的過程搭好鷹架，過程中的每一個步驟都建立在前一個步驟之上。找出與某個概念相關的各種關鍵想法，此舉為詳盡闡述自己的思考打下了基礎，然後再創造出互有關聯的、強大的想法分類，在分類過程中，新的提問就可能浮現。最後，為了綜整這段過程，並將箇中的

想法收集起來，我們請學生抓出這段過程的核心，並針對探討的概念寫出一個定義。以這樣的方式，「創造意義」思考例程的步驟便提供了一段自然的發展進程，每個階段都建立在前一階段的思考上，同時又延伸拓展了前一階段的思考。

運用思考例程時，目標從來都不是簡單完成一個步驟，再接續下一步驟，而是將每個步驟所產生的思考運用在後續的步驟裡。當你開始在班上嘗試使用思考例程時，這種循序漸進的特性會有幫助。請想想你將如何運用學生的回應，並將這些回應連結到下一步驟，持續不斷的尋找某階段的出色思考會如何促成下一階段的優秀思考。

除了為學生的思考搭起鷹架以外，思考例程也提供結構去討論仍在探索中的想法。有時候，老師苦於不知如何幫助學生進行有價值和有意義的討論，這樣的討論之所以受到阻礙，可能是因為學生未注意傾聽或過度在意功課的完成度，如果學生覺得小組的工作是要填完學習單，那他們就會將注意力全放在學習單上，而不重視討論。若能有一個過程或結構來指引小組討論，會極有助益，不過，我們往往都沒有提供學生一個有效討論的結構，就要求學生討論想法。第三章介紹的思考例程特徵就是設計來互動和討論的結構。

最後，重要的是要知道：這裡呈現的所有思考例程都是設計成種種結構目的是讓思考變得可見。雖然這似乎是不證自明的事，但它是判斷任何一項思考例程是否成功的重要工具。不要以這節課進行得有多順暢來判斷你是否成功，因為這會隨著時間而逐漸改善。要判斷你是否成功，依據的是這段過程中學生透漏出什麼樣的思考。身為教師，我們在運用了一項思考例程之後，需要問自己的是：「做了這項思考例程後，我對學生的思考了解了什麼？」如果你沒辦法回答這個問題，那可能是發生了以下幾種狀況：

• 注重正確性甚於思考；

- 將這個任務看成工作，而不是探索的機會；
- 教材內容貧乏，無法提供多少思考的機會；
- 學生需要示範，以便知道在這種情況下，這項思考例程運作起來是什麼樣子。

　　讓我們深入檢視這些狀況，想想每種狀況可以如何處理。學生可能因為覺得你在期待一個正確答案，所以還沒有提出他們的想法。要解決這個問題的唯一方式，是清楚展現出你對學生的思考很感興趣，並且重視他們的思考勝於他們的正確性。長久以來，老師總是習慣檢核和確認學生回答的正確性，所以學生常常假定這就是我們想要的東西。學生回應不佳的另一個原因，可能是學生認為這個任務是要完成的工作，所以提供答案只是為了填完學習單或把事情做完。要解決這個問題，我們必須清楚的將任何一項思考例程的運用定位成探索和建構意義的機會，就像先前提過的，我們必須交代這個任務的目的。第三個導致學生回應不佳的原因是教材內容本身不夠豐富。思考例程一直都結合了教材內容和用來探索該內容的結構，如果教材內容本身不夠扎實和複雜，那麼學生的思考很可能也是一樣。最後，學生可能不確定哪種回應才適當，換言之，他們可能欠缺應該怎麼回應的示範。我們會很自然的以為需要在一開始就提供示範，但這樣做的結果可能是一窩蜂的模仿式回應。最好的作法是將第一次運用思考例程的經驗單純視為提供示範的機會，確定學生有機會分享和看見彼此的回應，要求學生指出他們注意到回應中有什麼東西真的顯現出一個人的思考，並在下一次運用這項思考例程時，再次提醒學生這些特質。

・行為模式・

　　課堂文化是由教室常規建立的——你必須在這個更寬廣的觀念下理解思考例程。我們的教學發生在情境脈絡中，而教室常規就是透過創造團體共享

的、腳本化的行為片段，來幫助建立這樣的情境脈絡[11]。能有效引導學生思考的教師會發展一系列的常規，讓自己和學生可以一再重複使用，以這種方式來處理和協助學生的思考發展[12]。學生也能夠漸趨獨立的把這些例程作為「共享的腳本」來使用。思考例程只有在變成學生和老師的行為模式時，才能夠全然發揮真正的力量。當思考例程從「有效的一次性活動」進入「這就是我們這裡的做事方式」的領域時，學生就開始轉化為學習者。當然，這是需要時間的。

　　雖然「例程」這個詞彙給人死板板的印象，但在我們所研究的教室裡看到的是，隨著持續的運用和時間的進展，思考例程變得愈來愈彈性靈活而非僵硬死板，會不斷的演化。我們觀察到老師們常常會改編思考例程，讓它們更適合用在當下的學習。一項思考例程的某個元素可能會跟另一項思考例程的某個元素合併，創造出獨一無二的混合體，能夠滿足當下學習所需。這是可能發生的，因為隨著時間進展，**思考**本身會變成學生投入學科內容時的**常規**環節。

　　當思考例程被常規化的運用，並成為教室行為模式的一環時，學生會將學習是什麼以及學習如何發生的訊息加以內化。思考例程和讓思考變得可見的種種努力，並非僅是老師拿來附加於現行學校運作規則、以增加一點活潑生氣的作法。相反的，它們是變革式的教學實作，其影響力足以改變我們進行教學和學生進行學習的方式。有效、定期的運用思考例程有助於打造出一個全新的學校故事，因為它們傳達了這樣的訊息：學習不是一個只要吸收別人的觀念、思想或作法的歷程，深度學習是要發掘自己的想法以作為學習的起點，並將新想法連結到自己的思考。問題不再是老師為了測驗你的知識而提問的東西，而是驅動學習和探究的動力。

◉組織思考例程

　　組織和呈現一整套思考例程的方式有很多種，在《讓思考變得可見》

一書裡，我們將思考例程分成三類：課程單元初期常用、中期常用，以及單元總結用。這反映了我們經常看到老師們如何在計畫中運用思考例程。最初，可見式思考團隊是以四個關鍵思考理念來組織思考例程：理解（understanding）、真理（truth）、公平（fairness）和創造力（creativity）。在不同的時間和地點，「零點計畫」的研究人員也曾經以特定的教學目標來組織思考例程，例如：發展全球素養、增進記憶、探索複雜性、協助創客學習或促進轉移等。許多老師也會配合自己特定的需求，制定自己的組織架構。

　　在發展本書呈現的一系列思考例程時，「投入」是一個反覆出現的主題。其中某些思考例程在讓學生投入積極的討論、探索或給予回饋上，效果非常好（第三章）。我們也注意到，有些新的思考例程特別聚焦在建立理解和投入想法的探索上（第四章）。最後，我們研究工作的新焦點是開始思考如何賦予學生權能，讓他們在當今世界採取積極的角色，這時我們發現我們也發展了一些支持學生投入行動的思考例程（第五章）。因此，我們選擇了這三個類型來當作本書的組織架構（參見表2.2）。但這個架構無意限制其他的分類組織方式，而且你當然也會發現思考例程可以輕易放入一個以上的分類當中，也可以配合不同目的來運用。

　　當你一邊閱讀第二部所呈現的思考例程時，請從更寬廣的角度來思考你可能會如何運用任何一個思考例程。雖然我們已經試著尋找多元面向的例子，但你可能還是沒辦法在「運用與變化」或「教學實例」中找到符合你自己的學科領域或年級程度的例子。試著從我們提供的例子裡獲得啟發，但更要超越那些例子，思考如何探索新的可能性，而且，別等待，馬上開始吧！如果你在閱讀時產生了想法，覺得可以怎麼運用某項思考例程，請盡你所能，立即付諸行動，這是學習該項思考例程和探索其可能性的最佳方法。

表 2.2　思考例程列表

·例　程·	·關鍵思考行動·	·要點說明·
·投入與人互動的思考例程·		
給一個拿一個	腦力激盪，解釋說明，排序和分類	用來產生想法和分享想法。讓學生動起來、對談和解釋說明。
回饋梯	仔細觀察，分析和回饋	給予口頭或書面回饋的結構。教師和學生皆可運用。
無領袖討論	提問，追問和傾聽	結合文本使用，幫助學生擁有自主討論權和學習問好問題。
SAIL：分享—提問—想法—學習	解釋說明，提問，探索可能性和設計思考	用來分享初步的原型、計畫或草稿，以進一步澄清、計畫和產生新想法。
創造意義	建立連結關係，探索複雜性和提出問題	用來定義一個主題/概念，產生一個定義。
加一	記憶，連結和綜整	替代傳統的筆記方法，聚焦在運用記憶和增進彼此的筆記內容。
·投入想法探索的思考例程·		
問題排序	提問和探究	用來找出探究的問題和學習問更好的問題。
剝水果	注意，好奇發想，解釋說明，建立連結，多元觀點和提取精華	當作探索一個主題的結構，以建立理解。也可以是逐步發展演進的紀錄。
主線—支線—隱藏故事	觀點，複雜性，連結，分析和好奇發想	結合視覺圖像一起運用，以探討不同的「故事」，或當作分析和深入故事的結構。
美好與真相	注意，複雜性，解釋說明和掌握核心	結合視覺圖像或故事一起運用，以找出美好與真相存在哪裡，以及它們如何交互作用。

NDA：指名─描述─行動	仔細觀察，注意和記憶	結合視覺圖像一起運用，重點在於注意和描述，同時也建立工作記憶。
作筆記	綜整，提問和掌握核心	當作出場券策略，或在呈現資訊後，用來激發對主題的討論。

· 投入行動的思考例程 ·

PG&E：預測─收集─解釋	運用證據進行推論，分析，解釋說明和預測	在實驗或探究情境裡運用。
ESP＋I：經驗─困難─困惑＋領悟	提問，掌握核心，期望和分析	用來反思一個經驗或問題情境，並提取其中的精華
一定要	分析，計畫，解釋說明和連結	用來幫助學生分析案例，以找出個人或團體的目標和行動。
什麼？所以呢？現在要怎樣？	掌握核心，解釋說明和應用	用來審慎判斷評估，找出行動的意義和計畫未來的行動。
三個為什麼	連結，觀點取替和複雜性	結合一個議題或問題一起運用，探討它如何影響從個人到世界的不同群體。
四個如果	連結，觀點取替和複雜性	結合一個議題或問題一起運用，探討可採行的各種可能行動。

1　Perkins 1992.
2　Collins, Brown, and Holum.
3　Collins et al. 1991.
4　Vygotsky, 1978.
5　Goodlad 1983; Boaler and Brodie 2004; Ritchhart 2015.
6　Van Zee and Minstrell, 1997.
7　Giudici et al. 2001.
8　English Hintz, Tyson, English et al. 2018.
9　Mara Krechevsky, Terri Turner, Ben Mardell, and Steve Seidel.
10　Given et al. 2010.
11　Yinger 1979; Leinhardt and Steele 2005.
12　Ritchhart, 2002.

PART TWO

EIGHTEEN

POWERFUL

ROUTINES

II

第二部
18 個強大的思考例程

CHAPTER
3

第三章

Routines for Engaging with Others
投入與人互動的思考例程

表 3.1　投入與人互動的思考例程列表

·投入與人互動的思考例程·			
·例程·	·思考·	·要點說明·	·教學實例·
給一個拿一個	腦力激盪、解釋、排序和分類	用來產生想法和分享想法。讓學生動起來、對談和解釋。	加州德爾馬阿什利瀑布小學，一年級
			澳洲墨爾本彭利和埃森頓文法學校，十二年級
			南韓仁川查德威克國際學校，三年級
回饋梯	仔細觀察、分析和回饋	給予口頭或書面回饋的結構。教師和學生皆可運用。	盧森堡國際學校學生主導的家長會談，三到五年級
			賓州利茲谷桂格谷高中，物理課，十一年級
			麻州馬波赫德村莊學校，寫作課，五年級
			華盛頓特區西德威爾友伴學校，藝術課，幼兒園
無領袖討論	提問、追問和傾聽	結合文本使用，幫助學生擁有討論的主導權和學習問好問題。	印度清奈美國國際學校，心理學，高中
			新墨西哥州聖塔菲曼德拉國際磁性學校，文學，高中

SAIL： 分享— 提問— 想法— 學習	解釋、提問、探索可能性和設計思考	用來分享初步的原型、計畫或草稿，以進一步澄清計畫並產生新想法。	密西根州格羅斯波因特森林，利格特大學預科學校，行動研究計畫，十二年級
			澳洲墨爾本彭利和埃森頓文法學校，音樂，八年級
			密西根州格羅斯波因特森林，利格特大學預科學校，設計／問題導向學習，二年級
創造意義	建立連結關係，探索複雜性和提出問題	用來定義一個主題／概念，產出定義。	密西根州諾維市園景小學，社會情緒學習，三年級
			密西根州羅徹斯特羅徹斯特高中，特殊教育，高中
			喬治亞州亞特蘭大，亞特蘭大國際學校，電腦科學課，九和十年級
加一	記憶、連結和綜整	替代性的筆記方法，聚焦於運用記憶和改善彼此的筆記。	密西根州特洛伊市東方國際學院，數學，高中
			密西根州特洛伊市貝米斯小學，社會課，五年級，
			阿拉伯聯合大公國阿布達比美國社區學校，視覺藝術，七年級

◉給一個拿一個◉ GIVE ONE GET ONE

- ◉ 教師提出一個問題或一個主題供學生探索，每位學生分別產生幾個回應。
- ◉ 教師說明學生互相分享想法時要解釋或討論什麼。
- ◉ 針對學生要收集多少個想法或進行時間的指定長度，教師設立一個目標。
- ◉ 學生站起來，找到另一位夥伴，傾聽彼此初步的回應。接著，每位學生針對夥伴的初步清單「給」一個新想法，並闡釋這個新增想法的重要性。
- ◉ 依據教師預定的次數或時間長度，學生找一位新夥伴，重複這段收集想法的過程。
- ◉ 學生回到自己的桌組，分享他們擴增的想法清單。

這項思考例程的基本結構已經有20多年的歷史了，雖然起源並不十分清楚，但很可能是哈維・希爾維合夥企業（Harvey Silver and Associates）所研發，在1997年克萊頓公立學校實施的善思教育計畫（Thoughtful Education Project）的一部分。這項例程的核心是團體腦力激盪和分享想法、互動交流的過程。我們認為，加入討論和詳細闡釋的元素，會推動學生往前，而不只是簡單分享初步的想法，從而藉此鼓勵學生積極討論、處理想法，讓這項基本例程有潛力成為強大的思考例程。在例程的最後，再增加一個額外步驟，讓學生思考處理共同的回應，可以鼓勵學生投入與他人互動，以找出連結關係、發掘想法的複雜性和考慮多元的觀點。這提升了這項例程的思考層面。

・目的・

「給一個拿一個」（以下簡稱GOGO）是一項鼓勵學生仔細傾聽、促成他人的

想法，並了解多元觀點的思考例程。我們經常聽到教師說自己有多想在教室裡建立課堂文化，讓學生關注彼此的想法，這不是在遵守規矩，而是為了發展理解而進行的關鍵行動。強效學習是在與他人的協同合作中展開的。這項例程是讓學生移動身體去和別人會談討論的工具和結構，更大的目的是促使學生尋求不同的觀點、進行擴散性思考，以及闡釋有關探索主題的各種核心想法。

分享想法**和**接著解釋、說明理由，或連結共同想法的過程，有助於學生深化他們的理解。必須為自己的思考說明理由、進行解釋，是連結這些想法並將想法牢牢鎖在記憶裡的關鍵。這項例程的最後步驟「思考處理彼此分享的想法」，能幫助學生建立連結，找出相似和不同之處，並形塑出更大的概念框架。

·挑選適當教材·

GOGO可以搭配廣泛多元的教材內容來運用，當多種想法和觀點可能出現時，特別好用，例如，為了某個設計專題而產出各種想法、為了考試而複習內容、描述書中的人物，或挖掘學生對某個主題的知識。只要老師要學生一起腦力激盪時，都可以運用GOGO。

在GOGO例程裡，產生初步回應和腦力激盪之間的差別在於，GOGO設定了產生初步想法的條件。舉例來說，老師可以要求學生列出在調查主題裡最重要的三個想法，或書中人物的四個主要描述，或他們在老師所提出的問題中最在意的兩件事。最重要的是，老師的提示要能鼓勵學生提出多種觀點、想法或回應，而不是單一答案。教材內容要鼓勵學生產生多種可能的回應，藉此創造出一種需求，讓學生最終可以互相給出和拿到更進一步的想法。

在選擇教材內容時，想像一下學生可以運用那些他們所想出、收集和分享的想法清單來做什麼。如果想法清單可能很有限，那麼GOGO或許就不是

最適合的例程，因為之後不會有太多想法可以分享、處理和討論。思索一下每個學生和他們將要一起分享的組員可能會列出什麼樣的擴增想法清單，這樣做的用意在於，讓這份擴增清單變成基礎，以此對該主題進行更高層次的探索，而且這清單應該是進一步規劃的重要部分。

・步驟・

1. **準備**。全班一起開始，老師提出一個問題或提供一則提示，讓學生個別回應。學生需要有地方記下他們的初步想法，紙張或電子設備皆可。這些想法清單必須是學生可以帶著走的，所以筆記型電腦可能有點笨重，老師可以讓學生使用他們的手機。

2. **提供初步提示，並讓學生產生回應**。說明學生回應的時間限制（例如：3分鐘），或指定好想要的回應數量（例如：三到四個想法）。學生建構出個人的想法清單，可以是單一語詞、片語或更詳細的解釋，視提示的內容而定。要留意，為了讓學生能夠產生豐富的互動，他們需要時間針對老師的提示詳細寫出個人的回應，千萬不要縮短這段時間。

3. **說明GOGO的流程，將重點放在要討論的內容**。示範整個流程：找到一名夥伴，仔細傾聽彼此的想法，然後幫夥伴的清單提供一個新增想法，並解釋這個新增想法的重要性。重點在於以有意義的方式投入彼此的交流，每對夥伴都要有給有拿，而且每個人都需要把這些新增想法記錄下來，這樣一來，每位學生的清單才會逐漸擴增。一開始介紹GOGO時，一定要清楚說明以下目的：

   • 仔細傾聽，才能好好提供想法給對方。

   • 為夥伴的清單增加一個全新或不在清單上的想法，如果配對的兩個學生發現彼此初步的想法清單是一樣的，那麼就集思廣益，一起想出一個嶄新的想法，讓彼此都能記下來帶走。

   • 選擇自己桌組成員以外的同學，如此一來，在交流結束、回到桌組來

分享擴增清單時，你們才會有各式各樣的觀點和想法可以思考。

4. **設定分享想法的條件。**當夥伴間第一回合的想法給與拿結束時，學生相互道謝，然後去找一個新夥伴，繼續同樣的流程：**傾聽、分享、闡釋和記錄**。設定一個目標，也許是互動交流的次數（例如：重複這段流程三次），又或是進行的時間長度（例如：這段流程將進行5分鐘）。

5. **學生交換想法。**在學生進行GOGO時，每對夥伴交流結束的時間可能不一樣，雖然這會暫時拖延新夥伴配對的時間，但通常不會造成問題。鼓勵學生尋找附近和遠處的同學來配對、分享，甚至到教室另一頭去找更不同的同學。如果你注意到學生之間沒有太多的重新配對，就督促學生走更遠、更頻繁地去找不同的同學，讓桌組的學生不要只從相同的人獲得一堆相同的想法。

6. **桌組分享和討論收集到的想法。**當學生擴增了原本的想法清單（收集到足夠數量的新回應），或交換想法的時間結束後，他們回到自己的座位，小組分享即可開始。為桌組設定分享方式，讓他們藉由GOGO交換獲得的想法。例如，小組裡的每個人都可以分享他們最喜歡的、最能刺激他們思考的，或能夠闡明一個重要觀點的新想法。不管學生以何種方式分享擴增的想法清單，都必須好好闡釋他們選出來的想法。這個步驟的目的是鼓勵深度的分享，而不是以被迫、平淡的方式分享。

7. **分享重要思考。**當各桌組已經分享完想法之後，後續的全班分享也許就並非那麼迫切了。你可能會想去聽聽各桌組的分享，收集你覺得重要、值得注意的主要想法，然後跟全班分享這些想法，以進一步激發或啟發學習靈感。如果各桌組在海報紙上記錄了他們分享的重點，那麼，畫廊漫步（gallery walk）的方法也許會很有效果——學生尋找各組紀錄之間的共同處或彼此的連結，又或是他們自己的桌組討論裡沒有出現的新想法。

· 運用與變化 ·

澳洲墨爾本的彭利和埃森頓文法學校高中部校長凱特·道樂德在高三的英文班上和學生一起運用GOGO例程，幫助學生在協作時認識到投入與他人互動的力量。凱特將GOGO做了一些變化，先要求全班學生為一篇文章加上註解，特別找出其中明顯重要的說服性手法。然後她運用這項例程，讓學生分享和詳細解釋個人的註解，提供進一步的想法，同時也得知自己原先可能沒注意到的想法。凱特相信這證明了學生的紀錄是很有用的形成性評量。「我要求學生將他們交流『之前』和『之後』的文章拍照email給我，可以看到他們不少人都是在跟其他人交流之後，才對文章裡的圖片或標題（大標）下了評論。」凱特也注意到，當學生解釋自己的註解時，想得比剛開始撰寫註解時更加深入。

加州德爾馬阿什利瀑布小學一年級老師安茱莉亞·佩迪科德運用了GOGO例程作為設計思考計畫的一部分。阿什利瀑布小學的所有學生一起思考未來的學校，還有它會有什麼樣的外觀。一年級學生負責設計想像中未來學校的戶外空間。安茱莉亞希望學生以寬廣的面向去思考這項設計，以及人們在戶外活動有什麼收穫，而非僅是提出比目前的遊樂場設施更花俏的版本而已。她給學生的提示是寫下他們喜歡在戶外做的三種活動，全班討論了「去動物園」（這是一個地方）和「看動物」（這是一種活動）之間的差別。如果學生寫下的是一個地方，安茱莉亞會追問他們喜歡在那個地方做什麼，並建議他們寫下那項活動。在示範完GOGO的流程後，安茱莉亞向學生說明，當他們在分享自己的想法清單時，需要說一說那項活動為什麼會帶給他們喜悅或讓他們開心。當全班回到小組討論，他們分享收集到的想法，並且把相似的想法分成一類。學生整理出來的類別有：遊戲，放鬆和安靜的事情，跟家人在一起，跟朋友在一起，冒險和攀爬。安茱莉亞和學生運用這些類別作為他們未來戶外遊樂空間設計的基本特點。

·評量·

　　當學生在GOGO的過程中互動、獨立記錄並開啟自主對話時，請仔細傾聽逐漸出現的想法並作筆記，要特別注意反覆出現在學生的清單、反覆交換的那些想法。哪些是新鮮或令人驚訝的想法？哪些是意料中的想法？根據你聽到的內容，你對於學生的興趣、價值觀、優先重點或理解有什麼發現？學生在思考這個主題時，想法夠廣泛、發散嗎？如果不夠，可能的原因會是什麼？是這個主題的框架太狹隘，還是學生對這個主題欠缺足夠的背景知識，所以沒辦法想得更寬廣一些？學生看起來是有什麼樣的誤解？有什麼相互衝突的想法可能值得發展為進一步的學習機會？

　　請留意學生桌組討論裡出現的各式共同主題，例如，學生討論或甚至排列想法重要性的方式是否呈現出某種模式？在不同的桌組之間，你是否注意到什麼相似或不同之處？學生的思維是否保有彈性，能接受不同的觀點？或者他們急於堅守自己原本的想法清單，並對於採納別人的想法感到猶豫？

·小提醒·

　　就像使用其他的思考例程一樣，重要的是在宣布步驟流程之前，老師要清楚說明這項例程的目的和用意。使用這項例程時，事情很容易就變成學生站起來，分享初步的想法清單，抄下夥伴清單上的一個想法，然後結束——完全沒有解釋或詳細說明為什麼給予或拿取這個想法。要小心GOGO變成一種趕工完成的速度競賽，或一個要跳過去的火圈，給人一種幻覺，以為這是積極投入的課堂。要具體明確的提點學生注意GOGO的目的：我們想要的是仔細傾聽別人的想法並分享，因為那給了我們一個機會來深化自己的理解。而且在遇見別人的新想法和觀點時，我們會建立更進一步的理解。請記得，傾聽彼此的想法不代表只是靜靜的聽，真正的傾聽意味著我們試圖去理解別人提出的想法，並想一想他們的想法如何連結或擴展了我們的思考。

◉教學實例◉

對於南韓仁川查德威克國際學校的三年級老師霓娜來說,學生能夠公開的、安心的和其他學生分享想法是重要的,因為她的許多學生似乎都很害羞、不敢公開表達意見,霓娜很想要培養機會讓所有學生能夠發聲、促進學生的參與度,並確保學習能更加公平。

在社會科「和平與衝突」探究單元開始之際,霓娜看見了一個大好機會,可以去培養「投入與他人互動」。「『給一個拿一個』正好同時提供了工具和結構,讓我的學生表露他們初步的想法,然後交換和解釋自己初步的想法,」霓娜說:「它也讓我有機會觀察和評量學生的先備知識。」GOGO同時也能幫助霓娜達成她對學生設定的一個目標:當一名細心體貼的傾聽者,並且能開放的接受新想法。

因為GOGO是霓娜想要介紹給學生的一項新流程╱例程,所以她決定要做一些基礎的鋪陳。她請全班學生回想自己曾經把某個有價值或重要的物品送給別人的經驗,以及他們對那份經驗有何看法或感受。有幾個學生發言了,霓娜請他們進一步闡述:「所以,你可以再多說一點對那份經驗的看法嗎?它讓你有什麼感受?」霓娜試著為學生鋪路,讓他們能夠好好了解這項例程的目的,好讓學生在GOGO的過程中能有自信的投入與人互動交流。「想法給與拿的概念提供了學生一個新視角,看看他們自己的思考及同學的思考能夠做什麼,從而真正建立新的見解,並學得更深入。我不希望他們只是在各種想法之間跳來跳去,卻沒有真正關注他們可以從彼此身上學到的東西。」

霓娜先讓學生談一談所謂健康的互動交流是什麼樣的感覺,然後切入她的目的:「今天我希望我們開始練習一項新的思考例程,叫做『給一個拿一個』,不過你們給和拿的不是具體的東西,而是想法,你們覺得很有價值和非常重要的想法。」霓娜一邊說,一邊用手勢示意她想要鼓

勵三年級學生產生的那種交換——給和拿。

霓娜投影一張今日活動提示的簡報給學生看。「想想這個問題：創造和平的因素是什麼？花點時間想像一下和平，在腦中想像你處於和平狀態的畫面。列出三個語詞來描述和平。」霓娜給學生一些時間寫下他們的三個語詞。接著她投影另一張簡報：「想想這個問題：創造衝突的因素有哪些？列出三個語詞來描述衝突。」再一次，霓娜給了學生一些時間產生他們初步的想法。

在學生寫下描述和平與衝突的初步語詞清單以後，霓娜分享了GOGO的步驟，但並沒有試圖過度提供架構或指導，「現在你們手上有初步的清單了，我希望你們站起來，找到另外一個人，跟你的夥伴分享你清單裡的一個語詞，和平或衝突都可以，並向你的夥伴解釋為什麼你選擇那個語詞。」霓娜進一步解釋，當他們傾聽彼此的語詞和解釋時，他們應該記下這些想法，逐漸擴增自己原來的初步清單。彼此給予想法，也彼此拿取。她提醒他們：「你是從夥伴那邊拿到這個語詞和解釋——那是有價值、很重要的東西。所以，請確定你會把這份禮物寫下來。」

霓娜也提醒學生注意，要確保交換是雙向的。「你們要給你的夥伴一個想法，也要從你的夥伴那裡拿一個想法，而且我們要擴增原本手上關於和平與衝突的語詞清單。知道我的意思嗎？給一個……而且拿一個？」

當學生開始進入GOGO交換，霓娜到處旁聽學生的想法。她注意到不少孩子似乎把和平想成「安靜」，把衝突想成「戰爭」，對此她並不特別意外。霓娜在更仔細的傾聽後，注意到三個關於衝突的大概念出現了：肢體的衝突、情緒的衝突，以及這兩種衝突的要素。

一名學生主張：「有時衝突是從你的感受開始的，然後變成了肢體衝突，這場衝突如果繼續下去，就可能變成兩種都有。」這句話讓霓娜很感興趣。她注意到，透過想法的給與拿，學生們正開始探索和發掘某

種複雜性。「我在旁聽他們對話時，聽到跟和平有關的概念出現了某種張力，例如，我聽到有些學生問彼此：『大自然是和平的嗎？』、『家庭是和平的嗎？』、『天堂是和平的嗎？』」霓娜回想。她很興奮能注意到這些，因為它們給了她一些想法，她知道了這個單元後續要如何規劃下一步，讓學生繼續進行探究。

最後，霓娜要求學生回到他們的桌組，「現在你們已經給了也拿了許多想法，我希望你們在小組分享彼此擴增的想法清單。然後，我希望你們小組嘗試整理、分類所有的想法，把想法分成幾類，」霓娜宣布，「這裡面有哪些中心主題？你們給出和拿到的所有想法看來可以歸類在哪幾種主要概念底下？」霓娜認為，這是讓學生以他們最初對和平與衝突這個主題的構想為基礎，進一步投入與人互動的機會。

當小組在談話時，霓娜注意到某些中心主題在他們的回應裡逐漸浮現：和平是一種選擇，和平是分享，和平是家庭，跟大自然連結，和平是一個地方，和平是一種感覺，情緒的衝突，肢體的衝突，兩種都有的衝突。霓娜回想：「普遍來說，我看到孩子們將和平連結到好的、快樂的、愛、安靜的、正向的東西，而衝突給他們的感覺是壞的、痛苦的、吵鬧的、負面的。不過這讓我陷入思索。衝突是壞事這份想法頗為令人玩味，因為我們可以發現，事實上，並非所有衝突都是壞事。而且從另一面來看，安靜的狀態未必總是代表和平。」霓娜已經開始思考接下來可用來連結這些「和平」與「衝突」的初步想法的學習經驗，不過更重要的是，挑戰這些初步想法，以及提供學生更複雜的方法來調查這個主題。

「我對『給一個拿一個』之所以感興趣，源於我想要的不只是表淺的帶過關於新主題的初步想法，還要奠定基礎，讓我的學生能有意識的傾聽彼此的想法，投入互動討論，以幫助我們深入探究。」霓娜說道。

經過一段時間，這項例程已經變成霓娜和學生的支柱──整個和平與衝突單元以及之後的單元都靠它來進行。「GOGO是我們班最喜歡的

思考例程。」霓娜說，「當它成為常規化的例程，我看到學生願意改變和
發展他們的想法，對自己的想法有信心，也更樂於促進更深度的傾聽、
更複雜的闡釋和更多的學習，以這樣的方式來彼此互動討論。」

◉回饋梯◉ LADDER OF FEEDBACK

發表人選擇一個設計或藝術作品、一棟建築物、一篇文章或其他東西，來取得關於哪裡有效和哪裡可以改善的回饋。

澄清 提出「澄清型」問題，目標是了解發表人分享的是什麼、試圖做什麼，或努力想將什麼弄清楚。

重視 運用「我重視……」的句型來表達這件作品哪裡有效、哪裡很強大、哪裡能夠展現想法或引人入勝。

問題和擔心 提出關於這件作品的問題、困惑或擔心。運用「我在想……」或「這好像……」的句型來分享哪裡沒作用、讓人困惑或可以改進。

建議 提供改進作品的想法。可以改變、增加、刪減或重做什麼？給建議時要具體。運用「如果……會怎麼樣」的陳述來提出各種可能性，而非絕對要怎麼做。

感謝 發表人（組）說說他們從這次對話中獲得什麼，以此感謝回饋夥伴。回饋夥伴則說說他們透過提供回饋的過程得到了什麼新見解，感謝發表人。

「回饋梯」是我們的同事大衛‧柏金斯和零點計畫的其他研究者研發出來的例程[1]，是他們在哥倫比亞和一群大學管理者進行行動研究計畫的部分成果。這個計畫的目標是要發展出溝通式回饋（communicative feedback）的工具和結構，亦即以清楚說明為基礎，公平而平衡的關注正面和負面兩者的回饋。溝通式回饋也把重點放在改善和更深入理解正在探討的議題。在溝通式回饋裡，不只獲得回饋的人覺得受到尊重與重視，而且整個社群的人都在協作和反思精神中有所成長。

·目的·

　　長久以來，已有不少研究顯示出回饋對表現和學習的重要性[2]，然而，回饋的潛能卻經常難以發揮，這可能會發生在人們覺得受到攻擊、貶抑、人身批評，或回饋很模糊且不是行動導向的時候。之所以如此的一個原因是，我們在當下回應時總是傾向於提出兩類回饋：負面式回饋，我們強調發生了什麼錯誤以及必須如何修正（這讓人覺得有效率）；或安撫式回饋，我們試著給予含糊的正面回應，試著避免批評別人。但是，好的回饋是一種帶來改善和學習的回饋，需要以相互學習和協作為前提才能萌生，焦點要兼顧優點及缺點，而且要以行動／解決方案為導向。「回饋梯」提供的就是這樣的結構，因此，對於老師給予學生回饋以及同儕之間彼此回饋的情況，都會很有用。

·挑選適當教材·

　　「回饋梯」幾乎可用於所有進行中的作品，例如寫作草稿、設計計畫、專案工作、展覽展示、視覺藝術作品、戲劇和音樂表演等等。在有足夠的完成「作品」可供回應，且發表人對修正或改善很感興趣之時，「回饋梯」最能派上用場。研究顯示，除非回饋當下是被視為有用且有意義的，不然人們不太可能接受回饋[3]。這通常表示，回饋是受到要求而獲得的東西，而且有機會修改，或以其他方式運用別人給予的回饋。在運用「回饋梯」時，同樣重要的是體認到，我們所提供的回饋類型不只強調哪裡需要修正，更有實質意義的是，具體指出了要重新思考和考慮的事物。它能幫助學習歷程，因為學習者能持續掌控思考和作決定的過程[4]。

·步驟·

1. **準備**。這項思考例程可以兩兩配對、分組或全班一起做。每個步驟可以計時，就像對話協定（protocol）往往會設定時間一樣，或者無時間限制。

在決定時間長短方面，請考慮展示作品的長度和複雜度（比較精細複雜的計畫就需要比較多時間）、學生的年齡（比較年幼的孩子通常花比較少時間），以及團體的規模（比較大的團體就需要比較多時間來分享問題和想法）。作為一個粗略的指引，請考慮為每個步驟安排約2到5分鐘的時間，整個協定可以在最短10分鐘或最長30分鐘內完成。

2. **發表作品。**請發表人分享他正在進行中的作品，給觀眾充分的資訊，以便幫助觀眾提出好問題並提供有意義的想法。如果發表人目前遇到了任何癥結點、挑戰或問題，也可以把這些拿出來分享。回應的觀眾（不管是個人或小組）接下來需要有時間近距離觀賞、閱讀和仔細的檢視作品。依據作品的複雜度，這個階段應該不超過3或6分鐘，如果是全班針對大家都很熟悉的一項共同作業來給予回饋，那麼也許不需要正式的發表這件作品。

3. **澄清。**鼓勵回應的觀眾提出澄清式問題，以確定他們完全了解這件作品。澄清式問題是設計來釐清疑惑或提供遺漏的資訊，而非用來提供建議。因此，「你是否曾經想過……？」這樣的問題，其實是以一個問句來表達建議，應該保留到這項例程的建議階段再來使用。問題提出之後，發表人回應。有時沒有什麼澄清式問題可問，那也沒關係。不過，如果你是第一次示範這項例程，你可能要示範所謂的澄清式問題是什麼。例如：「你可以清楚說明這項產品的目標使用者是什麼人嗎？」在例程的這個階段，本質上是非常對話性的。

4. **重視。**現在觀眾要準備用「我重視……」的句型來表達他們重視的想法，這些句子會讓人注意到這件作品哪裡是正面的、強烈的、深思熟慮的或有效的。重視的評論能建立起一種支持型的理解文化，並幫助發表人知道自己的優點。這些重視的句子在本質上必須具體明白，所以，如果學生說：「這部分真的很好。」那就應該有一個追問的問題：「你可以說得更具體一點嗎？你看到作品的什麼地方，讓你說它『很好』？」在此

階段，發表人是沉默的，但會將其他人分享的想法用筆記下來。

5. **問題和擔心**。在這個步驟，問題、疑惑、混淆和擔心都會被提出來，不過要避免說出絕對的判斷。「錯誤的是……」或「這部分需要修正」這樣的話語會激起人們的防衛心，造成他們封閉自己。換個說法，請運用比較「條件式」的語言，像是：「我在想，你是否可以……」、「從我的觀點來看，似乎……」、「如果你……事情可能會怎樣（發生什麼）」、「你可能會想要看看……」、「是否有可能……」在這個步驟，發表人必須克制想回應的衝動，如果回應的話，往往會引起一種防衛姿態，從而可能擾亂這段過程。

6. **建議**。回應者提供有關如何改善這件作品的具體建議，運用如下的句型：
   - 如果加入……怎麼樣？
   - 也許你可以重做這個部分，為了……
   - 可能讓這部分變得更強大的是……
   - 考慮一下……，可能會有用。

   有時，「建議」步驟會跟「問題和擔心」混在一起，因為提出一個問題接著提供一個可能的解決方法是十分自然的。如果發表人不甚清楚某個建議，他們可以提出問題來幫忙澄清該建議的具體內容。

7. **感謝**。發表人簡短分享他從這段回饋時間獲得了什麼，以及他目前有什麼想法。這可能包含：分享行動步驟，或他們想要再多思考的地方。回應者也要感謝發表人提供了給予回饋的機會。「回饋梯」的學習應該是雙向道，在這條路上，給予回饋的過程也能幫助一個人更了解自己的學習和作品。

・運用與變化・

在盧森堡國際學校，法文老師諾拉・薇妙琳在學生主導的親師晤談中，讓三、四、五年級學生運用她改編過的「回饋梯」。學生分享了他們從法文

課的學習檔案、書籍和教材中取材的學習實例。進行分享時,他們將焦點放在說明自己的學習困難和成功之處。家長在孩子的指導下,接著被提示(1)藉由提問來澄清,以便更深入了解自家孩子的學習情況;(2)透過指出學生反思中的優點來表達重視;(3)指出未來可以在哪方面有所成長;(4)建議一個可能的策略,幫助孩子的學習向前邁進。因為諾拉的學生之前在個人寫作時經常運用「回饋梯」來提供同儕回饋(「回饋梯」的相關說明都張貼在學生的筆記本上),所以能順暢轉移到這個新情境下使用,而且有助於促進豐富的親子對話,使家長的評論多點建設性,少點負面和批判。

桂格谷高中老師麥特・立特爾在十一、十二年級的物理課中,讓學生用「回饋梯」作為設計橡皮筋驅動車專題的一部分。學生來到麥特的課堂後,把自己設計的車輛原型交給指定的夥伴看,但是沒有提供任何進一步的解釋說明。接下來整整30分鐘裡,學生要仔細的觀察這輛車,盡可能記錄有關這輛車的設計、組裝和性能表現的種種細節,這份紀錄將會提供給設計者,用以修改和調整他們的車輛原型。學生從多元的角度來畫草圖,找出每個零件和它們的用途,分析所使用的材質和它們的效能,測量車子的尺寸、速度和加速性等數據,進行實驗測試,提出問題或對哪方面感到好奇的想法,以及找出哪些設計可行和哪些設計需要改善。30分鐘後,麥特讓所有學生聚集在兩張桌子旁,他和一位學生坐在一起,以這位學生的車輛原型來進行魚缸式觀察(fishbowl observation)。麥特要求學生們特別注意他在這次討論當中做了什麼:他的肢體語言、他的遣詞用字和他所提出來的問題類型。接著麥特跟指定的學生一起示範「回饋梯」(但沒有實際說出這個名稱)。然後,「觀察」的學生彼此討論他們注意到什麼,學生們很自然的認出這項例程的主要行動是什麼。等到這時,麥特才將「回饋梯」的結構展示給學生看,並將它連結回學生注意到的內容。而後學生以三人為一組,開始運用「回饋梯」給彼此回饋。

·評量·

　　學著給予別人好的回饋是需要時間的。在這項思考例程的每個階段，老師都應該尋找回應者的成長跡象，並協助他們隨著時間逐漸成長。在澄清階段，學生能否找到可能的困惑或需要進一步澄清的部分，或者他們只是認定自己知道？在重視階段，要期待學生具體明確地陳述想法，並幫助他們這麼做。他們是否能夠找出哪裡很好或很強大，同時也能夠解釋為什麼他們如此認為？如果不能的話，提示他們要更詳細的回應或要求另一個人提出證據。如果我們長期堅持學生必須學習運用證據來支持自己提出的想法，學生就很容易學會，並養成這樣的行為。

　　要以非負面的方式提出問題和擔心，可能有點兒難處理。雖然你想要學生能夠找出缺點，但你也想要他們能夠以尊重對方的方式來分享這些想法。請注意學生正在使用的語言，若有需要，幫忙他們重新組織句子。如果你使用句子開頭提示語的話（參見接下來的「小提醒」），請注意觀察這些句型何時會變成學生自動使用的語彙。最後，能夠提供有用又務實的建議是給予良好回饋的關鍵，學生一開始回應時可能有點模糊，只會建議需要改變的部分。同樣的，請敦促學生具體明確的說出可以怎麼樣改變。也要留意提醒學生不要局限於提供簡單糾正型的回饋，亦即只找出可快速修正的小細節，例如：「把標題弄大一點。」而是要提出直接緊扣問題和擔心、解決方法導向的回饋，例如：「我在想，如果你把標題變成一個問題，會不會更有助於吸引他人關注？因為剛剛你提到你正在研究的問題時，我發現自己更感興趣了。」在後面的例子裡，回饋者提出了可能性並指出可能達成什麼樣的效果，這樣的回饋讓發表人處於決策者的位置，且有目標可供考慮。

　　關注發表人長期的進展也同等重要。學生能夠好好利用他們收到的回饋嗎？他們是否將這些回饋視為需要考慮和權衡的決策點，或只是照做？發表人對於回饋是否更為開放、愈來愈能自在接受？他們是否主動尋求別人的回饋？「回饋梯」中所運用的語言是否開始潛移默化到其他情境？

・小提醒・

　　一開始，先跟學生廣泛的討論什麼是回饋以及為什麼它對學習很重要，可能會很有用。這樣的討論可以從要求學生回憶過去曾經收到真的很有用的回饋開始，然後幫助學生找出有效回饋的特質。這有助於澄清這項思考例程的目標，並確認它如何協助學生學習。

　　學著給人好的回饋是需要練習的。第一次練習回饋梯時，你可以用全班對一個發表人（要預先選好）的方式來做這項例程，好讓學生能夠熟悉整段過程。或者，也可以運用魚缸式觀察技術，安排一對學生在教室中間完成整套例程，其他學生圍在外圈觀察（請在此連結觀看納塔莉・貝莉運用魚缸式觀察技術向五年級學生介紹「回饋梯」的影片：https://www.youtube.com/ThePowerOfMakingThinkingVisible）。等學生熟悉這項例程之後，就可以在一開始時將所有步驟寫於黑板上或發給學生講義資料，以簡要回顧這些步驟。

　　下一個過渡的步驟是運用「回饋梯」和整個團體互動，這讓你可以扮演引導者的角色，監控學生正在使用的語言，並在學生沒有提出證據或具體回饋時適時提醒。最後，漸進釋放學習責任模式的最後一個步驟是讓學生個別練習，通常是讓每個夥伴輪流當發表人和回應者。當學生演練「回饋梯」時，你要在教室各處走動巡視，傾聽每對學生的對話，用筆記下箇中的優點和困難，你可能也會想要記下你聽到的有效語言。在個別練習之後，聽學生匯報共同的協定，並要求學生分享他們的反思。他們覺得哪些部分很容易？有挑戰？哪些部分需要更多練習？你也要分享你的觀察。

　　提供學生特定的句子開頭提示語，可以協助他們學著使用更開放和情境條件式的語言。在前述的每個步驟當中，提供了一些可能有用的話語範例，你可以調整修改來配合你的學科領域和年級程度。句子開頭提示語為語言使用提供具體的鷹架，也可以像圖3.2一樣，將句子開頭提示語放入簡單的圖示裡。請學生在回饋階段開始之前或每個步驟正要開始之前，以寫作方式收集他們的想法，也會頗為有用，這能夠確保他們有實際的內容可說。

圖3.2　回饋梯

回饋梯

感謝
我還要再想想更多關於……
我正在考慮……
這幫助我了解……

建議
要不要加上……？
也許你可以重做這個部分，讓它……
你可以嘗試的是……

問題和擔心
我在想如果……
如果……，會怎麼樣？
有可能可以……？

重視
我重視……，因為……
我欣賞你這樣……
這真的很有效，因為……

澄清
告訴我更多關於……
你說的……，意思是……？
這個_____有什麼作用？

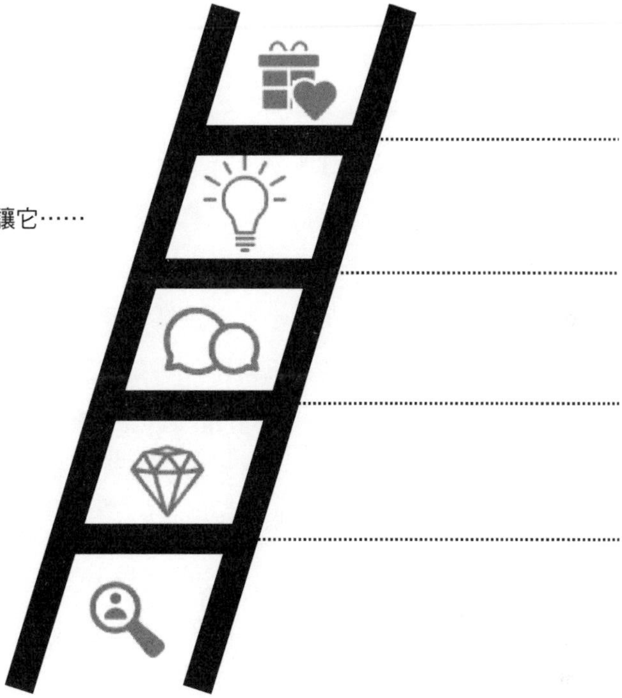

◉教學實例◉

　　華盛頓特區西德威爾友伴學校的丹妮絲・柯芬老師在這個學年初就帶她的幼兒園學生學著使用「回饋梯」。丹妮絲仔細的架構整個歷程，她先從檢視別人創作的作品開始，因為學生才剛學著用「回饋梯」，她想確保這段過程是安全的，沒有人會因為別人的評斷性評論而感到沮喪。一開始，所有學生仔細觀賞螢幕上投影的史都華・戴維斯作品《打蛋器2號》(*Egg Beater No. 2*)（這裡可看到此作品：https://www.cartermuseum.org/collection/egg-beater-no-2），然後他們逐步進行「回饋梯」的步驟，丹妮

絲一邊幫助學生了解每個步驟的用語及目的，學生一邊給戴維斯先生回饋。接下來的兩個星期，丹妮絲在課堂上展示了更多戴維斯的繪畫供學生檢視並提供回饋。而在作品《高架紐約1931》（New York Elevated, 1931）裡，看來幾乎就像這位藝術家已經接受了班上學生回饋給他的某些關於色彩和明確形狀的運用。

幼兒園的孩子在用別人的作品練習了三次「回饋梯」後，現在已經準備好實際練習，提供一些回饋給同學了。透過全班學生一起觀看各學生小隊在數學挑戰活動中搭建的塔，丹妮絲持續引導學生完成「回饋梯」的過程。這份挑戰是要小隊學生運用預選的各種物品，盡可能建造出最高的塔。丹妮絲召集全班同學，開始向艾登、萊利和瑪雅組成的第一小隊提供回饋。「我們要用『回饋梯』來幫助彼此蓋出更高的新塔，要試著找出哪些部分做得很好，哪些部分可能需要改善。『回饋梯』的第一步是什麼呢？」丹妮絲問。萊利很快回答：「關於這座塔的問題。」

「好的，有人有問題嗎？」丹妮絲開了個頭。摩根問：「你們要怎麼讓那個（圓形）積木保持不動？」艾登回答：「它在桌上一直滾動。」瑪姬問起小隊的互動：「你們有沒有吵架？」艾登誠實回答：「我不同意其他人的想法。」然後萊利附和：「我們沒有吵架，但是我們真的必須把我們的想法結合在一起，這很難。」

丹妮絲藉由「我們的下一步是什麼？」這個提問讓全班向前推進。瑪雅提出她的理解：「我們應該給一些讚美。」丹妮絲接著她的話補充：「讚美，或點出我們重視的地方。」學生很快提出幾個評論：「我喜歡他們把那些大大的正方形放在底下，我沒有那樣做，我喜歡這裡看起來像一種模式。」當摩根表示：「我重視穩定性。」丹妮絲接話：「你可以多說一點嗎？」摩根回答：「它不會搖搖擺擺的。我（在家裡）蓋這座橋的時候，我必須確定它有穩定性，不然它就會變得太搖晃。」

「有誰知道我們下一步要做什麼？」丹妮絲問道。看著丹妮絲在白

板上畫的梯子，一名學生提出：「我覺得是挑戰。」另一名學生補充道：「是擔憂。」丹妮絲問全班同學：「我們可能有什麼擔心或擔憂？」依據他們兼具建造者和回饋者提供的經驗，學生以開放的方式表達了幾個擔憂：「我在想，如果所有扁平的積木都在底部，而圓形的積木在那裡（指著頂端），塔會發生什麼事？」、「我擔心如果他們不像我那樣使用積木（指著她的塔），它就不會變得更高。」

「我們『回饋梯』的最後一步是分享我們的想法或建議。」丹妮絲說。

接受回饋的小隊成員艾登舉起了手：「我有一個主意，我想把這些方柱放在高的地方。我不希望它們倒下來。」「你覺得這樣會讓塔變得更高嗎？」丹妮絲問。艾登點頭稱是。丹妮絲問：「還有其他建議嗎？」凱伊一邊指著圓形積木一邊說：「我覺得他們應該試著把那些積木放在上面。」戴文補充：「還有那些。」一邊指著在底部把圓形積木卡住不滾動的小積木。

隨著學年的進展，「回饋梯」成為教室裡真正的慣例。丹妮絲指出：「它的簡單性質讓五、六歲的孩子也能進行這項例程要求他們運用的思考。我可以輕鬆的指導年幼學生完成一些相當複雜的思考，讓它很快變成為例行化的流程。它本質上也是善意的，讓學生練習以自己的思考和想法為中心進行互動，而不會感到自己被別人『輕視』。它的簡單性質也意味著它很快就能成為他們語言裡的一部分。在這一年中，我聽到他們在各種情況下獨立自主的使用『回饋梯』的語言。使用『回饋梯』確實幫助我們建立起學習共同體，這成為他們學習者身分的一部分，當他們離開幼兒園時，也會留在他們身上。」

◉ 無領袖討論 ◉
THE LEADERLESS DISCUSSION

團體成員預先閱讀一篇共同的文本，或觀看一部影片。每個人提出兩個
自己有興趣討論的問題。每個人想想他們可能會如何回答自己的問題，
並反思為什麼他們覺得自己的問題很有趣或能激發思考。

討論過程：

◉ 其中一人讀出他或她的問題，並解釋為什麼這個問題特別有趣。
◉ 小組成員對提出的問題做出回應，並分享他們對該問題的想法，討論
　時間總共不超過5分鐘。
◉ 當時間到了或討論結束時，提出問題的人用一、兩句話總結討論要點。
◉ 後續回合：重複這些步驟，直到所有人都至少分享了一個問題。
◉ 小組反思這次的討論，並討論如何幫助他們發展對文本的理解，及／
　或每人寫一寫自己的思考和想法如何改變或發展，還有，因為這次討
　論而產生了哪些新的問題。

　　麻薩諸塞州劍橋的涼蔭丘學校七年級教師希瑟・伍德科克創造了「無領
袖討論」例程，目的在於培養學生的獨立性[5]。希瑟經常在課堂上嚴肅認真
的進行以文本為主的討論，但有兩件事困擾著她。第一，她注意到似乎是她
自己在做大部分的工作：她提出問題，她推動團體前進，她提出新觀點，她
選擇誰來說話。實質上，這是她的討論，不是學生的討論。第二，雖然這些
課堂討論很熱烈，但實際上是同一批學生在發言，希瑟必須很努力的將其他
學生拉進討論裡。她創造「無領袖討論」來作為一種結構，用以鼓勵更多學
生擁有主導權，並為所有學生創造參與討論的角色。此外，希瑟創造這個過
程也是為了幫助學生產出好問題。

·目的·

「無領袖討論」創造了一個機會,讓學生主導和推動與重要主題和概念有關的對話方向,同時讓更多學生參與,將他們的思考帶入學習當中,並積極投入討論。「無領袖討論」也提供教師傾聽和觀察學生的方法,藉以判斷學生在努力發展理解的過程中,逐漸浮現出來的究竟是哪些想法和概念。

這項例程的另一個核心要素是學會問出好問題。問題不僅是學習的動力,也是學習的結果。當我們發展出更深入的理解,我們的問題通常也會變得更加精闢。學習構思好問題以吸引他人投入討論並非易事,要花時間慢慢發展。在學生不斷練習「無領袖討論」的過程中,想出好問題的技能也隨之萌生。

·挑選適當教材·

作為一種討論結構,「無領袖討論」需要的是值得討論的素材內容,可能是學生正在閱讀的小說作品,或非小說作品、歷史紀事,或是以文字或影片形式呈現的科學發現。甚至可以在聽完客座演講、聆聽簡報發表或看過實際示範之後使用這項例程。使用於「無領袖討論」的最佳素材是呈現出可辯論的想法或可從多個角度進行推理的資料,包含多元立場和觀點的素材資料提供許多切入點,讓學生闡明問題、提出問題,並進行嚴謹認真的討論。

·步驟·

1. **準備**。預先確定文字文本、影片或其他素材資料。預留時間給學生事先閱讀或觀看資料,可以在課堂上進行,或當作家庭作業為討論做準備。通常以4到5名學生為一組進行討論。當時機成熟時,隨機分配學生通常是分組的最佳方式[6],不過有時還是可以根據團體動能和教師需求,更有策略的將學生分組。

2. **準備問題**。小組成員各自構思並記錄兩個他們認為會引發討論興趣的問

題。這些問題並不是容易回答的封閉式閱讀理解問題，而是有助於透過與他人討論來發展出更細緻理解的問題（關於如何幫助學生產出好的討論問題的建議，請參見「小提醒」一節）。在提出兩個問題的同時，每位學生都要簡短反思自己選出來的問題，以及他們個人可能會如何回應這些問題。學生要清楚說明他們為什麼覺得自己的問題對「無領袖討論」是有趣、有用的。

3. **選擇計時員**小組要指定一個人來計時，並確保小組討論任何一個問題的時間不超過5分鐘。

4. **開始討論**。一個人讀出他或她的問題，並闡述為什麼這個問題對小組來說很有趣、值得想想。在此時，如果其他人認為自己的某個問題與目前發表的問題有關聯，可以提議將兩個問題合併起來進行討論。不過，這應該由最初提出問題的人來決定。

5. **討論問題**。小組成員回應這個問題並分享他們的思考。學生可以詳細闡述某個論點，提供另一種觀點，提出其他連結，或顯示討論問題的另一層面。學生在聆聽別人的回應時，應該鼓勵他們追問：「**是什麼讓你這麼說？**」或請對方以某種方式進一步闡述說明、提出證據或澄清。提出問題的人應該注意是誰在說話，並邀請其他人參加對話，同時確保沒有人主導對話。

6. **結束第一回合的討論**。當問題似乎已被充分檢視，或計時員表示已經過了5分鐘時，最初提出這個問題以及其他附加問題的人都要用一、兩句話總結對話內容。這麼做可以讓最初提出問題的人加入他最後的想法，同時也肯定同學貢獻的想法。

7. **重複幾回合的討論**。另一名成員讀出他的問題，重複這些步驟，直到每個人都向小組同學分享了至少一個問題。

8. **分享思考**。一旦整個小組都分享了問題，並完成幾回合的討論後，小組反思整個討論的過程和內容，找出其中的重要想法、主題或浮現出的連

結。此時，小組成員清晰闡述他們對於素材資料的理解是如何透過對話而變得更加豐富，或者，每個人寫下他們的想法和觀點是如何擴大、改變或發展的。小組應該找出哪幾個問題似乎引發了最多的對話討論，想想出現了哪些新問題，或反思哪個要點可能在對話中被遺漏了以及為什麼會遺漏。

·運用與變化·

印度清奈美國國際學校的心理學老師沃爾特·巴斯奈特發現，在探討倫理議題的過程中，「無領袖討論」能夠在衝突緊張的時刻出現時發揮很大的作用。「當出現兩極對立，我們就會產生一種思考上的張力，學生們會很想就各種問題進行辯論。」沃爾特說：「例如，當我們在思考心理行為，以及它們如何在消費者世界或工作場所展現的時候。其他的例子會像是我們自問：我們為了增進知識而對動物進行實驗測試，到什麼程度算是合乎倫理的？」當這類議題出現時，沃爾特會請學生提出問題，準備做「無領袖討論」。在這些討論中，沃爾特特別關注學生這些方面的能力：相互傾聽、將聽到的內容改用自己的話重述、安心的敦促彼此思考，有自信的回應「是什麼讓你這麼說？」之類的問題。

沃爾特反思道：「這是在建立文化，並給予學生能力去超越『只是照順序分享』，轉變成探究課堂上正在探討的內容。」沃爾特在學年初就明確教導學生如何運用生成型和促進型問題來相互對話，並且以放聲思考的方式向學生示範在他的學科領域會發生的提問和反思類型。這些經驗讓學生逐步準備好投入「無領袖討論」，而後沃爾特就能仔細傾聽學生的對話，並注意到什麼最能引起他們的共鳴。

·評量·

注意學生的問題所透露出來的各種觀點、連結或複雜性，它們是否表現

出深度和細密的思維，還是停留在文本的表面？問題的性質通常象徵了學生目前對文本或主題的理解程度。如果你發現學生很難提出好問題，這可能表示文本或主題本身不是最合適的選擇，或學生需要你幫助他們發展探究議題的能力。他們可能也需要更多示範，以便了解複雜問題看起來、聽起來是什麼樣子。

在「無領袖討論」的過程中，請試著抵抗只想知道哪些學生「懂了」、哪些學生沒懂的衝動。更有益的作法是將自己定位成觀察者，注意哪些學生正在回應對方的問題以及如何回應。學生是否透過整合別人提出來的觀點而增進了他們的理解？他們能否依據他人的評論進一步發展想法？或者，他們提出的想法與其他人分享的想法欠缺關聯？他們是否詳細闡述他人分享的想法，並且敦促彼此這樣做？學生是否根據對話內容修改了自己的想法？

注意學生建立的連結，注意對話中出現的連結點和主旨。記下學生在各回合討論中提出的問題：它們以什麼方式直指主題的核心？或者只是膚淺的問題？學生提出的問題是否值得在「無領袖討論」結束後進一步調查？

記錄學生參與討論的狀況。誰說話？誰不說話？有人主宰討論嗎？小組成員對這種動能是否敏感，是否試圖將比較安靜的學生拉進對話裡？學生是互相傾聽，全神貫注，還是分心了？當其他人討論他們所貢獻的想法，提問者是否興趣盎然的傾聽？

・小提醒・

不要犧牲在討論前準備問題的過程。學生為「無領袖討論」提出的問題至關重要，因此投入時間幫學生找到和說出重要問題是非常值得的。在時間推移中練習，學生會愈來愈有能力提出有力量、具思考性的問題。學生並非天生就知道如何產出一個引人投入的討論問題，尤其是在他們不熟悉這項例程的時候。因此，將這項例程搭配「問題排序」例程（見頁132）一起使用，提供學生一些問題提示，幫助他們產生各種可能的問題，應該會很有用。底

下是一些問題提示的例子：

- 你認為講者／作者說的……是什麼意思？

- ……有什麼其他例子？

- 當作者／講者說……時，你認為他們有什麼假設？

- 對於……，有什麼證據和理由？

- 誰可能會對……有另一種觀點？

- ……的後果或影響可能是什麼？

- 從……學到了什麼經驗？

- ……表達的核心想法是什麼？

- 如果……發生的話，事情會有什麼改變或不同？

- ……的優點和缺點是什麼？

但是，不要讓這些題幹限制了學生的思考，它們的目的只是激發更多想法，讓學生找出問題可能有哪些走向。

過早期望太多，可能會削減學生參與「無領袖討論」的興趣。要解決這個問題，一種方法是讓學生與你或同學夥伴一起思考、處理他們對問題的初步想法，並且找到目前覺得「夠好了」的一、兩個問題。利用過去的討論來定義和討論何謂好的討論問題。找出以往曾提出的有效問題的特質，我們通常可以從中學到很多東西。假以時日，這項例程一旦建立起來，在討論前準備問題的過程應該就會感覺更加順暢。

學生在互相傾聽和依據彼此的想法進一步建構想法這方面，也可能需要協助。這裡再提供一些可能有用的句型和句子開頭提示語：

- 我同意……

- 你可以再說一遍嗎？我沒有聽清楚。

- 我想你說的是……。
- 基於＿＿＿的想法，我想補充的是……
- ＿＿＿剛才說的話提醒了我……
- 我想進一步闡述你剛才說的話，因為……
- 剛剛所說的話，讓我連結到……

◉教學實例◉

　　娜薇妲·班頓是新墨西哥州聖塔菲曼德拉國際磁性學校的高中部老師，她對於在英語課堂上促進學生公平發聲有強烈的信念。她覺得青少年總有很多話想說，她希望讓他們覺得她的課堂是非常重視他們的想法、意見和見解的場所。

　　因為讓學生多說話是娜薇妲堅持的信念，所以她極為努力要讓學生經常投入小組討論，也這樣做了很多年。但令她擔憂的是，她常常看到那些意見強勢的人主導了討論，而其他的學生則保持沉默。她在想，那些學生之所以沉默，潛在原因或許是他們需要更多時間思考。倘若沒有什麼結構或指導，安靜的學生也許覺得靠那些比較多話的同學來過關會比較容易。

　　先前娜薇妲嘗試解決這個問題，但結果有點不盡如人意。「我試了冰棒棍的方式，你知道的，作法就是當我們回頭進行全班討論時，把每位學生的名字寫在冰棒棍上，然後抽出一根冰棒棍，請那位學生起來發言。」娜薇妲回想，「雖然這麼做的確讓更多的學生發言了，但我擔心這會讓安靜的學生產生更多焦慮，而非自信。」

　　因為小組討論已經是娜薇妲教學方法裡的主要作法，所以她覺得「無領袖討論」提供了一個結構，可以使學生更趨近她的夢想：學生彼此對談，並且自主推進對話的內容。每位學生都必須先從自己的經驗和觀

點構思至少一或兩個問題，準備加入對話中，這一點吸引了娜薇妲。而且，這項例程的步驟讓她感覺好像創造了一張安全保護網，學生都能知道對話的流動會是什麼樣貌，不必擔心會被一個不確定的步驟搞得措手不及，因而侷促不安或害怕參與。

娜薇妲為第一次使用「無領袖討論」作準備時，選用了學生乍看會覺得有點困難或不熟悉的素材。她選擇了一首大家都沒讀過的詩，並以樂觀的態度看待。不過，在這第一次的嘗試中，娜薇妲沒有給學生很多時間去產出他們的問題，而且她假設這項例程的步驟會自動創造出深入的對話，但事實並非如此。「有些學生真的很投入對話，」娜薇妲回想，「但對其他學生來說，我選的這首詩太難以理解，導致我發現自己做了很多的重新指導和解釋。我想，以第一次嘗試而言，我跑太遠了。」

但第一次嘗試之後，娜薇妲並沒有放棄，幾天之後她又堅持試了一次。這一次，娜薇妲決定先提升學生對於如何產生優質對話的意識，來為「無領袖討論」作準備。學生給了娜薇妲一些回應，像是：他們何時能夠以專注的方式彼此對話，他們何時相互合作，以及在何時提出不同觀點來辯論。學生一邊提出什麼構成好討論的想法，娜薇妲一邊將它們條列下來，並且邀請學生將這些想法視為他們之後討論的準則。「在我們進入下一回合的『無領袖討論』時，我想我們都可以做到這些討論準則。」娜薇妲跟學生分享道。「我們所有人都可以負責任的把這些品質帶到討論中。」

娜薇妲也決定，討論的素材仍然必須是學生沒看過的，但也必須是他們能理解的——她第一次選給學生看的詩並沒有做到這一點。娜薇妲播了一部外國藝術電影的片段給學生欣賞，影片中的動畫人物試著在一個幾何平面上保持高難度的平衡，影片沒有旁白說明或字幕，其中的象徵主義和意象非常吸引人又很神祕，學生自然而然的產生了各種可能的詮釋和意義上的理解。娜薇妲發現，學生對於影片中發生的事情忍不住

提出了各式各樣的問題，看來，學生已經準備妥當，鼓勵他們進入構思問題階段的時機已經成熟了。

她發給學生一份列出幾個問句開頭的參考提示，要求每名學生根據剛才看的影片提出 2 個想要放到「無領袖討論」小組的問題。娜薇妲重新介紹這項例程的步驟，指出學生在過程中各種應該傾聽、回應和分享的時間點。她也再次提醒他們剛剛一起發展出來的優質對話準則。

在娜薇妲看來，第二次的過程似乎順利多了。「有些學生就是情不自禁的一直想要提出想法，他們有好多話想說。」娜薇妲回想。當然，有些時刻的運作並不像娜薇妲希望的那麼順暢，但她也釋懷，接受了這些瑕疵。她知道若要讓「無領袖討論」變成學生思考的慣例，而非一次就結束的活動，需要更多次的嘗試，也要更加關注細節。「對我來說，現階段要做的是建立這項例程，讓它成為我的班上互動和對話的新方式，所以最重要的就是讓這段歷程正常運作，但不用期望完美。」娜薇妲說。

的確，隨著學年的進行，「無領袖討論」愈來愈常成為娜薇妲和學生例行化的思考流程，她聚焦於流程中的各個面向，相信這些面向可以讓他們的對話模式變得更豐富、更有力量。「例如，我開始讓學生提前交出他們的問題。」娜薇妲回憶道。「我做這件事並不是要讓學生覺得他們必須有我的同意才能開始討論，實際上，我是很謹慎小心的送出這個訊息。但我確實覺得我可以從中了解學生認為哪些問題的類型是需要討論的，並找到可以輔導或指導學生的地方，讓他們能構想出更可辯論、更值得討論的問題，而非容易回答的問題。」

娜薇妲仍然不時提供學生迷你課程，例如進行魚缸式體驗，以及要求學生反思是什麼讓一個好問題變得有趣。她也要求學生留意並提出他們的「無領袖討論」裡有哪些地方像是轉捩點，或偉大見解產生的時刻，鼓勵他們思考在討論過程的哪些地方可以進一步敦促或提示彼此提出主張來推理判斷。娜薇妲說：「我不希望學生認為事情必須完美才是

最棒的,但我確實想向他們傳達一種感覺,那就是,在我們養成相互交流和共同展開精心對話的習慣時,這段歷程中總有些我們可以更加強化的部分。」

　　娜薇妲希望學生感覺自在並主導這項思考例程,目標並不是要毫無猶疑或缺點的運作,而是要堅持這段過程並全心回應彼此的想法,如此這段歷程才能使每個人變得更加充實。「我認為一切都始於這個信念:相信學生能做到的遠遠超過我們對他們的認定。」娜薇妲反思,「如果我們給了學生工具和結構,並且設法讓他們經常練習這項例程,他們的洞見和深思熟慮會讓我們大為驚豔。」

◉ SAIL：分享—提問—想法—學習 ◉
SAIL: SHARE-ASK-IDEAS-LEARNED

發表人選擇一個想要藉由這項例程得到更多澄清、意見或回饋的計畫、專題想法、文章作品、演講詞或其他項目。

分享　發表人對小組分享他或她的計畫／專題想法／作品。

提問　小組成員向發表人提出「澄清型」和「追問型」問題。

想法　小組為改進計畫／專題想法／作品提供想法，發表人寫下這些想法，但不要明確表示接受、拒絕或評估任何建議。

學習　發表人陳述他或她從對話中學到了什麼，或想採用哪些想法，說說關於計畫／專題想法／作品的新想法。

　　與教師共事時，我們經常使用一套又一套的對話協定來作為工具，幫同事產出有關計畫和專題的新想法，或解決實作中的問題（參見www.schoolreforminitiative.org）。然而，許多成人使用的協定有多道步驟，或需要大量時間才能完成。我們認為課堂上若有一個精簡版的協定，供學生在進行專題工作或設計思考時使用，應該會很有用處。我們援引了專業學習協定中最好的想法／點子，創造出「SAIL：分享—提問—想法—學習」例程。

・目的・
　　這項例程為學生提供了一個結構，在新想法可以輕易整合且可能有助於形塑專題的初期發展階段，用來給予和接受同學的想法與建議。這當然可視為一種回饋，但相較於我們有時認定的回饋，SAIL例程更加開放、聯想到的可能性更多些。此外，典型的回饋比較可能出現在專題快結束時，以便幫助學生完善和改進，但SAIL例程通常是放在歷程初期、學生還處於計畫階段之

時。放在剛開始的階段，這項例程可以幫助學生好好思考各種想法、產生不同選項，並考慮其他替代方案，這些都可能形塑他們後續的工作。這項例程的另一個關鍵目的是創造出一個學習社群，身在其中的學生將彼此視為學習資源，意思是，回應發表人的小組成員不只是專注傾聽的觀眾，也會積極主動提問和提供想法。

· 挑選適當教材 ·

SAIL例程在專題、計畫或設計的發展階段最為有效。例如，學生可能正在規劃一項個人研究專題或調查，需要關於它可能往何處發展的想法；學生也可能正在創客空間裡思考如何設計或建造一件作品，但對於他們想要完成的東西只有一個模糊的想法，但是，藉由和別人談談、幫助他們澄清目的和目標，他們便能獲益。在寫作課堂上，學生可能對一個故事或甚至想要融入故事裡的人物有一些想法，但還沒有真正搞清楚這些想法可能發展到哪裡，或是創作故事時需要考慮什麼。教師也可能對某個單元或活動只有初步想法，希望能和同事或甚至是學生一起徹底思考。

· 步驟 ·

1. **準備**。這項例程可以分組（最少三人一組），或全班一起進行。每個步驟可以像常見的對話協定一樣計時，或者保持開放。在決定計時長度方面，請考慮所要展示的專題／提案的複雜度（愈細緻複雜的專題就需要愈多時間來解釋，但絕不該超過4分鐘）、學生的年齡（年齡較小的學生往往需要較少時間），以及小組的規模（小組人數較多就需要更多時間來分享問題和想法）。整個協定可以在短至5分鐘內或長至25分鐘內完成。第一次試做SAIL，你可能會想要以一位發表人（要預先選定）對全班的方式來練習，好讓全班學生熟悉整段過程。另一種方式是使用魚缸式觀察技術，讓一個小組在教室中間從頭到尾進行這項例程（魚缸），

而其他學生圍在小組外圈進行觀察。

2. **分享。** 請發表人跟全班分享自己的計畫／專題想法／作品。例程的這個階段最長應該不超過3至4分鐘。這樣做的目的在於提供觀眾有關這個計畫的足夠資訊，好讓他們能夠幫忙提出好問題以及有意義的想法。通常，說明以下幾點會有用處：

- 「為什麼」：亦即這項專題或作品背後的個人動機。
- 「如何」：發表人打算要怎麼處理或進行這項計畫。
- 「什麼」：到目前為止做了什麼。
- 發表人目前遇到的任何癥結點、挑戰或問題。

3. **提問。** 接著邀請聽眾提出問題。在他們提問之後，換發表人回應。例程的這個階段在本質上是非常對話性的。這個階段可能會花上2至10分鐘的時間，視計畫而定。在這個階段，聽眾應該提出兩類問題：澄清型問題和追問型問題[7]：

- **澄清型問題**是為了幫助提問者而提出的。這類問題能提供背景知識和情境脈絡，有助於提問者更了解情況。澄清型問題不必想太多就能回答，而且基本上可以只用幾句話來回應，例如像下列的問題：「你以前曾經寫過像這樣的故事嗎？你的遊戲需要幾個玩家？關於這個主題，你已經訪問過誰了？」這些都能快速回答，而且能夠幫助提問者更清楚了解情境脈絡。

- **追問型問題**是為了發表人而提出的。這類問題的設計是為了激發更深刻的反思和內省，因而需要比較多的思考才能回答。這甚至會演變成對話，例如像下列的問題：「為什麼那個特色對你來說很重要？你要怎麼知道這是成功的？」這類問題需要更多思考，而且可能會讓發表人的思路更加清晰。有時，追問型問題無法在當下回答，需要更進一步的思索。若是如此，發表人只要說他們需要再想想即可。

4. **想法。** 透過提問更了解專題之後，聽眾現在已經準備好提出建議。這些

建議是以腦力激盪的模式提出的，意思是，發表人不在當場評估其好壞，而只是聽取、收集建議。但是如果某個想法或建議不太清楚，發表人可以提出問題，這樣才能充分理解別人建議的內容。用任何方式將建議記錄下來可能會很有用處。年紀較大的學生可以自己記下別人建議的想法，比較年幼的學生可以使用 iPad 錄影功能錄下對話，稍後再聽。例程的這個階段可能需要 3 至 10 分鐘。

5. **學習**。這個步驟是為對話分享時段畫下句點。發表人簡要回顧在這段時間的學習和收穫，例如，可能需要再仔細考慮某個問題，或者可能需要試試某個建議。發表人也應該感謝團隊／全班的提議。這個步驟通常只需要 1、2 分鐘。

· **運用與變化** ·

每年，在底特律都會區的利格特大學預科學校，十二年級的學生都會根據自己選擇的主題展開為期一年的學術研究計畫（Academic Research Project，以下簡稱 ARP），目的是給學生一個機會進行實質且複雜的個人化調查。ARP 給學生機會，讓他們在校外某個領域發展好奇和熱情（想更了解 ARP 計畫，請看這部影片：https://www.youtube.com/watch?v=iLxPt6k-Z2w）。主題的範圍很廣，從調查飛蠅釣魚、零排放社區的可行性，再到為殘障運動員設計運動輔具等等皆有。由於主題的多樣性，資深計畫專員瑟娜茲·米瓦拉知道她不可能是唯一幫助學生形塑計畫的人（選）。她希望學生能夠將彼此視為這段過程中的重要同事，因此她決定在一整年中定期使用 SAIL 例程。學生三人一組，一輪 20 分鐘，每個學生輪流擔任發表人。學生不只覺得了解別人的計畫很重要，而且也發現同學所分享的想法和資源對塑造自己的計畫非常有用。

在澳洲墨爾本的彭利和埃森頓文法學校，八年級的音樂老師彼得·伯默爾在班上運用 SAIL 例程來幫助學生探索如何創作能夠激發情感的原創音

樂。彼得先發給學生各種海上暴風雨的圖片（以連結到班傑明·布列頓的歌劇《彼德格林》〔*Peter Grimes*〕間奏曲），要求他們對自己的圖片快速進行「看─想─疑」（See–Think–Wonder）例程[8]。然後，老師指派學生設計音樂作品的任務，作品要反映出他們對圖片的觀察、想法和疑惑。彼得指示學生花 10 分鐘時間記下他們對提交作品有哪些想法，之後學生四人一組，輪流擔任「SAIL：分享─提問─想法─學習」例程的發表人。在觀察小組對話時，彼得對於學生在例程的「學習」部分所提出的評論頗為驚訝，他發現許多學生都提到自己最初的想法因這個活動而產生何種改變。這也連結到彼得想幫助學生理解音樂如何激發情感的教學目標。

· 評量 ·

要留意發表人和聽眾是否隨著例程的時間而成長，並給予協助。在這項例程的**分享**階段，注意觀察學生如何以其他人可理解的方式報告尚在發展中的計畫，他們能否按照有意義的順序組織報告，讓別人易於理解？他們能否預見需要向別人解釋哪些內容？他們能否預見和提出可從中獲益的問題？

這項例程的**提問**和**想法**階段都讓學生主動參與他人發表的內容。他們能否承擔這樣的角色，或只是消極的坐著當聽眾？哪些學生需要鼓勵和支持才能成為更積極的貢獻者？學生能否提出澄清型和追問型問題，以證明他們確實仔細聆聽了發表人的報告？（關於如何協助學生發展這項能力，請參閱後續的「小提醒」一節。）注意：如果學生問了很多澄清型問題，這可能表示發表人在「分享」階段沒有清楚解釋計畫內容。當學生提供想法時，要留意學生是否有能力提出不同於自身立場的觀點，學生提供的建議是基於他們自己想做的事，還是能夠謹記發表人的目標和潛在受眾？這些想法是否尊重發表人目前已經做的事，並且讓發表人可以繼續發展，而不是放棄他們的工作？

這項例程的「學習」階段讓發表人有機會展現他們確實聽取了觀眾發

言。學生能否記住並重述對他們有用的想法？發表人能否以某種方式總結其他人的想法，並顯示出他的理解？發表人能不能根據對話的內容提出計畫，展開後續步驟？

　　第一次使用這項例程時，學生可能無法達成前述的所有步驟，實際上，學生可能在每個步驟都會遇到困難。在進行評量時，有用的作法是除了關注哪些部分需要改進之外，也要注意學生在哪些部分做得好。透過長期重複使用「SAIL：分享─提問─想法─學習」例程，並經常提供關於學生表現的回饋，教師便有望看到學生的改善。

・小提醒・

　　就像使用大多數的對話協定一樣，在期望學生能夠自己獨立進行之前，全班先試做一輪是有幫助的，而這也能讓你在帶領全班完成這些階段的過程中，擔任促進者的角色。作為引導者，你可以提醒學生澄清型和追問型問題的差別，並幫助他們區辨自己提出的是哪種類型的問題。你也可以親自示範

圖3.3　「SAIL：分享─提問─想法─學習」例程圖

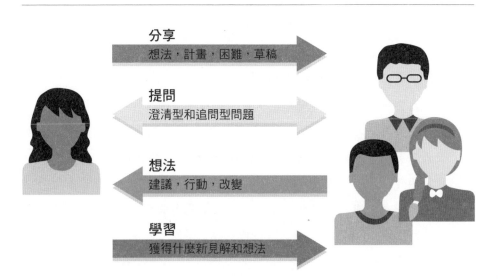

分享
想法，計畫，困難，草稿

提問
澄清型和追問型問題

想法
建議，行動，改變

學習
獲得什麼新見解和想法

提問。最後，作為促進者，你要匯報這項例程，說明哪些地方運作得很好、哪些地方有挑戰，以及下一次可以改進哪些地方。請考慮運用第80頁描述的魚缸式觀察技術。

將問題（尤其是追問型問題）記錄下來會有幫助。如果你記錄了這些問題，那麼在總結這項例程時，你可以詢問發表人哪個追問型問題最有用，以及為什麼有用。多次重複運用這項技術，可以幫助全班辨識是什麼構成了好的追問型問題，也有助於學生往後使用SAIL例程和許多學習情境。

為了幫助學生了解這項例程的流程，可考慮運用一張簡單的圖，發表人在一邊，聽眾在另一邊，並以箭頭來表示對話的流動（參見圖3.3）。

◉教學實例◉

茉蒂·柯柔老師為底特律利格特大學預科學校的二年級學生找到了一個真實探究的機會。在探索時段裡，一位學生問她能否創造自己的桌遊，而其他學生很快跟進。茉蒂本來就預備在未來的課程裡探索遊戲世界，也想將這個單元升級，以充分利用學生對創造桌遊的興趣。隨著桌遊設計不斷進展，茉蒂向教學與創新中心主任麥克·梅德明斯基尋求協助，而麥克認為這個遊戲專題為學生提供了絕佳的機會來探索3D模型列印，以及使用「SAIL」例程。

這個早晨，全班同學才剛坐好，茉蒂就宣布：「今天要從我們的專題任務和另一輪的SAIL例程開始。昨天我們結束在蘇妮雅這一輪，今天我想有兩個人已經準備好了。」她快速掃過小組學生臉上的表情，確認她的評估是否正確。她請兩位出列的學生決定一下誰先報告。他們以剪刀、石頭、布的猜拳遊戲迅速決定由麥克斯先開始。「要拿起這個桌遊有點困難。」麥克斯一邊說，一邊將他的「國王對決」桌遊搬到教室中間的桌子上。

「好，我們的第一個步驟是分享，對吧？」茱蒂確認。「各位，把你的注意力放在麥克斯這邊，這樣我們才能聽他分享，了解他的遊戲。」麥克斯開始解釋他的遊戲，它用上了黑色和白色的西洋棋棋子，以及一顆20面的骰子。「它就像西洋棋，但是這顆骰子會告訴你要移動幾步。這些棋子移動的方向和形狀就跟西洋棋一樣，但移動幾步是根據骰子擲出的點數。如果你走到棋盤上的某個特殊位置，你的棋子就出局了。」麥克斯解釋，並進一步闡述：「走到某幾格時，你會被自然災害襲擊，龍捲風或海嘯會把你淘汰出局，但如果你走到流星的位置，你就可以用流星丟你的對手，把他們淘汰出局。」

茱蒂看到幾位學生已經滿懷期待的舉起手，於是引導討論往前推進。「讓我們來想想怎麼提出我們的問題。我看得出來你們有些人已經在想問題了，但在開始之前，我希望大家記得使用我們的語言：『我有一個澄清型的問題想請問你』或『我有一個追問型的問題想請問你』。」在讓麥克斯點名同學發言之前，茱蒂請學生稍微往後退，因為有幾位學生已經爬到桌前想看得更仔細一點。

凱亞提出第一個問題：「騎士還是可以照L型移動嗎？」針對這個問題，茱蒂輕輕的提醒：「凱亞，你問的是哪一種類型的問題？」「我想是澄清型的問題。」麥克斯回答是的，並且示範騎士的棋子怎麼移動。

然後麥克斯點了傑森。「我想我有一個追問型的問題。」他開始說：「所以，如果你丟出一個數字，你就必須在遊戲中移動一樣多的步數？」茱蒂發現傑森問的實際上是澄清型問題，於是溫柔的解釋：「所以你是在澄清遊戲的規則是什麼。」麥克斯則解釋那確實是規則的運作方式。

艾莉雅微帶猶豫的提出另一個問題：「我想這是一個追問型的問題，你要在棋盤上增加更多的格子嗎？」她指著棋盤上黑色挖空的位置。

「不。」麥克斯澄清，「那些是監獄。我想要問問我能不能做三維度的監獄，我想要改變一些格子的形式。」

　　艾莉雅的問題和麥克斯的回應顯示，澄清型和追問型問題在表面上看起來並非總能清楚區分。雖然麥克斯快速回應了「不」，顯示出它是一個澄清型問題，但是他的進一步闡述和他調整遊戲棋盤的想法，表示這個問題也為他打開了新的思考面向。麥克斯繼續點名同學提問，大部分的人提出的都是澄清型問題，目標是增進他們自己對於這個遊戲要怎麼玩的理解。在某個時刻，團體裡的一位同學下了評語：「我現在大概抓到其中的訣竅了。」

　　在大約10分鐘的提問和說明之後，茉蒂繼續推進對話：「現在我們來思考一下，你們想要給麥克斯什麼想法和建議。」好幾隻手舉起來。傑森以問句提供了一個建議：「我在想，你用20面來做那個3D骰子，對你的遊戲來說是不是對的？看起來好像如果你丟出20的話，那遊戲就立刻結束了。」麥克斯馬上回應：「好，我會把它改掉。」茉蒂插話，「你不必把它改掉，這只是個建議。」麥克斯回應老師的話，顯示他了解這個建議真正的精神和暗示：「我知道你說的意思。這取決於你想讓這個遊戲持續得久一點，還是立刻就結束。」

　　另一位學生提供了一個想法：「你可以設計進監獄時會發生某種狀況，你必須去某個地方，但也有一個方法可以讓你離開那個地方。」麥克斯喜歡這個想法：「我會設計一個脫逃的方法。我還需要做些調整，我會在棋盤上放一把特別的鑰匙，如果你走到這個位置就可以離開。」這個討論激發了其他關於監獄的想法：讓它變得更大，就可以抓住更多玩家，因而創造更多的玩家。接下來的幾分鐘裡，同學們持續分享新的想法。

　　茉蒂感覺到學生漸漸變得心急，想要趕快結束討論，好開始做他們自己的遊戲，所以她總結的詢問麥克斯從這次討論學到了什麼。「我想要再深入想想監獄的設計，以及這樣在遊戲中要怎麼運作，還有那個骰子，以及這個遊戲應該維持多久。也許我該試玩幾次，看看怎樣最好。」

　　反思這一次的討論，茱蒂覺得「SAIL」例程有助於提供一個結構，讓學生徹底思考他們的遊戲，並得到如何改進的新想法。「關於澄清型和追問型問題還有一些混淆之處。」她提到，「我想，實際上就是會出現很多澄清型問題，因為二年級學生很難用語言文字來解說一個遊戲，自然就會讓聽眾需要提問來澄清遊戲的規則。學生真的很想問追問型問題，所以我想，在他們努力要做到這件事的過程中，他們有時會搞錯問題的類型。」就算澄清型問題占絕大多數，但茱蒂覺得傾聽和回應問題的歷程是有幫助的。

　　「『SAIL』例程提供這群學生一個途徑來發展他們分享想法的能力，以及練習真正傾聽彼此的發言。在學年剛開始的階段就進行如此豐富的相互對話，能讓我們的教室文化急遽成長。」

◉創造意義◉ MAKING MEANING

選擇一個概念、想法、主題或事件為核心來建構意義。透過以下提示，
一次一個步驟的引導團體練習這項例程。在海報紙上記錄學生的回應。

◉ 每個人輪流以一個語詞**回應**選定的焦點主題。每個人的語詞必須與其
他人不同，這樣才能收集到更多的意義。

◉ 針對組員回應的語詞，每個人再**加註**其他的語詞或片語，以便在某種
程度上更詳細的闡述意義。

◉ 全體一起**找出**寫在海報紙上的想法有何**連結**，畫線將想法連在一起，
並在這些線上註明其間的連結。

◉ 根據截至目前為止出現的想法，每個人**寫下**關於焦點主題的一個**問題**。

◉ 根據小組寫在海報上的「建構意義討論」，每個人在便利貼上**寫出自己**
對這個想法、主題、概念或事件的**定義**，對全體大聲讀出自己的定義
後，再將便利貼貼到海報紙上。

「創造意義」與許多例程一樣，是從我們促進團體學習的經驗中萌生
的。我們曾與一群老師合作「學習思考，思考學習計畫」(Learning to Think,
Thinking to Learn Project)，在開始介紹讓學生投入的方法之前，我們希望他們探
討**投入**這個概念的意義，並提出關於投入的問題和想法。「投入」一詞有時
被過度使用，對不同的人來說可能代表不同的事物。一開始，我們考慮使用
筆談(Chalk Talk)例程[9]，但是這群老師對該項例程已十分熟悉，所以我們想要
新的例程。此外，我們也覺得，為了真正深入鑽研這個概念的意義，我們需
要促成更深入的討論。因此，我們決定把「集體在紙上溝通」和「聚焦於推
進人們更深入思考的步驟」這兩種想法合併，跟這群老師團體試著操作這段
歷程。接下來的一年，我們與老師和學生進行試驗，並修正其中的步驟和過

圖3.4　電腦科學課，九和十年級學生針對「機器學習」創造意義

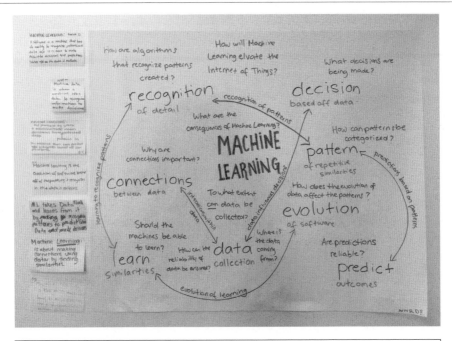

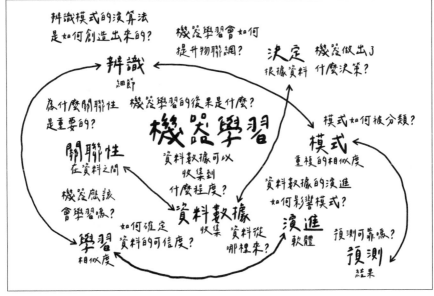

程，建立出「創造意義」這項例程。由於這項例程具有強烈的視覺化特質，所以我們在此以前頁的例子呈現（參見圖3.4），希望你繼續往下讀時，這張圖表能夠幫助你掌握方向。

・目的・

這項例程要求學生探討一個已經熟悉的主題、概念、想法或事件，經由建立連結、好奇提問、建立解釋和綜合整理來獲得更深入的意義。對於這個主題，學生可能因為已有很多先備知識而覺得很熟悉，也可能在探索一段時間後變得熟悉。「創造意義」例程強調的觀念是，透過提出想法、對別人所說的內容加上自己的想法、提出問題和綜合整理，以協作的方式來建立理解。這項例程從單純聯想與主題相關的單一語詞開始，經由收集每位成員不同的聯想，主題的重要面向開始浮現。當人們在彼此的第一個語詞上進行增補時，團體原本的聯想語詞逐漸擴展，到此時，會出現一張含有重要特徵和相關想法的大圖，不過，這些想法是自由散布在紙上，它們之間的關係需要被連結起來。

一旦團體成員已經窮盡所能想到的連結，就根據討論紀錄中浮現的想法來提出與該主題相關的問題，最後，以此來提煉、綜整自己的新學習，學生寫出個人對於該主題的定義。藉由記錄所有過程和逐步投入參與，學生的學習和思考獲得了支持的鷹架，並且變得可見。

・挑選適當教材・

「筆談」經常在課程單元一開始時，用於探索激發性的探究問題，而「創造意義」例程則是聚焦在定義單一概念、想法、主題或事件，因此，需要學生帶著許多自己的知識進入這項例程。因為這個原因，它經常被運用在：

- 拆解熟悉的想法，例如：社群、霸凌或學習，以便獲得更深入的見解，和發展更具有共識的意義，或者

- 在一個單元主題（例如：永續性、革命或分數）結束時，作為一種總結和彙整學習內容的方法。

　　不管是在哪種情境，學生都必須對該主題擁有豐富的想法，而且主題中必須有可被定義的事物。

·步驟·

1. **準備**。在每個小組的桌上放一大張海報紙，也可以將海報紙掛在牆上。在每張桌上放5到8枝同一顏色的麥克筆（例如，一桌放藍色，一桌紅色，一桌橘色……等等）。準備好便利貼，在最後一輪發放給學生一人一張。每組最少5人，最多8人。進行例程的每個步驟時，準備好在白板上寫出該步驟。

2. **提出創造意義的主題**。請一位學生在海報紙中央寫上要探討的語詞／概念、主題或想法，鼓勵學生想一想，當他們聽到該語詞時，腦海浮現哪些其他的語詞。

3. **一個語詞回應**。一次一人，請每位組員寫下他們聽到最初的主題時腦海浮現的語詞。每人的語詞都必須不同，學生可以在輪到他時先大聲說出自己的語詞，再寫下來。將字詞分散寫在海報紙各處，不要讓它們擠在同一個地方或變成條列型清單。等每個人都寫了自己的語詞之後，把小組的所有麥克筆收齊，交給下一桌，讓每個小組用新顏色的筆開始下一輪。

4. **加註語詞**。一次一人，每位組員都在別人的語詞上加註語詞。新增的部分可以是他看到那個語詞時聯想到的另一個語詞，或者，也可以增補那個語詞，將它變成片語。這裡未必要是一對一的相對回應，意思是，可以兩個人對同一個語詞加註，而有些語詞可能沒有任何新的增補。如果學生習慣畫概念圖，他們可能會自動開始在增加的語詞之間畫線。因為線條是用來表示連結的，所以請學生將他們新增的語詞寫在原來語詞的

上面、下面或兩側，但不要畫任何線條。等每個人都寫了自己的語詞之後，把小組的所有麥克筆收齊，交給下一桌，讓每個小組用新顏色的筆開始下一輪。

5. **建立連結**。指導每個小組討論他們在海報紙上看到的想法有何連結。找出一些連結後，應該要有一位組員畫線連起相關想法，並在線條上寫出它們的連結關係是什麼。因為這是團體討論的過程，所以在此階段，並不是每個人都要以書寫方式貢獻想法。等到組員們看起來像是已經寫完所有他們能想到的連結之後，把小組的麥克筆收齊，交給下一桌，讓每個小組用新顏色的筆開始下一輪。

6. **寫下一個問題**。一次一人，每位組員根據截至目前為止的探討，記下關於原來主題的一個問題。寫下的問題不需要跟海報紙上的語詞連在一起，只要寫在空白處即可。學生可以先大聲說出自己的問題，再寫下來。

7. **寫出一個定義**。發給每位學生一張便利貼。指導學生根據小組的探討，寫出他們目前對於這個主題／想法／概念的定義。鼓勵學生運用他們小組討論裡出現的想法，要強調這是展現他們個人理解的定義，而非字典的定義。等到小組裡每個人都寫出自己的定義之後，每位組員大聲讀出他們的定義，並貼到海報紙上。

8. **分享思考**。進行畫廊漫步，要求學生注意尋找自己這組和其他小組的異同。另一個作法是，你可以要求學生聚焦在例程的一個面向，例如：學生提出的語詞，找找看有沒有任何想在其他小組的海報上新增的連結關係，或他們覺得最有趣的問題。全班一起匯報大家注意到的重點。

．運用與變化．

密西根州諾維市園景小學的老師亞歷珊卓‧桑琪絲發現，可以由老師扮演書記，跟整班年幼的孩子一起進行「創造意義」例程。她細述：「說閒話

（gossip）的問題慢慢在我班上滋長，有天下課時，它爆發了。我找了一篇可以跟學生共同閱讀的文本，好讓每個人的理解一致。然後，我請全班學生坐在地毯上，告訴他們，我覺得有一項思考例程可以幫我們更理解說閒話的概念。」她用藍色麥克筆將單一語詞記錄下來：壞，謠言，散播，難過，不友善……等等（圖3.5）。一旦感覺班上學生好像已經想不出新語詞時，亞歷珊卓便邀請學生在眼前紙上已有的語詞之下增加新語詞，然後她以粉紅色麥克筆記錄。當全班學生繼續探索連結時，亞歷珊卓對學生的投入度印象深刻。「他們非常認真看待此事。」她說。學生的問題顯示他們關心如何停止這種行為。到了最後一個步驟，亞歷珊卓請學生回到座位，寫下他們自己對於說閒話的定義，然後她將每一個定義大聲讀出來。亞歷珊卓為這段關於說閒話及其影響的對話作了結論。「我感覺到，學生真的很感激我花時間幫他們更深入了解他們的問題，並幫他們建立解決這些問題的能力。」她回想道。

　　密西根羅徹斯特高中的特教老師雷妮・卡瓦拉和依瑞卡・盧斯基教導的學生有嚴重的語言和學習障礙。他們覺得指定教材所提供的編序腳本化（scripted）字詞彙教學法無法吸引學生投入學習，所以決定嘗試以「創造意義」例程作為替代方法。在第一次花了30分鐘針對「instinctively」（直覺的）這個字進行體驗之後，雷妮和伊瑞卡都覺得這項例程比編序腳本化教學法激發了更多討論和互動。伊瑞卡反映：「我們很高興看到學生自己提出某些字詞彙，他們在非結構式的口語表達或寫作中不常用到這些字詞彙，我們很訝異學生有這麼活潑的辯論，裡面顯示出許多推理思考。」雷妮和伊瑞卡都覺得，針對他們的學生在學習字詞彙方面，「創造意義」比編序腳本化教材教學法更有意義，但它真的是比較好的方式嗎？他們決定進行一個為期兩週的教學實驗，以便比較兩種方法。他們發現，一旦他們和學生都熟悉了這項例程後，就能夠在10到20分鐘內完成（視他們探討的是哪個語詞而定）。就時間而言，這項例程跟編序腳本化教法相差不大。然而，在使用編序腳本化教法時，有80%的時間學生並未在第一次學完之後就達成精熟語詞彙的程度，

圖3.5　三年級學生的創造意義：說閒話

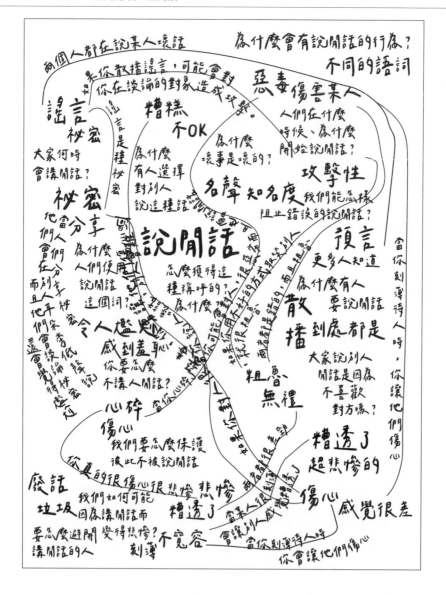

圖3.5　三年級學生的創造意義：說閒話

導致老師必須重新教學，重新測驗。但在使用「創造意義」例程的班級裡，所有學生在第一次進行測驗時就達到了精熟度。

·評量·

當學生回應最初的語詞時，請留意他們帶進該主題的是哪些類型的語詞。他們貢獻的語詞是跟探討的主題相關，或是次要的枝節？如果學生有適切的背景知識，而該主題的內容又很豐富，那麼他們的語詞就應該展現出這一點。如果許多學生對於提出不同於其他人的語詞有困難，那可能表示這並不是目前該使用的最好例程，因為學生還不清楚這個概念。在學生加註的語詞裡，要留意他們貢獻的語詞是否提供了好幾種層次的複雜度和深度，而非只是重述前面的語詞而已。

　　學生找出來的詞語連結會顯示他們對於該主題的知識是整合的或零散的。他們如何回應其他人提出的語詞？是否能夠吸收別人提出的想法，以增進自己的理解？又或者他們是否覺得難以整合別人的想法？請觀察學生是否能夠找出超越表面特徵的連結關係。在找到一個連結之後，他們能夠清楚的說出來嗎？仔細看看學生提出的問題，這些問題是否直指主題的核心和實質，還是離題了？如果這個主題是大家熟悉的，有沒有哪些問題值得進一步研究？如果班上學生剛剛學完這個主題，有沒有哪些問題顯示他們超越了這個主題，延伸到新的領域？在那些語詞、新增內容、連結或問題裡，是否出現了哪些誤解，值得進一步討論和探索？在檢視學生的定義時，探討學生是否藉由運用團體討論的內容，超越了他們在使用這項例程之前所能提出的定義。

・小提醒・

　　如果學生熟悉「筆談」，那麼認識一下該項例程跟「創造意義」例程的相同之處會是有用的，兩者都是分組在海報紙上用麥克筆來對話。不過，在「筆談」裡，組員是沉默不語的，而在「創造意義」裡，組員則可以交談。當然，一個重大的差異是「創造意義」比較結構化，而且每一輪或每一步驟都是由老師來引導。與其一次就告訴學生所有的步驟，一次只說明一個步驟較佳，這能避免認知負荷超載。

　　每個步驟以不同顏色的麥克筆來作為記錄代號，可以更輕易的看出在這項例程中學生的想法如何發展。如果每個小組用自己的顏色來開始，接著在每一輪之後將麥克筆交給下一組，那麼「創造意義」的海報紙上會有不同顏色的字跡記錄著每一個步驟，雖然跟其他組完成該步驟的顏色不一樣。至於小組的規模，5個人是最小值，因為人數再少的話，可能開頭的前兩個步驟就無法在海報紙上產生足夠的初步想法，這麼一來，後來的連結會變得更難找出。

　　重要的是，這項例程要以開放式的、探索的方式來進行，避免學生為了要給出正確答案而腦袋關機或焦慮不安。此外，也應強調這項例程的協作特質，讓學生自在的運用別人的想法來建立理解。全體一起討論語詞之間的連結是特別重要的部分，例程的這個階段是發展學生理解的關鍵，不應該匆匆忙忙的進行，而應要求學生必須等到徹底探索了內容的所有連結之後，才能把這些意義寫下來。

◉教學實例◉

　　亞特蘭大國際學校的喬伊絲‧洛倫科‧佩雷拉決定在她的電腦科學課使用「創造意義」例程，幫助九和十年級學生在學習單元結束時強化整合他們對於機器學習概念的理解。「我一直認為這對學生來說是一個複雜且具有挑戰性的主題，因為它涉及機器如何學習和詮釋資訊。」喬伊絲解釋道。她覺得「創造意義」例程能提供一個重要的機會來連結和綜整學生做過的所有學習內容。

　　「今天我們要使用一項例程來幫助我們一起建構出『機器學習』的共同理解。我希望你們進行這段例程時，能夠用上我們在這個單元到目前為止體驗到的所有學習機會。你要和你的桌組成員合作完成這項例程，共同建構意義。」喬伊絲宣布。接著，她讀出白板上例程前4個步驟的說明，詢問學生是否有任何需要澄清的問題。

　　「如果只有一個人寫，可以嗎？」一位學生問。「我們能不能掛在牆上，讓大家更容易看到？」另一位學生問。喬伊絲告訴學生，如果小組想以這種方式試試看，這兩種選項都行。她很好奇，想看看這些調整會產生什麼影響。

　　因為喬伊絲是與年齡較大、比較獨立的學生一起進行，所以她決定讓小組自己決定步調節奏。她給每個小組一份步驟流程，以供需要時參

考，並指示全班他們將有15到20分鐘的時間完成例程中第1到第4的步驟。然後，喬伊絲在白板上投影一個數字計時器供學生參考，並播放輕柔的演奏音樂當作背景音樂。

當學生開始寫下語詞時，其他組員很快就指出某個語詞是否已經使用過了。雖然發生這種情況時，會有一點挫折感，但學生在其他人遇到困難時會互相協助尋找新語詞。喬伊絲在教室裡巡視旁聽時，注意到學生之間沒有太多的對話。她鼓勵小組互相提出「是什麼讓你寫出那個語詞？」的問題，以便更深入了解每個人貢獻的想法。學生立即採納了她的建議。喬伊絲無意間聽到一位學生問另一位學生為何寫下「決定」這個語詞，而那位學生回應：「電腦必須對大量的資料進行分類，然後根據那個資料做出決定。」這促使提出問題的學生寫下片語「根據資料」，以進一步詳細闡釋「決定」一詞。

在另一個小組，學生們正在討論「演進」一詞。一位學生想知道有哪些具體的軟體演進改善了機器學習，而另一位學生想知道資料數據的演進及其對發現模式的影響。透過討論「演進」這個語詞可能以哪些不同方式應用於機器學習，學生發現如果沒有這場討論的話，有些連結就不太可能覺察得到。當喬伊絲繼續低調的巡視各組時，她提醒全班還有大約5分鐘的時間。

當學生進入例程的提問階段，喬伊絲注意到許多問題可以輕易用「是」或「否」來回答。她建議學生嘗試去問開放式問題。她說：「我在想，你們能不能以另一種方式來提問，鼓勵別人探索更多的可能性，而非只回答『是』或『否』？」結果，一位學生將他原來的問題「機器學習是否有重要的後果？」改成「機器學習的後果是什麼？」喬伊絲注意到，這個簡單的建議讓組員生出很大的興趣，並且產生一種渴望回應和討論彼此問題的熱情。

隨著時間流逝，喬伊絲看到所有小組都完成了前4個步驟。「請每組

派一個人把你們那一組的海報拿到前面掛起來。我們來看看能否找出和分享不同小組海報的相似之處。」

一位學生注意到:「到處都有『資料』這個詞,它不斷出現。」另一位學生說:「這些問題是最不一樣的。」「沒錯,我們真的要被這些問題搞瘋了。」另一位學生補充道。「看來每組都對機器學習的倫理議題有疑問。」在全班討論後,喬伊絲分發便利貼以完成最後一個步驟:形成個人對於「機器學習」的定義。在寫定義時,許多學生走到海報前尋找他們想使用的語詞。等到每個人都寫完之後,學生們就大聲讀出自己的定義,並且把定義便利貼貼在他們小組的概念圖上(參見圖3.4)。

喬伊絲回想和學生第一次使用「創造意義」例程的經驗,認為這項例程實現了她的目標,幫助學生協力合作和綜整他們的學習。「學生們對『機器學習』有了共同、深刻的理解,並且能夠以更透徹、更周全的方式談論它。」學生提出的問題也提供了進一步推動班級學習的途徑。「我對學生提出的問題感到非常驚訝,它們非常豐富,又可作為我們未來課堂討論使用的絕佳提示。」

◉加一◉ +1 ROUTINE

在閱讀一篇文本、觀看一部影片、聽完一場演講或看過別人呈現的新資訊後，小組學生進行以下步驟：

回憶 每個人花2到3分鐘，從記憶裡回想前述事物的重要細節、事實和想法。

加一 學生將他們寫好的紙張傳給右邊的人。每位學生花1到2分鐘閱讀眼前的清單，然後在清單中加上一個新項目。至少重複此過程兩次。

檢閱 將紙張還給原來的主人。學生從頭到尾閱讀一遍，並仔細檢閱紙張上增加的項目。如果他們在閱讀別人的清單時，想起他們認為重要的任何想法，也可以再加上去。

　　作為研究人員，我們花時間在教室裡觀察教與學，以更深入了解這些過程。我們在許多課堂（特別是中學課堂）都看到學生寫筆記的作法。雖然這不是壞事，但學生寫筆記存在幾個問題：第一，當學生在寫筆記，課堂的參與度往往就會下降，學生專注於乖乖抄寫教材，而不是討論和質疑教材裡的想法。第二，在許多情況下，學生會不經任何篩選機制的記下所有說過的話或寫在黑板上的內容，就算老師保證他們課後會拿到講義也一樣。第三個問題並非直接觀察到，而是透過研究發現的，亦即寫筆記或閱讀筆記通常不是一種有效的記憶策略，儘管學生常常認為很有效[10]。要將事物留存在記憶中，你需要的是提取（retrieve）資訊，而非只是記錄和閱讀資訊[11]。為了解決這三個問題——增加課堂參與度並投入想法的探索、促進有效的資訊篩選，以及促進記憶的建構，我們發展出「加一」例程。

· **目的** ·

　　這項例程是找出值得記憶的重要想法，藉此做提取練習（retrieval practice）。梅根‧史密斯和亞娜‧韋恩斯坦這兩位認知心理科學家為《學習科學家》（*The Learning Scientists*）部落格撰文，她們將「提取練習」描述為「從你的記憶裡重新創造你過去所學的東西，並在當下思考關於它的種種。換言之，你先前透過閱讀一本書，抑或從課堂上或從老師那裡聽到而學習了某樣東西，在一段時間之後，你需要在腦海裡回想它，或提取出來」[12]。她們認為，一個人在接收資訊並短期保留之後，再從中提取值得注意的想法，這種提取練習會使人更有可能記住這些資訊，且能在未來靈活的運用。我們不希望學生只是被動的資訊接收者，而是能主動透過提取和應用來處理重要資訊的人。

　　提取練習是透過速寫筆記（sketching notes）、畫出關鍵想法的圖示，或將值得注意的概念組織成概念圖等方式來進行。我們的提取練習版本提供學生找出與回憶關鍵想法的結構，然後透過與他人互動，以彼此的筆記為基礎，進一步建立理解。在整個過程中，學生是在打磨意義建構和建立相關性的能力。

　　體驗過後再作筆記的好處是學生必須提取和找出關鍵想法，這是一個重要的認知處理行動。相較於在實際經驗的過程中試著作筆記，同時卻輕易迷失在細節和不必要的訊息中，這種作法有很大的差別。這項例程運用團體的力量來強化每個人的筆記，透過具體步驟為彼此的初始回憶清單增加更多項目，從而促成深入且實在的進一步對話。同時，每個人也都創造了書面紀錄可供未來參考。你可以在https://www.youtube.com/ThePowerOfMakingThinkingVisible找到這項例程的示範影片。

· **挑選適當教材** ·

　　這項例程可替代傳統的寫筆記，所以會使用相同的教材內容。學生遇到

新想法和新資訊的任何情境，都是使用這項例程的時機，可能是一場演講、一次校外教學導覽、一份文本、一段簡短的影片，無論激發素材是什麼，重要的是其中的資訊傳達了許多事實、想法或概念可供回憶，以及找出值得筆記的關鍵點。

· **步驟** ·

1. **準備。**學生會需要用來書寫和傳給別人的紙張，筆記本或白紙易於使用，電腦就不太方便。請學生在紙上寫上名字，這樣一來，他們的筆記在傳給別人以後，才會回到他們手上。如果學生是圍坐在桌旁，他們可順時鐘傳遞紙張；如果學生座位是其他形式，請安排分組，讓每個人容易拿到同學的清單。學生需要回應至少兩到三位同學。在激發素材展示出來之後才會需要紙張，所以最好等到需要時再發放，避免學生分心。

2. **回憶。**在展示激發素材之後，要求學生個別回憶他們剛剛的經驗。在2到3分鐘的時間裡，每個人將回想起來的展示內容條列出來，包含事實、陳述的句子或更大的概念。此時，學生還不需要評估這些想法。

3. **傳遞筆記和增加項目──「加一」。**等回憶和提取步驟的時間一到，學生就把他們的筆記傳給右手邊的人。現在，請學生花一、兩分鐘從頭到尾閱讀這份新的清單，並且盡其所能的增加至少一個項目──可以是進一步的詳細闡述、新的細節、延伸的重點、遺漏的某件事物，或是想法之間的連結。雖然這項例程原本的設計是要學生在彼此的紙張上只增加一個新想法，但學生也可以增加一個以上的項目。此處目的是要善用彼此的思考來建立更扎實的筆記，你可以根據激發素材、你的目標和你的學生來決定你覺得最好的作法。

4. **重複加一的步驟。**在這個階段，學生面對新的清單筆記時，會需要時間來閱讀和決定可以增加哪些進一步的想法。

5. **將筆記歸還給主人檢閱和增補。**學生檢閱他們原來的回憶清單以及別人

加上去的所有項目，然後再進一步將任何他們能想到的項目加到自己的
清單裡，也就是最後一次的「加一」。這個步驟只需要花幾分鐘。

6. **分享想法**。現在，學生手上拿著集體創作出來的完整清單，進入彼此討
論的階段。他們可能會想提出問題讓大家進一步考慮，綜合整理他們覺
得這個展示主題的真正核心，或是互相探討、挖掘教材內容的複雜性。
總結的時候，各小組可以將這些事實和想法依其重要程度來排序，藉此
決定什麼是最重要的。各小組或全班可以運用他們的筆記來提出「頭條
標題」（Headline），或作為「列舉—排序—連結—闡述」（Generate-Sort-Connect-
Elaborate）例程的第一個步驟來開始創造小組的概念圖[13]。

・運用與變化・

傑夫・華特森是密西根州特洛伊市國際學院東校區的高中數學教師，曾
多次與數學課的學生一起使用「加一」例程。「每當我想知道學生從某些活動
中記住了哪些關鍵想法，以及他們能多有效的將這些想法留存在記憶裡，我
都會要求他們關閉筆記型電腦，收起原始資料，請他們單純的提取他們認為
與我們現在的學習有關聯的最重要想法。」傑夫學生回憶的筆記以及隨後學
生當場集體建構起來的清單，激發了學生之間的生成式互動對話。「『加一』
例程很有效的回顧、摘要了我們最近的學習內容，而且這些對話讓我們看見
更多有待發現的想法。」

小學教師雖然通常較少要求學生寫筆記，但也發現了「加一」例程的有趣
用途和變化。密西根州貝米斯小學的五年級老師金・史麥莉以社會課的影片來
使用「加一」例程。在一場以美洲原住民為主題的全校演講集會之後，她也與
學生一起使用這項例程。她說：「學生能夠坐下來，並立即開始為他們學到的
『大概念』寫下筆記。」學生甚至告訴她，他們認為這是一項好例程，因為它迫
使他們真正的傾聽和集中注意力。一位學生對金說：「比起在集會過程中寫筆
記，我更喜歡這種作法，我覺得這是因為我可以真正專注在演講上。」

·評量·

在學生書寫他們最初的清單時，請到處巡視，看學生回憶起哪些類型的事物、回想起多少事物（工作記憶的象徵），以及他們建構筆記的詳細程度。注意學生的處理過程，他們是動作很快的將想法寫下以免忘記，還是比較有方法的運用一個想法當作跳板來想出另一個想法？當學生傳遞、交換清單時，要注意學生增加了什麼內容，他們是在每個人的清單上添加同樣的想法，還是仔細讀過清單後，再找找看他們可以在哪裡加上細節或進一步的闡釋？學生對別人的清單是否提出挑戰或問題？

當筆記歸還給主人，而且你邀請學生交流、討論值得注意的關鍵想法時，要注意傾聽學生提出了哪些類型的重點。小組學生是否發現了這份學習經驗預定要他們思考的幾個重點？還有哪些想法是學生認為重要的？如果他們的選擇讓你驚訝或覺得偏離目標，請提問：「是什麼讓你這麼說？」或「有哪個小組想要補充或挑戰那個想法？」

·小提醒·

對於年紀較大、熟悉寫筆記這項課堂常見活動的學生，和他們談談你要求他們不要一開始就寫筆記，而是先專心記住或尋找關聯性，這麼做為何會有幫助。解釋一些腦科學對於記憶和提取練習的研究發現，說明在當下把每件事都寫進筆記裡並不是一項有用的學習技巧。你也可以解釋，在呈現教材時，你希望學生更專注、更投入、更加覺察，而不是困在不斷抄寫每一句話之中。向學生保證他們離開課堂時會有整理得挺好的筆記，而且他們對於教材內容的記憶會增強。

有些學生對於別人在他們的紙張或筆記本裡寫東西會有負面的反應，如果你的學生是這種情況，那麼，可以使用便利貼來「加一」。有時，學生會覺得如果「加一」是用不同顏色的筆來書寫，會更容易看出增加了哪些內容。於此過程的最後，學生在自己的紙上「加一」時，也可以用不同顏色的

筆來書寫。

　　有些老師會想要找到一個使用電子設備傳遞筆記的方法，雖然這是行得通的，但請確定它不會阻礙這項例程想要啟動的分享和討論。研究也顯示，實體的筆記本身能夠增強記憶，這是電子化筆記所無法做到的[14]。如果你使用電子設備來傳遞筆記，請思考怎樣的傳遞方式才能讓每個人每一次都將注意力放在眼前的這份清單上，好好的貢獻想法。

◉教學實例◉

　　稍微環視一下阿布達比的美國社區學校老師麥特‧麥克格萊迪的國中視覺藝術教室，就能輕易看出，讓學生的思考變得可見是他教學的一大特點。這個環境裡滿滿記錄著學生的想法、過程和計畫。對麥特而言，重要的是在他的藝術工作室裡創造出一個空間，讓學生在思考和建構藝術作品的時候覺得安全，並且鼓勵學生採納其他人的觀點。不過，麥特擔心學生的想法有時流動得太過於自由又迅速，因而遺漏了有趣的觀點，或沒有盡其所能的徹底探索一些想法。他思索是否有某種方式可以捕捉學生的想法，讓這些想法對班上學生產生更重要的影響，而非只是隨著時間流逝而消失。麥特也擔心，安靜的學生比較沒有機會讓其他善於發言的學生考慮他們的觀點。麥特相信「加一」例程可以有效幫助他處理這些小小的擔心，讓每位學生都有機會提出觀點、建議進一步的考量點、挑戰彼此的想法和一起協同合作。

　　在抽象藝術單元一開始，麥特向他的七年級學生介紹「加一」例程。就像任何新主題一樣，麥特知道學生對於抽象藝術會有極不一樣的先備觀念，許多學生認為它只是隨意揮灑一堆顏料，沒有太多目的或原因。麥特規劃了一開始帶學生進入主題的活動，既可以引出他們初始的想法（不管是什麼），也能立即激發學生以全新方式思考這種藝術類型。

學生將要觀看一部簡要介紹抽象藝術及其歷史演進的影片，這部影片裡有許多資訊需要學生思考。在開始播放影片之前，麥特告訴學生：「我不希望你們擔心要將所有的資訊記下來。這一次，你們不要邊看影片邊寫筆記，我希望你們只在心裡記下影片裡有什麼內容是很重要的。就你們的看法，抽象藝術似乎有哪些值得注意的關鍵要素？」

麥特同時也請學生準備好在影片播放完畢之後，拿出他們的藝術筆記，翻到空白的一頁，開始回憶、寫下值得注意的想法。接著他要求他們把筆記本推到一旁稍微搆不到的地方。

「所以，我們看影片的時候，不必在筆記本裡寫筆記？」一個學生問道。

「不必，我不希望你們因為忙著寫筆記，而沒有注意到你覺得哪些是重要想法。」麥特回答。

「我們就只是坐著聽？」另一位學生提問。

「不完全是這樣。」麥可一邊回應，一邊檢查學生是否已經將他們的筆記本處理好了。「我確實要你們坐著聽，但是還有別的，我要你們注意關鍵的想法。你們聽到了什麼？影片裡的旁白試著要讓我們了解哪些關於抽象藝術的關鍵要點？」

另一位學生有點猶豫的提問：「但是如果影片播完了，我卻忘記了裡面的內容，那怎麼辦？」

麥特請學生安心：「你們不可能在心裡記住所有的東西，這對任何人來說都是難以做到的事情。但是，我認為，磨練我們的工作記憶、記住我們覺得重要的想法，然後一起練習今天我要跟你們分享的新的『加一』例程，是很有價值的。」麥特以簡要的方式介紹這項新例程的所有步驟：他們會有一段時間要回憶影片裡的重要想法，並寫在筆記上，然後在彼此的回想清單裡加入新的想法，在傳筆記給其他人「加一」幾回合之後，筆記本會回到主人手上，他們可以再加入更多的想法。麥特說：「某種程

度上，要從我們對抽象藝術的初步想法，創造出全班共同的思考。而且
在這個單元進行的過程中，我們會有幾次重新回來思考這些最初的想
法。我們的想法可能會增加，也可能會改變，目標是利用彼此的觀點來
持續增長我們對於抽象藝術的理解。」

等到學生清楚知道這段過程的運作方式之後，麥特播放那部七分鐘
的影片，影片以編年史方式為學生概要介紹西方藝術抽象化的源起。當
影片結束，麥特請學生安靜的提取他們注意到的重要想法，寫在藝術筆
記本的空白頁上。在回憶兩分鐘之後，麥特要求學生把他們的清單傳遞
給右手邊的人。他請他們安靜的閱讀剛剛傳到自己手上的筆記，並且盡
可能在清單上添加新項目。他建議他們可以加上細節、進一步闡述或更
多值得注意的資訊。「盡你所能的在這些筆記上面加上新的項目，而且
愈多愈好。」麥特如此鼓勵學生。

第一輪增添結束時，麥特請學生把筆記再傳給右邊的學生，並重複
進行前面的過程。他請學生注意這件事實，也就是：這份清單如今更加
扎實完整了，因此他們應該深入挖掘，加上他們認為很重要的所有內
容。「你甚至可以畫上一些東西，或者將自己的想法連結到我們在影片
中聽到的內容。試著加入一個明喻或隱喻，好讓想法更充實，但儘量不
要重複原本已有的想法。」麥特給了建議。

在三個回合之後，麥可請學生將筆記歸還給主人，作進一步的檢視
（參見圖3.6）。他要學生花上幾分鐘安靜閱讀自己的清單，並且再增加至
少一個項目。「你清楚記得什麼？為什麼你覺得那是你記得最清楚的東
西？還有，看起來其他同學注意到哪些你沒注意到、但是現在你可以記
錄下來的東西？」

在學生建立自己的筆記清單之後，麥特要求小組成員談談他們對於
抽象藝術是什麼的初步想法。透過「加一」例程所產生的筆記內容成了
這些互動對話的固定錨。麥特注意到學生真的在傾聽彼此的發言，進行

圖3.6　七年級學生關於抽象藝術的「加一」筆記

akstract art...
　　　　　　　↙ post
- Cubism, impressionist & preimpressionist were groups
✓ Inrepresental (i think that's how you write it)　　　　↗ I can't spell it
　　- it doesn't need to display anything
　　　　　- random paintings ◄ —— not nessecarily
　　- could be your own feelings　random, but more
- needs, colbr, line, shape and form ◄ free, still detailed
- Colors can display emotion　but may not resemble anything

- more layers of paint

ABSTRACT
- doesn't have to resemble anything
- provences a mood
- less resemblence & more colour, shape, & texture
- you can freely draw
- might be able to see more brush strokes
- might be able to see movement / where the brush went
- Jackson Pollok was an abstract art
- Many colors and textures are used depending on mood
- can be free or highly detailed

抽象藝術...
　　　　↙後
- 立體派，印象主義派，前印象主義派，都是團體
- Inrepresental（我覺得應該是這樣拼）
　　- 他不需要表現任何東西
　　　- 隨意亂畫 ◄—— 不一定隨意，
　　- 可以是你的感覺　　但更自由，還是有細節
- 需求，顏色，線條，形狀和形式
- 顏色可以表現情緒　　↖ 但也許不像
　　　　　　　　　　　　任何東西

- 更多層的顏料

抽象藝術
- 不一定要像任何東西
- 激起一種情緒
- 較少形似、更多顏色、形狀和材質
- 你可以自由的畫
- 可能可以看到更多畫筆的筆觸
- 可能可以看到動作　畫筆的走向
- 傑克遜・波洛克（Jackson Pollock）是抽象藝術家
- 視情緒來運用許多顏色和紋理
- 可以很自由或非常多細節

有趣的討論，他們辯論影片裡提出的想法，並且有自信的互相提問。麥特開心又驚訝的發現，就算這是第一次練習，但感覺上學生似乎早已駕輕就熟了。

回想他的學生首次使用「加一」例程的經驗，麥特說：「我注意到一件事，學生一收到傳過來的新清單，就立刻開始專注閱讀的那種狂熱，好像他們都非常想要趕快進入筆記內容，看看他們還可以增加什麼新項目。這樣的觀察讓我很興奮。」麥特提及，他看到有幾位學生每一次拿到新清單時都寫同樣的內容，他試著勸他們不要這麼做，「我覺得他們之所以每次都寫同樣的東西，是因為他們對那個加一項目很有信心。這對他們和我而言都是一段新的歷程，所以我想，只要他們對彼此做出貢獻，那我們就可以繼續將這段過程做得更好。」

1　Perkins 2003.
2　Black and Wiliam 2002; Hattie and Timperley 2007; Hattie 2009.
3　Wiliam 2014.
4　Wiliam 2016.
5　Ritchhart 2002.
6　Liljedahl 2016.
7　Allen and Blythe, 2004.
8　Ritchhart et al. 2011.
9　Ritchhart et al. 2011.
10　Brown et al. 2014.
11　Karpicke, 2012.
12　Smith and Weinstein, 2016.
13　Ritchhart et al. 2011.
14　Perez-Hernandez, 2014.

第四章

Routines for Engaging with Ideas

投入想法探索的思考例程

表 4.1　投入想法探索的思考例程列表

·投入想法探索的思考例程·			
·例程·	·思考·	·要點說明·	·教學實例·
問題排序	提問和探究	用來找出探究的問題和學習問出更好的問題。	印度新德里美國大使學校，科學課，一年級 南澳阿得雷德獨立學校聯盟，成人專業發展學習 厄瓜多基多科托帕西學院，科學探究，三年級
剝水果	注意，好奇，解釋，連結，觀點和提煉精華	當作探索一個主題的結構，以建立理解。也可以是逐步演進的紀錄。	澳洲墨爾本彭利和埃森頓文法學校，機器人設計，九年級 密西根州特洛伊市貝米斯小學，閱讀，幼兒園， 華盛頓特區華盛頓國際學校，詩，十年級
主線—支線—隱藏故事	觀點，複雜性，連結，分析和好奇	運用視覺呈現以探討不同的「故事」，或當作分析和深入故事的結構。	密西根州奧克蘭郡，諮商輔導，五年級 澳洲墨爾本彭利和埃森頓文法學校，歷史，九年級 澳洲墨爾本彭利和埃森頓文法學校，會計，十二年級，

美好與真相	注意，複雜性，解釋和掌握核心	運用視覺呈現故事，以找出美好與真相存在於哪裡，以及它們如何交會。	沙烏地阿拉伯王國圖沃，阿卜杜拉國王科技大學附屬花園小學，科學，五年級
			尚比亞盧撒卡美國國際學校，文學，十一年級
			澳洲新堡聖菲利浦基督教學院，圖書館課／歷史，五年級
NDA：指名─描述─行動	仔細觀察，注意和記憶	結合視覺圖像一起運用，重點在於注意和描述，同時也建立工作記憶。	密西根州特洛伊市貝米斯小學，社會，四年級
			賓州麥當勞南費耶特高中，西班牙語，十二年級
			密西根州特洛伊市貝米斯小學，科學，一年級
作筆記	綜整，提問和掌握核心	當作出場券策略，或在呈現資訊後，用來鼓勵主題討論。	華盛頓特區華盛頓國際學校，科學，十二年級
			賓州桂格谷奧斯本小學，科學，三年級
			德國慕尼黑國際學校，歷史，九年級

◉問題排序◉ QUESTION SORTS

個人或團體藉由腦力激盪，想出大量與某主題相關的問題，並將每個問題分別寫在一張便利貼或筆記卡上。

◉ **以生成力（generativity）來排序**。該問題有多大的可能會產生投入度、深刻見解、創意行動、更深的理解和新的可能性？展開討論，並將每個問題貼在「生成力」的水平軸上。

◉ **以真心感興趣（genuineness）來排序**。團體成員有多想要調查該問題？展開討論，每張便利貼都沿著「**真心感興趣**」的垂直軸上下移動。

◉ 全體共同決定每個象限的問題要如何處理和繼續進行。

　　我們發展出來的許多例程[1]都是鼓勵學生產出問題，好比說，看—想—疑，想想—疑惑—探索（Think-Puzzle-Explore），3—2—1橋接（3-2-1 Bridge）等等。結果，老師們提問了：「我要怎麼處理學生提出的所有問題？」「問題排序」例程就是為了協助處理這個疑問而創造的，特別是將問題的主導權交回學生手上。

· **目的** ·

　　有效的探究靠的是好問題，但提出好問題並非總是易事。為了幫助學生學習形成和找出能夠指引他們學習的問題類型，他們就是必須實際練習這樣做。當然，要處理學生提出的問題，方式不只一種，有些問題可能值得延伸調查，並且很容易就演進成一個探究單元，而有些問題可能只能簡略的探索。但是，該如何決定要追究哪些問題呢？這項例程幫助學生為他們的問題排序，並且找出那些確實具有生成力和發自內心有興趣探索的問題。

·挑選適當教材·

當你想要幫助學生對他們感興趣的總括式（overarching）概念和想法來構思出具有生成力、真心感興趣的問題時，就是使用「問題排序」最適當的時機。它可以有效的結合專題計畫學習、各種探究模式[2]或任何單元裡的總結型研究經驗，比如國際文憑課程（IB）裡的專題研究。

在考慮使用這項例程時，想想以下這個問題會有幫助：「我們的主題是哪個更大概念的絕佳例子？」這個更大的概念通常能提供最多機會去發展問題。例如，提出關於「印刷術發明」的特定問題，相較於提出關於「科技和創新如何影響人類生活方式」的問題，是不同的學習機會，前者將焦點放在一件特定的事物，後者將焦點放在一個更廣的概念，探討的是人類的創造力，以及這樣的創造力如何影響人類。好問題往往是由此展開並蓬勃發展。當然，主題必須是學生感興趣的，也可能需要由教師引導一些初步探索以發展出這樣的興趣。

·步驟·

1. **準備**。介紹你希望學生圍繞著它來設計問題的中心主題。然後，請學生以個人或分組方式針對該主題腦力激盪出一套質量俱佳的問題。將便利貼或筆記卡放在手邊，好讓學生可以用它們來記錄所有提出的問題，也可在後續的步驟裡輕易移動它們。一張便利貼寫一個問題，等到累積了許多問題之後，全班就已準備就緒，可以開始排序。

2. **依據生成力來排序**。在白板上畫一條長長的水平線，或者，在地板或桌上貼上紙膠帶來當作水平線。將這條線標註為「生成力」。在這條線的右端寫上「高」，在另一端寫上「低」。向學生解釋，這條水平線代表一段連續進程，他們要根據每個問題的生成力來排序所有問題，在這條連續線上排出每個問題的相對位置。也就是說，學生要決定每個問題有多大的可能性會促發對主題的投入度、深刻見解、行動或新理解，並在連

續線上相互比較、排出它們的位置。每個問題都是有效的，我們的目的不是要淘汰問題，而是要為它們排出順序。給學生時間討論這些問題，並討論他們是為了什麼理由才將這些問題放在「生成力」水平連續線的那些位置上。

3. **依據真心感興趣來排序**。現在再畫一條跟水平軸交叉的長垂直線，標註這條線為「真心感興趣」，在這條垂直線的頂端寫上「高」，在底端寫上「低」。要求學生想想他們對每個問題真正感興趣的程度，也就是說，他們個人有多在乎、多願意投注時間精力去追索先前排在水平線上的那些問題。學生直接上下移動每個問題的位置，以此來表示他們對該問題有多少發自內心的興趣，不過，在往上或往下移動時，要小心維持它在水平線上的位置。給學生時間討論這些問題，並討論他們是為了什麼理由將這些問題放在「真心感興趣」垂直連續線的上下位置。

4. **分享想法**。請學生後退一些來估量他們的排序。現在，每個問題都位於四個象限之一，右上（第一）象限裡，包含了團體決定最能引發調查研究以及他們最真心在乎的問題，對於有意義的探究活動而言，這些問題是「最佳選擇」。左上（第二）象限裡的問題，學生覺得它們相對於其他問題並不那麼具有生成力，但仍然代表滿多的真實興趣。這些常常都是簡短、直白、可回答的問題，學生可以決定他們如何處理這個象限裡的問題，也許是詢問是否有人志願去調查研究，並在之後的幾節課裡向全班回報結果。左下（第三）象限包含了團體認為最沒有生成力，也最沒有真實興趣度的問題。以後續的探究而言，這些問題可能不會產出多少新的學習。右下（第四）象限裡包含的是看起來有些生成的潛力，但目前團體成員似乎沒什麼興趣的問題。請告訴學生暫時擱置這些問題，但未來可進一步考慮——如果他們的探究把這些問題重新帶回臺前的話。

·運用與變化·

　　塔希蕊・譚比在印度新德里的美國大使學校任教期間，和她的一年級學生使用了「問題排序」例程，以幫助他們發展出不至於太大或太模糊而難以處理的問題，或是只引出「是／否」回答的問題。塔希蕊拿出學生先前研究無脊椎動物時提出的所有問題，要求學生運用四種問題提示，以更有創意的方式來重新表達先前列出的這些問題：**如果……會變成怎麼樣？如果……會有什麼不同？假設……？如果……什麼會改變？**等到全班提出十幾個修改過的問題後，塔希蕊將這些問題列印在卡紙上，讓每一對學生手上都有一疊卡片。在下一節課，她發給每對學生一疊問題卡片，要求他們一起決定如何在兩條不同的連續軸線上排序他們的問題。塔希蕊將水平軸的「生成力」改為「可能性和方法」，並解釋她希望他們根據這些問題能提供「很少」或「很多」學習的可能性來排出順序。垂直軸則改為「興趣」，並要求學生依據他們對每個問題有多感興趣來上下排序。因為每對學生都有相同的12個問題要排出順序，所以塔希蕊和助理可以輕易的聽到一年級學生討論他們的排序選擇，以及他們是如何決定排序位置。

　　這項例程的一個有趣變化是「行動排序」，相對於問題排序，團體成員要為他們已經提出的一系列可能行動排出順序。南澳獨立學校聯盟的10個學校團隊在建立跨校思考文化的3年期計畫裡，便使用了「行動排序」來幫助他們找出前進的「最佳選擇」。先前，整個團體對於行動的思考偏狹隘，常常只考慮一個面向，或者只考慮、討論單一想法，導致沒有多少時間可以探索其他替代性想法。學校團隊想要脫離這種模式。在腦力激盪出許多可能實施的行動、不做任何評斷的將它們寫在便利貼上以後，每個學校團隊開始排序。他們將水平軸標示為「力量」，代表能推進學校並突破現狀的力量；垂直軸則標示為「可管理性」，考量的是執行這整套行動所需的時間、資源和精力。放置在第一象限的行動是「好的起點」，第二象限是「值得考慮的行動」，第三象限是「不值得努力的行動」，第四象限是「長遠之計」。運用「行動排序」，學校團隊

得以將過去卡住他們的計畫轉化成深思熟慮、能逐步實現的行動。

・評量・

想要提出一個有效的問題，需要練習和經驗。當學生愈來愈能自在的構思出問題時，請注意他們是否逐漸避免提出人們認為很表面的問題，轉為提出需要更多細緻思考和調查研究的問題。如果你注意到他們的問題感覺有點表淺，為他們提供一些像是「無領袖討論」所使用的提示句型（見頁91），可能會有幫助。

當學生在兩條軸線上排序時，注意聆聽他們如此放置問題的理由。對他們來說，是什麼讓一個問題具有生成力？是什麼讓一個問題引發真實興趣度？他們是否對想法的歷史或複雜性感興趣？還是對相關的人物、影響、目的或其他事物感興趣？學生是如何確定哪些種類的問題看起來能提供超越表象的全新觀點？這些問題是否需要各式各樣的思考行動來進行調查研究，例如仔細觀察、建立連結或發掘複雜性？或是只需收集資料即可？

・小提醒・

在一開始，和學生討論好問題是由什麼所組成，並引出學生的想法，這會讓他們更用心顧及他們提出的問題品質，而非僅僅是產出問題。有一些書籍，像羅斯史坦和聖塔那[3]所著的《只要一個改變：教學生問他們自己的問題》（*Make Just One Change: Teaching Students to Ask Their Own Questions*），以及《創造思考文化：真正改變學校須掌握的八大力量》（*Creating Cultures of Thinking: The 8 Forces We Must Master to Truly Transform Our Schools*, Ritchhart 2015）在協助學生構思、處理和追究問題上，對於我們的合作教師一直很有幫助。

在本書和《讓思考變得可見》裡的許多思考例程都包含提問、好奇和表達疑問的機會。老師可以輕易運用別的思考例程已出現的問題，當成「問題排序」一開始使用的問題清單，而非介紹一個主題，然後要學生腦力激盪出

一組新問題。圖2.1的理解地圖也可以當作跳板，讓學生在研究旅程的起點發想出用來排序的問題。

　　將「問題排序」的紀錄張貼在顯眼之處，在整個探究循環的過程中，老師和學生都可以反覆對照和參考。學生可以增加問題、闡述觀點，甚至於看出某些問題承載的意義比原本以為的更多。老師則可以運用這些紀錄來規劃未來的課程和學習經驗。便利貼能夠移動、增加、移除或詳細說明，這樣的動態特質乃是這項例程很重要的紀錄特色。

◉教學實例◉

　　　科托帕西學院是位於厄瓜多基多的一所國際學校，三年級的保羅・詹姆士・米勒老師（簡稱PJ）觀察到，當他要求學生為一個新主題腦力激盪出一些問題時，他們總傾向於提出寬泛、模糊或不著邊際的問題。「有時，他們的某些問題實在太缺乏關聯了，我真不知道該怎麼處理。而且一旦我們收集到所有這些問題以後，我也並不總是很確定要怎麼做。」PJ說。像許多老師一樣，他知道要回答學生提出的每一個問題是不可能的，永遠不會有足夠的時間可以做這種事，而且那也不是最值得用來示範良好研究習慣的方式。PJ和他的教學教練蘿拉・佛萊德覺得，「問題排序」例程應該極有希望能幫助學生發展出有意義的探究行動。

　　　一開始，PJ和蘿拉決定要讓學生的注意力集中在老師先前要求他們發展問題的所有地方。他們引導學生對話，討論為什麼學習者要提問，以及哪些事物可以讓問題成為學習的有力工具。PJ和蘿拉都覺得這次對話有助於學生轉換看問題的角度，問題不再像是要完成的檢核單，而更像是一連串刺激思考、充滿動能、隨著他們的學習而增長的求知欲。「我們不希望學生以為我們只是提出問題、回答問題，然後就做完了。」PJ說，「我想讓問題感覺更有活力，而非只是一場趕著把它們完成的瘋

狂比賽。」

隔天，PJ推出關於生態系統的新探究單元，簡要的介紹了這個主題，並且分享了幾張圖片好讓學生投入想像。接著他問他們：「記得我們昨天談到問出好問題以助學習的重要性嗎？你們覺得，你們能否提出幾個自己認為對於生態系統有助益的好問題，把它們寫在便利貼上？」他告訴學生，他希望他們盡己所能的寫出他們心中的好問題，也希望他們會想要提出許多好問題。

「我在每一張便利貼上只寫一個問題嗎？」一位學生問。

「對，沒錯，一張便利貼只寫一個問題。所以，如果你有兩個你覺得好的問題，就用兩張便利貼。一張一個問題。」PJ回應。一開始，教室有點安靜，然後學生動了起來，忙著寫許多問題。

PJ看到每位學生都寫出幾個問題之後，他請每個人把便利貼貼到白板上。一大堆問題立即呈現在每個人眼前。孩子們聚集過來，開始看彼此的便利貼。PJ插進這場剛開啟的對話：「哇！就像我想的一樣，你們對生態系統有好多疑問，看看我們眼前這些問題！」孩子們點頭同意。他繼續說：「讓我說一下我覺得我們可以怎麼處理所有問題。」學生將注意力轉向PJ。他繼續說：「現在，這上面的每個問題都會引發某些思考，如果這個問題對我們的學習沒有幫助的話，你們也不會問了。但是有這麼多問題，很難知道要從哪裡開始，所以我希望我們來做一點排序。」

「排序？你的意思是？」一位學生問。

「嗯，我說的排序，意思是我們要試著想出一個方法，從這一大堆的問題中找出哪些問題能夠讓我們更進一步、更深入的學習生態系統。」PJ告訴他們。他慎重的向他們保證所有問題都是有幫助且重要的，只是，有些問題可能會製造出產生許多思考的機會，而其他問題可能只帶他們前進一點點。

　　PJ拿出一枝麥克筆，在白板上一塊寬廣的空間畫了一條長長的水平線，在右端寫上「產生許多思考」，並很快畫了一座大型產業級工廠引擎的圖；在另一端寫上「產生很少思考」，並快速在旁邊畫了一顆小電池的圖。他解釋他要學生沿著這條線將那一堆問題排序，看起來力量愈強大的問題愈往右排，而力量愈微弱的問題愈往左排。

　　「注意，我沒有要你們在便利貼寫上自己的名字是有原因的，你們可以猜猜看嗎？」PJ問學生。

　　「這樣你就不知道這個問題是誰提出來的？」一個學生回應。

　　「嗯，是的，類似這樣。」PJ解釋，「但更重要的是，現在我們的班級問題庫裡已經有了這些問題，這些問題屬於我們所有人。我們可以一起做出好決定，安排我們課堂上要探究的問題，而不是擔心個別的問題。你們願意試試看嗎？」

　　他邀請學生兩人一組，從問題庫裡選出一個問題來處理，不一定是他們自己的問題，任何問題都可以。然後由小組決定要將這些問題放在「產生思考」連續線上的哪個位置。PJ說：「記住，你和你的朋友覺得這些問題很像這邊這座大引擎的話，就要把它們往線的這一邊放，它們有很強大的力量。至於那些你們認為只能給我們一點點力量的問題，像這顆小電池，就把它們放在線的那一邊。」

　　很快的，教室裡出現許多行動和討論。PJ坦承他有點擔心某些學生會只專注在自己的問題上，也擔心學生多少會有點傷心。不過，他很驚訝的發現，整段過程比他或教學教練蘿拉預期的好很多。學生十分認真的接受了排序的邀請，配對的兩人對於某些問題要放在哪裡會有一些辯論，但PJ看到他們很快就達成共識，這讓他很開心。他在想，以前自己都不讓學生擁有自主創造問題和決定哪些問題可以造就好學習的機會，是不是太低估學生了。在蘿拉的輔助指導下，PJ判斷這項例程的第一步嘗試，以產生思考的連續進程來排序問題，以今天的成效而言是夠好了。

圖4.2　三年級學生排序關於生態系統的問題

　　隔天他們再次回到「問題排序」，PJ用這樣的語言介紹垂直軸：「真的很想研究」和「研究興趣不大」。PJ和蘿拉事先推想過，他們預料到便利貼可能會被學生隨意移動，導致昨天的產生思考力排序完全被弄亂，所以，PJ請他的學生想像每個在水平線上的問題，就好像它們有自己的游泳水道，並解釋每個問題要不就是往上游，游向「真的很想研究」，要不就是往下游，游向「研究興趣不大」（參見圖4.2）。結果，第二天沿著真實興趣度軸線所做的排序，進行得跟第一天的排序一樣順利。

　　第三天，全班一起看著四個象限裡的便利貼。PJ問學生：「如果我們想讓探究的內容焦點集中，盡可能挖到最深的地方，那我們應該從哪裡開始？誰有任何的想法？」他們很快指出那個高產出思考、高真實興趣度的區域就是他們研究生態系統的好起點，看來，那些自然就是開啟探究的好問題。

　　現在他們檢視其他象限，並決定低產出思考／高真實興趣度（第二象限）的區域在接下來幾天可以快速幾輪就處理完畢。PJ詢問不同的學

生是否自願針對這區的問題做一些獨立的迷你研究，好讓每個人的興趣都得到滿足。對於那些位於水平線下方的問題，全班決定讓它們留在原地——就像一個儲存槽。「有時我們並不知道哪些問題真的重要或有趣，直到我們開始研究才會曉得。」PJ 說：「所以，有一個儲存槽，目前看來似乎是處理這些問題的好辦法。」

回顧此次經驗，PJ 分享道：「我覺得，以前的我會害怕自己如果不能全盤掌控的話，就不知道怎麼處理學生的問題。我想，我終於了解自己在創造思考的教室上可以扮演什麼樣的角色，我必須相信我的學生們有能力做到！」

◉剝水果◉ PEELING THE FRUIT

選擇一個主題、概念或議題,反映出你的理解。

◉ 介紹「剝水果」圖。說明有一種思考「發展理解的過程」的方法是將它視為一顆水果。

◉ 從水果的**表皮**或外層開始。描述你看到、注意到什麼,記錄你立即看到和注意到的任何特徵或面向,以及你對這個主題的已知,亦即你的先備知識。

◉ 進入水果的表皮,下到**果膜**,提出問題、困惑和好奇。記錄你的反應。

◉ 進入水果的果肉或**肉質部**。在此,你會發展或推進你的理解,透過:建立連結、建立解釋和詮釋、辨識和考量不同的觀點。在你記錄這些時,要確定你是運用手上擁有的證據進行推論、支持你的主張。

◉ 定義水果的**核心**。掌握這個主題、概念或議題的本質或核心,它真正的內涵是什麼?

◉ 現在**後退**。當你全盤檢視這個主題時,找出有什麼新的複雜性正在浮現。有什麼變得複雜、微妙或出現層次了?出現了什麼新的謎題或困惑?

　　當「可見式思考計畫」發展出理解地圖(見圖2.1)這項工具,用以闡明建立理解所需要的各種思考類型時,有人問我們理解地圖本身是否可以成為一項思考例程。雖然我們強調那些思考行動並沒有順序性,而且建構理解可以採取許多不同的路徑,但我們也體認到,或許能夠提出一個可能非常有用的思考順序。大衛‧柏金斯承擔起開發這個思考順序的任務,「剝水果」例程因而誕生。

間？他們有多少耐力願意做幾輪的傳閱和書寫回應，才能達到你們想要的效果？會不會維持口頭發表其實更有效？如果真的要用「筆談」例程，那它可以幫我們做到什麼原本可能忽略的或做不到的事？我們一起來想想可以怎樣調合兩者來使用吧。

你想使用這些思考例程的目的是什麼？希望不是因為學校或上級單位強迫推動，只好硬著頭皮試用一、兩次，等風頭過了也就算了。

我希望你看見，所謂學習，很大一部分涉及思考的改變，但思考藏在腦袋裡，老師通常只用學生的答案（思考的結果）來判斷學生的學習效果，但不知如何讓思考的過程展現出來，真正協助學生學習——而這就是思考例程的厲害之處。它們讓思考可見，不只是讓答案可見；它們立意培養好思考、會思考的學生，因此老師必須常常使用這些例程，直到這些步驟成為學生內在的語言，變成自動化的思考程序，往後面對相關的素材或議題，就能自然運用；而不是在整學期的課程計畫放上一、兩次當作點綴，更不是心血來潮偶爾使用一次，覺得自己和學生很快就能學會。

案例二【技巧】◉試做「看—想—疑」例程

語文老師以PPT展示三張圖片，開始對學生說明。

老師：請先看看PPT上的內容，然後我會說明我們要做什麼事⋯⋯
　　　　這裡有三張圖片，請指出你看到什麼，然後說說：你有什麼

6

的經驗或想法，用來喚起舊經驗、引發動機，也可以接續後面要學習的主題。現在就改用「3-2-1橋接」，先請他們寫出3個詞、2個疑問、1個比喻，接著發表和聆聽彼此想法，做一些討論以後，再讓他們寫新回應的3-2-1，最後說一說自己前後的想法有沒有什麼轉變。這樣，應該可以在一堂課的時間做完。

我： 這裡好像有個很大的誤會。新回應的3-2-1，並不是那麼快在第一堂課就做完的，而是要在學生經歷過課程單元的學習活動和探究討論以後，再思考並寫下來，接著，再拿出一開始的3-2-1細細比對有沒有改變或進展，同時也要回顧這一路以來的學習，想一想是哪些活動或經驗造成了這樣的變化，才能在兩次先後的回應之間搭起一座橋一邊在白板上畫圖，並且在橋底下書寫他們覺得自己為什麼會有這種想法上的改變，還有，他們打算怎麼處理新回應裡的問題。所以，如果你們的課程是由小單元串組而成，那每個單元都可以做「3-2-1橋接」，這樣一來，前一輪的思考討論會更推進後一輪的思考，也會讓學生更熟悉怎麼運用例程來觀察自己的舊已知和新學習。特別是那個1的比喻式思考，對小學生來說是有點難度的，老師可能也要練習那樣的思考才行，我自己都覺得不容易想出比喻，但它很重要。

老師：那「筆談」呢？我們原本是要讓小孩針對主題自由發表想法，再交流討論，找到他們想探究的小主題。這個「筆談」例程似乎也是討論，只是改成書寫方式，讓所有人都表示意見，跟我們想要的效果差不多。

我：好像是這樣，不過，你們的學生要以書寫方式來交談，會不會有人有困難？如果寫得很慢，你們打算等待多久的時

想法？是什麼讓你這樣說？還有沒有不一樣的想法？

甲生：這些圖案，讓我想到星座。

老師：不是先說想到什麼，先說你看到什麼。

甲生：我看到線條、顏色。

老師：讓你聯想到什麼？

甲生：欸……不知道什麼……牆壁，有點藝術的彩繪牆壁。

老師：你聯想到彩繪牆壁的原因是？

甲生：那個……原因有很多……

老師：很好，你先前不知道什麼是聯想，現在你知道了。

乙生：這個好像一隻鳥。

老師：先說你看到什麼，再說你的聯想。請用手指出來你看到什麼？
（乙生愣住，不知如何反應。）

丙生：我可以幫你嗎？

老師：你看到的具體事實是什麼？

丙生：有線條、顏色，像亂畫。

老師：我無法理解，你為什麼覺得像亂畫？

丙生：它很複雜，很多東西重疊在一起。

老師：很好，很具體。

丁生：(跑到投影布幕前)這裡是一個頭……這樣具有鴨子的樣貌。

老師：非常好，連結明確清楚。以後我們會不定時練習這個，為
什麼？

丙生：看我們的想像力如何。

老師：這不需要。

丁生：具體表達我們的感覺，要有推論根據。

老師：對，沒有根據文本事實而說的話，會讓別人不知道我們為什
麼這樣說。

讓思考可見，不只是讓答案可見
——運用思考例程時會什麼挑戰？需要哪些技巧？

工欲善其事，必先利其器。

親愛的老師，你為什麼選擇這本書當作教學工具？你是善用工具，還是為工具所用？如何讓這些思考例程成為教學利器？這些年，偶有機會看到現場老師嘗試使用《讓思考變得可見》提供的思考例程，或寫入課程計畫，或實際教學示範，效果有好有壞，且讓我簡單用兩個案例略作說明。

案例一【挑戰】◉將思考例程放入課程計畫裡

幾位老師和我在討論高年級的校訂課程計畫。

老師： 前陣子，某位講師推薦我們看這本《讓思考變得可見》，然後校長就請我們想想要怎樣把裡面的方法加入課程計畫裡，練習使用。所以，我們看著這個思考例程列表《讓思考變得可見》的表3.1，覺得可以加上「3-2-1橋接」和「筆談」，你看看這樣的安排好不好。

我： 「3-2-1橋接」是怎樣的方法？你們可以說明怎麼用嗎？

老師： 我們在課程開始的第一堂課，本來就會讓學生說說他們先前

從一個教育實作者的角度，我看到《讓思考變得可見》的例程依據「導入及探索想法」、「統整想法」、「深究想法」三個階段羅列21個例程，目標是建立課堂與學校思考的文化。新書《讓思考變得可見的力量》同樣以促進學生思考的行為模式，建立思考文化為目標，改用「投入與人互動」、「投入想法探索」、「投入行動」區分為三類例程，但超越個人思考，更加偏重協作與行動，和OECD 2030透過同儕、師長、家庭和社群的互相影響和引導，以及不斷經歷「預見─實踐─反思」（Anticipation-Action-Reflection, AAR）的循環，學生能夠發展和世界接軌的能力，進而與共同推動個人與社會福祉（Well-Being)的目標不謀而合，可以相輔相成。依據我國以往發展課綱的軌跡，本書在可預見的未來，將會是實踐我國下一波課綱的重要資源。

最後，除了向淑玲總編、共同譯者和參與的美術設計人員致上最大謝忱！特別想和K-12的老師們說：這本書又提供我們老師一套如瑞士刀的多用途工具箱，在課堂中啟發更多學生協作、思考與行動，邀請您一同施展「讓思考變得可見的力量」，成為未來導向的教育先行者！

劉恆昌　謹誌
2024.03.28

2019年，譯者與本書作者、哈佛教育研究員榮‧理查特在仁川合照

◇

　　另一位小學自然老師同樣運用「看─想─疑」，同時也整合使用「想想─疑惑─探索」和「解釋遊戲」。

　　她讓學生閱讀觀察繪本中的細節、生活課的主題討論、自然課的圖片、種植小白菜的觀察。一開始，小孩聽到提問，習慣性很快舉手回答，但她希望他們想一想，不要太快有結論和答案。要他們好好觀察後，寫下自己的發現，寫出自己的一、兩個問題。

　　幾次之後，他們知道老師沒有要他們馬上回答提問，會先觀察，就會有好奇的反應。但也有少數學生會說：「我不知道要問什麼。」或「我沒有疑問。」老師會邀請幾位學生分享自己的發現和疑惑，分享之後，原本沒有疑問的學生慢慢的也會開始想。

　　這位老師還會選出學生很特別的問題，用來詢問大家，讓所有人也一起想想。也會詢問提出特別問題的學生是怎麼想的，其他孩子聽到也會跟著思考。這樣的話，全班可以一起想得更遠、更深。

　　老師同時也發現：給予足夠時間觀察，小孩的觀察能力就會大大增加，而且要憑著證據來說出自己的發現，有憑有據，說話就越來有條理。

....

　　新工具，要好好認識其功能和目的，所以使用《讓思考變得可見》和《讓思考變得可見的力量》這兩本書時，請務必閱讀最前面的教育理念和整體架構說明，帶著這樣的認識，再細讀你想使用的例程相關說明，從為什麼用它（確認那是你的目的，或甚至，更能提升你的目的）、用在什麼情境（思考教材選擇和使用時機，也想想在配合自己學生的發展程度時，可以如何調整變化）、如何一步一步精準

的走下去(思考每個步驟的目標，注意它們是想要學生產生什麼樣的思考)，如果能找個人說明給他聽，相信更能明白自己的理解。

　　工具要能上手好用，需要持之以恆的使用，並經常觀察、記錄和反思學生表達的想法、思考的過程、學習的效果與進展，更要細緻觀察自己回應學生的方式，是促進他們更能獨立、多元的思考和看見別人的思考，還是控導他們走向標準、單一化的答案和糾正別人的想法。如果發現你正往後者發展，請踩剎車，找夥伴來觀課，一起討論如何真正走向讓思考變得可見的教學。

小組討論、發表與回饋。最後，學生常會發現自己想出來的概念意義、相關示例和課本寫得差不多，因而強化了「我能夠學習」的信念，就更願意接受下一個學習的挑戰！第一次和Ritchhart的心智交流讓我可以不因循講述教學，開始啟發學生思考的教學。

2017年在另一位貴人的讀書會中認識了「概念為本」系列書籍，讀完後，我決定要翻譯這套書讓台灣每一位老師都可以跨越語文障礙的閱讀。就在著手翻譯《創造思考的教室：概念為本的課程與教學》時，我驚喜的發現推薦序作者竟是Ron Ritchhart！他從深度理解教學的複雜性、教學實作的複雜性、扎根實踐的複雜性來推薦概念為本的教學。這些相同理念的連結讓我更加堅信，經由思考獲得理解才是深度的學習，而促進思考的教學方法是未來世代的教師必備的素養，第二次心智交流堅定了我讓學生學會思考的信念。

2019年三月，在冷冽的仁川，我無比興奮的和其他學員沐浴在Ron Ritchhart溫文的言詞、明快而睿智的引導中，學習一個接一個例程（routines），不同於《讓思考變得可見》，這些是哈佛「零點計畫」研究人員近年來在世界各地學校研發、實作而產出，即將出版的一套全新例程！非常幸運的再次和Ron Ritchhart心智交流，在他親身的引導下體驗了新例程的威力。

不久之後我看到The Power of Making Thinking Visible（中譯：讓思考變得可見的力量）的出版預告，大約2020年終於收到書，閱讀後立馬向大家出版社自薦，感謝賴淑玲總編認同與支持，侯秋玲老師應邀共同翻譯本書。雖然在翻譯過程中各有堅持，但我相信協作應是融合，而不是堅持己見，幸而有出版社同仁致力形成最大共識。我以2019年親身體驗為基礎，逐字閱讀，盡力保持作者初衷與風格，兼顧台灣的脈絡與讀者習慣，在作者充滿機鋒的文字中推敲，完成第四次，也是和Ritchhart最深度的心智交流。

〔譯者序〕劉恆昌

和 Ron Ritchhart 的四次心智交流
——我的思考可見教學之旅

前半生寄身企業世界的我，因使命召喚投入教育場域。2014年學位考試結束後，一位貴人校長邀請我去中學任教，對沒有實際教學經驗但滿心教育改革的我，這是個頗具吸引力的機會，我欣然成為代課老師。

當我拿到公民課本時，發現書上充滿抽象的名詞，知識密度很高，我試著用以前受教的經驗來解釋課文給學生聽，但自己都不覺得這樣能夠瞭解課文意義！

於是我開始搜尋各種教學法的資料，恰巧發現了Making Thinking Visible（註：2018年中譯《讓思考變得可見》出版）這本書。書中首先提出「學習是思考的產物」，繼而提出「理解並不是應用、分析、評估、創造」等布魯姆和其學生所謂高階思考的「前置作業，而是這些項目的結果」，換言之，學習意味著經由思考而理解。回顧高中時代，因不滿死記硬背、刷題應考而厭學棄學的自己，這一點深深打動我，並提供我引導學生思考，帶動課堂思考文化的方法。

那時我的教法是讓學生畫出概念架構：先把該章主題放在概念圖中心，再瀏覽課文，把各小節的概念寫在外圈第二層。接下來，播放自己剪輯的短片，其中包括引導問題和社會現象與新聞，學生邊看影片邊用「看—想—疑」表格來記錄他們看到了什麼、聯想到什麼，以及產生了什麼疑問或懷疑。下一個重要步驟是分辨看到的事實可以和哪個概念連結，記錄到概念圖外圈的第三層。然後進行

讓思考變得可見的力量

變得可見的

一本同時強化
教學力與學習力的實作書

【譯者序＋譯者例程實作】

THE POWER OF
MAKING
THINKING VISIBLE

·目的·

　　理解是我們教學的一個主要目標。然而，我們的學生經常欠缺工具來發展他們的理解，或者不知如何自己進行這種歷程。記憶資訊相對簡單，但建立理解卻可能是相當大的挑戰。「剝水果」例程提供了**一種**按順序發展理解歷程的方法。這項例程有許多步驟，因此可能比典型的思考例程花費更長的時間。圖4.3所示的圖形很有用，可用來回憶「剝水果」的步驟和比喻，以及向學生介紹這項例程。

　　如果要理解的對象相對較小，比如說是一首詩、一篇文章或一件藝術品，那麼，這項例程也許可以在學生分組合作的情境中進行。如果理解的焦點是更為寬廣的主題，比如民主、功能或電力，那這項例程便可當作組織圖，用以追蹤隨時間發展的學習順序。最後，這項例程可作為單元結尾的綜

圖4.3　剝水果圖

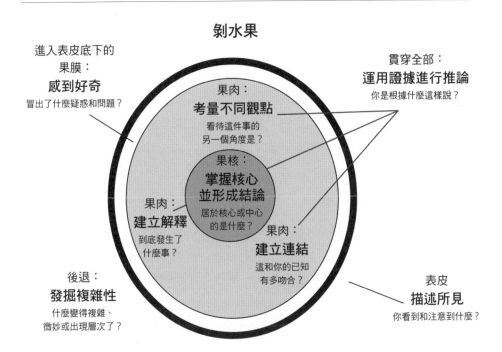

整工具，將一個人的所有學習匯集起來，並建構意義。透過這種方式，這項例程有助於學生整合、想通所學的知識和資訊，從而實際的導向理解。

·挑選適當教材·

這項例程必須要有需深入理解的事物，而非只是要獲得相關知識。理解的對象可以是相對獨立的內容，也可以是一個完整的學習單元，例如，學生可以分組嘗試理解文本裡的一個段落、當前的一起事件或一份第一手文件資料。如果使用的是像前述的資源素材，那麼素材本身應該要足夠豐富，好讓學生可以運用書頁裡、螢幕上或文件裡實際存在的內容來建立起他們的理解，不必依賴谷歌搜尋來「找到答案」。換句話說，資源素材應該提供學生機會，讓他們單純透過仔細的分析和探索就能建立起某種程度的理解。

如果這項例程是被當作教學單元的一部分，那麼，老師就不會只找出單獨一份資源素材，而是要思考整個教學序列以及將要使用的所有素材。不管你是在理解一個主題（例如：第二次世界大戰）還是一個概念（例如：永續性），很重要的第一步是：確定我們想要學生真正理解（相對於只是知道）的是什麼。在釐清我們的理解目標後，就可以使用「剝水果」例程來幫助我們安排教學順序。在此情況下，我們會有大量的資源素材讓學生接觸和使用。在教學的不同時間點，我們會停下來，讓學生根據他們接觸的內容來投入建立理解的活動。例如，在閱讀一篇文章和觀看一部短片後，我們可以要求學生利用這些素材來幫助他們探索其中存在的連結，這些連結有助於闡明我們正試圖理解的概念或主題。

·步驟·

1. **準備**。分享「剝水果」圖，作為一種建立理解的模式。依序從表皮開始一路到核心對學生詳細說明這些代表什麼。將學生分成三或四人一組（第一次做這項例程時，你可以讓全班一起進行），要求他們完整閱讀並

仔細檢視你試圖讓他們建立理解的教材內容。

2. **表皮**。要學生在一張大海報紙上畫一個占據大部分紙面的大圓圈。學生在圓圈外面記錄他們注意到的東西——什麼是立即明顯可見的？他們對於正在檢視的教材內容已經知道些什麼？

3. **果膜**。要求學生在原來已畫好的圓圈裡大約相隔2.5至5公分之處，畫一個較小的圓圈。在這個圓圈裡面，學生記下他們對於正在探索的主題、概念或教材內容的好奇、問題和困惑。

4. **果肉**。要求學生在紙的正中央畫一個直徑約7.5至10公分的小圓圈，這會創造出第二個比較大的圓環。在這個圓環內，學生記錄他們正在建立的連結、構成的解釋以及正在檢視的觀點。這個過程需要對教材內容進行大量的討論和檢視，老師應該給予學生足夠的時間。請記住，這是一段建構理解的歷程，不是要回報先前提供過的答案。這意謂著裡面可能存在著誤解和錯誤，有待後續的討論和教學來處理。

5. **果核**。在中心的圓圈裡，學生綜合整理他們對於主題或教材內容的中心思想、訊息或意義有什麼樣的理解，寫成一個陳述句。它真正的內涵是什麼？

·運用與變化·

澳洲墨爾本的彭利和埃森頓文法學校的國中部教師雪莉‧麥克格拉絲利用水果的比喻，用六張不同顏色的紙創造了類似有好幾片水果的紙球。每個小組都收到一個紙球和一張海報紙，用以彙整他們從機器人技術單元學到的種種。學生剝開紙球上的第一張紙，找到指令：「本單元開始時，你對機器人技術知道些什麼？」學生在他們的海報紙上畫一個大圓圈，並在圓圈外面記錄他們的回應。接下來，學生從球體剝開第二張彩紙，並接收到本例程下一步驟的指令：「本單元開始時，你有什麼問題和困惑？在我們對機器人技術的研究中，你還有哪些新的好奇或問題嗎？」學生在他們畫出的圓圈內記

錄他們的回應。然後雪莉指示學生在海報紙中央畫一個7.5公分的圓，並解釋道，學生接下來要從水果球體剝開三層彩紙，將他們對這三層指令的回應記錄在這個大圓環裡。各小組按照自己的步調進行，逐步剝開水果紙球的彩紙，看到指令要求他們記錄機器人技術以及他們在科學課研究的其他主題與其他學科之間的各種連結。下一張彩紙邀請他們解釋機器人技術領域運作的一些科學原理。第五張，也是倒數第二張彩紙，則要求學生想想針對機器人技術的不同觀點：「其他人對這個主題可能有何觀感？」最後一張彩紙要求學生記下的是：「你如何用一個陳述句總結機器人技術是什麼？」雪莉認為，一步一步剝開球體來揭示一系列指令，這樣的過程，有助於學生逐步掌控這項例程，並讓他們保持專注。

　　來自密西根州特洛伊市貝米斯小學的摩根・菲爾德使用了「剝水果」例程來記錄幼兒園孩子在探索童話故事這個文類時，孩子們不斷發展的理解過程。不過，摩根並沒有用圓圈來模擬水果，而是在海報紙上畫出有三座塔樓的城堡（參見圖4.4）。然後，她在城堡輪廓的周邊記錄學生認為他們對於

圖4.4　幼兒園學生運用剝水果來建立對童話故事的理解

童話故事的已知。接著，摩根在第一次畫的城堡裡又畫了一座較小的城堡輪廓，藉此代表一條護城河，摩根在這裡記錄了學生對於童話故事的問題。然後，她將這張紀錄海報紙掛在教室前面的牆上。在接下來的一週裡，全班閱讀並討論各種童話故事。當學生在不同的童話故事之間建立連結時，例如「這些故事都有會說話的動物」，摩根便將這些連結記錄在其中一座塔樓裡。摩根也詢問學生童話故事裡有哪些特徵，「它們常常會以『從前從前』開頭」，以及為什麼會有這些特徵。全班一起閱讀來自不同國家的童話故事以獲得新的觀點。在單元結束時，全班共同撰寫童話故事的定義，並記錄在城堡中央的一顆心裡：童話故事是「編造出來的、有魔法和快樂結局的故事。裡面有皇室成員或會說話的動物，童話教給小孩很好的教誨！」

・評量・

「剝水果」例程會產出豐富的評量資訊。當學生完成例程的「表皮」部分時，請記下學生對於主題擁有哪些先備知識。如果學生正在看一件作品（詩、圖像、論述、文件資料），請仔細留意他們能夠注意到和說出什麼。隨著我們對主題知道得愈來愈多，我們看到和注意到新特徵的能力也會增強。因此，學生注意到的任何東西都在告訴我們，他們能夠將哪些知識整合到他們對主題的理解之內。例如，如果在觀看圖像時，一位學生注意到藝術家使用了明暗對照法（chiaroscuro），那麼，我們就知道學生理解這種技巧，也能夠認出它的應用。另一方面，如果一位學生學過明暗對照法，但卻說出「有很多光亮和陰影的對比」，我們便可知這位學生可能理解這個概念，但還沒有將用來描述它的專業術語完全整合到自己的功能性詞彙中。

學生提出的問題可以為我們提供重要的形成性評量資訊，作為未來教學的基礎。學生的問題是基本、資訊性的，還是反映了深度、好奇心和細緻差異？出現了哪些問題可以成為未來教學的基礎？例如，在摩根・菲爾德的童話故事探究中，學生提出了這樣的問題：「每個童話故事裡都有魔法嗎？」

和「總是有一個好人嗎？」摩根運用這些問題來選擇特定的童話故事，讓學生能夠找出答案。

當學生建立連結、做出解釋並考量起不同的觀點時，他們正在主動建立自己的理解。這是一段混亂的過程，經常會出現誤解、疏漏和錯誤。將這些記錄下來，作為可能與個人或全班討論的要點。也可以運用畫廊漫步來促成討論，讓學生到各組檢視其他人產出的結果，並要求他們辨識在不同小組的作品裡看到的各種差異，或是他們可能質疑的任何想法或評論。這個方法能讓學生將各組的差異視為討論和探索的一個要點，而不是老師所做的簡單糾正。

在掌握任何作品、概念或主題的本質時，我們希望學生能夠形成自己的理解。這意謂著，他們可能不會總是給出我們希望看到的教科書定義，這沒有問題。全班可以再一次討論他們自己的核心陳述句與其他小組的核心陳述句有何異同。

如同所有例程的運用，我們不會進行正式的評量或評分。不過，在參與了團體共同建立理解的過程之後，學生應已有良好的準備，能夠進行較為正式、可以評分的評量。在後面的教學實例裡，湯姆‧海爾曼在課堂上使用「剝水果」例程探討了一首詩之後，就讓他的高中學生寫了一篇分析文章作為家庭作業。

‧小提醒‧

因為這項例程的步驟很多，所以第一次練習時通常會全班一起做。在這種情況下，探討的焦點比較可能是單一對象／目標（詩、圖像、文件資料或文物），而不是大主題或複雜概念。當全班一起進行時，教師充當記錄員，記錄學生在每個步驟的回應；或者，學生也可以在便利貼上寫下回應，再加到全班的紀錄裡。水果的「肉質部」可分為三個獨立的階段：連結、解釋和觀點，就像雪莉和她的學生探索機器人技術所做的那樣。在第一次與全班學

生一起試做時，這種作法可能很有用，如此一來，你就可以明確的將學生的注意力引導到每一塊不同的思考領域。不過，當學生自己練習時，他們經常在這三種思考類型之間跳來跳去，如果限制學生必須先完成一種才能進行下一種的話，學生可能會覺得太過拘束。而且，這三種思考行動之間其實也沒有真正的邏輯順序可言。

◉教學實例◉

　　華盛頓特區華盛頓國際學校的湯姆·海爾曼老師一直很喜歡教他的高中生讀詩。不過，他知道學生在讀詩時往往會帶著一點惶恐不安。「學生逃避詩，我年輕時也有過這種經驗。我下定決心要確保這裡的學生找到一條進入詩的路徑，因為它是非常非常值得的經驗。我得到最大的收穫是學生終於理解一首詩的時候，但我所說的，並不是他們找到了作者放進詩裡的一些訊息，我所謂的理解詩，意思是他們可以依據詩中事實來論證和表達他們的理解。」

　　為了促進這樣的思考過程，湯姆經常讓學生使用「剝水果」分析詩篇（請至以下網址觀看湯姆的影片：https://www.youtube.com/ThePowerOfMakingThinkingVisible）。湯姆強調，目標是讓學生發展對這首詩的理解。「我不在乎你們使用什麼方法，但我真正希望你們做的是發展自己的核心理解。你們將從外部和表面特徵開始進行，直到你們達到核心的理解。」湯姆解釋道。

　　當湯姆大聲朗讀貝絲·安·菲納莉（Beth Ann Fennelly）的詩〈我需要更像法國人，或日本人〉（I Need to be More French. Or Japanese.），你會聽到一連串與美國有關的指涉物，包含：瑞格利球場、密西西比、木蘭花和鞭炮。也有顏色方面的指涉：黃、灰、青瓷色、棕色和紅色；以及自然的指涉：蜜蜂、知更鳥、花苞、樹葉和花朵。自始至終，「如果我是」（If I were）一直重複，雖然並不符合英詩格律。當湯姆讀到最後一句，他的聲音透露出某種惆悵的感覺：

> ……如果我是法國人，
>
> 我會更愛這樣，結束以紅頭的燈絲
>
> 撒在燒得焦黃的草地上，
>
> 我的詩就可能煽動高雅的，
>
> 法國和日本讀者——
>
> 因為燈絲看似火柴棒，
>
> 而正是火柴棒，我們都知道，點燃了火焰。

　　回到老師的角色，湯姆評論道：「這是一首長詩，就意象上來講，它是一首有趣的詩。等一下你們會在小組裡開始深入挖掘那個意象。」

　　學生們對於使用「剝水果」來拆解一首詩的過程很熟悉，他們立即移動到分組位置，並到教室前面的文具供應處拿取一張海報紙。學生立刻在紙上畫出三個同心圓，並在最大的圈圈外面開始指名和記錄他們在這首詩中辨認出來的各種特徵：它是用自由詩的形式寫的，說話者是作者，全詩只有長長的一節，沒有押韻……等等。

　　當湯姆在教室裡四處走動時，他注意到一群女孩利用她們注意到的特徵作為提問的基礎。凱蒂在「表皮」處寫上這首詩「沒有押韻」，但另一名組員已經畫一條線從那裡連接到「果膜」，並寫下了「效果？」。同樣的，小組裡有一個人在表皮處記錄了「嘲諷」，但另一個人畫了一條線到果膜裡，並提出這個問題：「不完全是嘲諷，但是什麼？」

　　湯姆注意到，另一組尚未在海報紙的第二個圈圈或果膜中提出任何問題，反而只針對他們找出來的特徵稍加延伸或舉例。一名學生在表皮處寫了「提到自然」，而另一名學生在圈圈內提出了「知更鳥、玫瑰、花

朵」等例子。湯姆敦促組員:「關於這首詩,你們有什麼問題或困惑?」組員們的腦袋一片空白。他們習慣做的是分解一首詩並找出它的所有組成部分,而非質疑它或投入個人的思考。湯姆建議該組去觀察其他小組提出的問題,看看這是否會激發他們的一些想法。

隨著小組進入探索連結、觀點和解釋,對話變得愈來愈熱烈,記錄回應就退居次要位置,學生開始討論起他們還未定的想法。「看起來,這首詩愈往下寫,意象就變得愈精巧。」凱蒂說。「對,而且也變得更平靜、安寧,」依莉絲補充道。蒂芬妮提出反對的觀點:「我不確定它的精巧是建立在變得更大還是更加華麗,感覺更像是她把這些非常簡單、普通的事物變得更加複雜。」

凱蒂突然精神奕奕的說:「嘿,這和自由詩的形式有一種連結耶,和沒有押韻之間也有。一方面,你認為它很簡單,因為它看起來很隨意、很普通,但後來發現並非真的如此。也有一些簡單、普通的東西其實並不簡單普通,它們反而變得更加複雜。」蒂芬妮順著這種連結繼續推衍:「對,自由詩只是看起來簡單,但是當你看著那些標點符號和分行符號時,你就會意識到裡面藏著許多東西。」

上課四十分鐘後,湯姆把學生叫回來,請幾個小組發表(見圖4.5)。他告訴他們:「你們不需要一步步向我們介紹小組做的每一件事,不過也許可以說說你們某些比較豐富的討論點,和你們覺得特別有趣的地方。」約翰、托馬斯和瑪麗把他們小組的海報紙拿到前面,掛在白板上。「我們最大的討論點之一是關於刻板印象的使用。」約翰分享道。瑪麗補充說:「大部分是針對美國人的刻板印象。好像她是在說美國人就是吵鬧、大塊頭又粗魯。但後來我們注意到,這不僅是她刻意建立的一種對比,而且更是故意開玩笑。」托馬斯附和道:「沒錯,她說她想要更保守、含蓄一點,但是詩裡面有好多頌揚美國人的『大』的句子,而且她以『是火柴棒,我們都知道,點燃了火焰。』這最後一行作為結尾,

所以，感覺就像是她在擁抱自己身上的那種偉大。」

　　針對這一點，班上其他人爆發了熱烈的討論，有些人同意該組的詮釋，也有些人爭辯說他們認為重點不是在「大」，而是精緻與簡單的對比，而且實際上在簡單之中也能找到精緻。「太棒了！」湯姆說：「這就是我希望在今天晚上的家庭作業中你們能展現出來的批判性評論。我希望你們擁有這首詩的詮釋權，並且能夠根據這首詩裡的事實舉出充分理由，來支持自己的詮釋。」

圖4.5　十一年級學生運用剝水果來解讀〈我需要更像法國人，或日本人〉

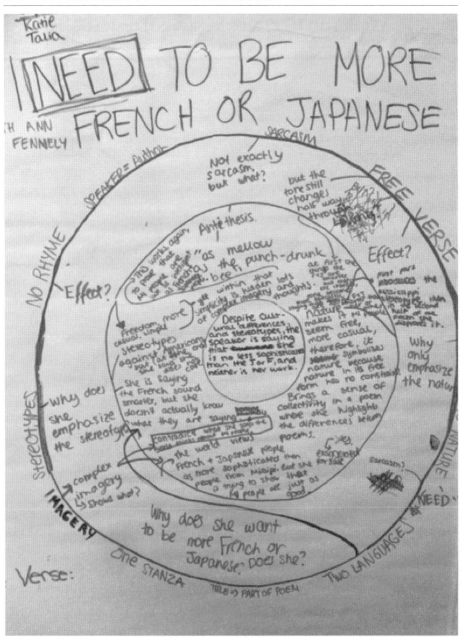

◉ 主線—支線—隱藏故事 ◉
THE STORY ROUTINE: MAIN-SIDE-HIDDEN

在仔細檢視原始文件或素材後，找出並解釋：

◉ 文本所敘述的**主線**或中心故事是什麼？

◉ 在邊線或邊緣發生的**支線**故事是什麼？這些故事未必涉及主要角色。

◉ **隱藏**故事是什麼？亦即，什麼是可能被掩蓋、忽視的故事，或是發生在表面之下、我們一開始不易察覺的故事？

　　Densho（傳承）是位於西雅圖的非營利組織，致力於保存、教育和分享二戰期間日裔美國人遭監禁的故事。這個組織正在尋找新的方法來擴展學習者的理解，除了理解這段時期歷史事件的主要故事之外，更要探索這些事件中更深層次的議題，以及它們對今昔的影響。他們的網站（densho.org）積累了大量的第一手文件資料，現在的問題是如何讓學習者在檢視這些文件時深入探究，超越表象。這一點特別重要，因為這些文件有許多都是政治宣傳，用來向美國人民和全世界合理化監禁日裔美國人的作法。因此，「主線—支線—隱藏故事」這項例程應運而生。

・目的・

　　這項例程幫助學生分析事件，並且以這些事件為核心來建構一系列的敘事，更深入的探索文件資料。學習者從主線故事開始，藉以掌握所述內容的核心或中心故事，但隨後就被要求更進一步。透過檢視支線故事，學習者被鼓勵考慮其他可能發揮作用的角色、因素和影響力，這些都會使得較為基本的主線故事變得更為複雜，或增加另一層次。這段歷程可能會引發新的探究問題和好奇。此外，在尋找支線故事時，也鼓勵學習者找出其他或許沒有被

充分表達或描繪的觀點。這項例程在事件表面之下尋找、發掘隱藏故事，藉此鼓勵學習者探討整個情境的複雜性，這個步驟促使學習者超越既定的思維，展現他們的洞見。

·挑選適當教材·

　　資料素材應該具有深度和一定程度的複雜性，可能是來自某個歷史檔案的第一手文件、複雜的藝術作品、新聞事件或照片、故事或小說裡的特定事件、個案研究、資料集，甚至是一個社會問題或情境。因為這項例程是一種分析架構，所以很有可能在有狀況出現時，就即時運用這項例程來引導學生進行更深入的探索。例如，老師可能發現班上討論的焦點集中在回憶和釐清主要故事的內容，於是便可詢問學生支線和隱藏故事可能是什麼，藉此讓班級討論更加深入。

·步驟·

　　準備。介紹資料素材，並請學生仔細檢視內容，可由個人或兩人一組來進行。藉由關注細節和微小差異，學生更有可能找到證據來支持他們的支線故事和隱藏故事。這種「緩慢觀察」（slow looking）3 不應操之過急，應明確鼓勵學生花時間注意那些不會立即顯現的事物。

　　主線故事。在仔細檢視資料素材後，邀請學生（個人或兩人一組）找出最明顯可見的中心想法，抓出主線故事。

　　支線故事。提示學生找出各種可能的支線故事。在邊緣地帶還有什麼事情發生？有哪些可能影響主線故事的其他角色（但並非主要的角色）？

　　隱藏故事。最後，要求學生想想隱藏故事或未被說出的故事。什麼故事不是立即可見，但對於了解實際發生的事情至關重要？什麼故事可能被有意或無意的掩蓋或遺漏？

　　分享想法。等學生有機會找出他們的主線、支線和隱藏故事後，接下來

就換成全班分享。通常，在主線故事上容易達成共識，因此不需要太多詳細討論。至於支線，班上學生常常會產出各式各樣的故事，聽到這些故事時，學生可以增進對事件情境的理解。在學生分享的過程中，也許可以使用「是什麼讓你這麼說？」例程，要求他們詳細說明、解釋和提供證據。要好好討論隱藏故事。有些學生的支線故事可能會是其他學生的隱藏故事，這種狀況並非罕見，而且也沒關係。在學生分享隱藏故事時，你可以追問：「所以，是什麼讓你對這個情境感到好奇？」或「為什麼你認為那個故事被隱藏了？」

·運用與變化·

來自奧克蘭郡的史蒂文·惠特莫爾和來自密歇根州休倫谷學區的珍妮佛·何蘭德都運用「主線—支線—隱藏故事」例程作為推展社會情緒學習的工具（見圖4.6）。史蒂文回想起他運用「主線—支線—隱藏故事」諮商輔導一名五年級男孩的例子。那名男孩的父親經常出差旅行，每當父親回家時，男孩就會有嚴重的情緒崩潰。在某次崩潰之後，史蒂文把男孩帶到辦公室，請他在一張紙上畫一間房子。「我告訴他，我希望他將房子裡發生的事畫出來。」史蒂文說：「我只是告訴他，媽媽說最近情況有點糟。我沒有要他告訴我某個具體的事件。」男孩畫出他正在撕自己的日記，把房間弄得一團亂。史蒂文接著請他在房子旁邊畫出「支線故事」，他畫了一座廚房流理檯和地板上的一個水瓶。最後，史蒂文請他在房子下方畫出「隱藏故事」，男孩畫了許多愛恨對比的圖像。所有的畫都完成後，史蒂文請男孩解釋他的畫。主線故事是，他因為生氣而把自己的房間弄得亂七八糟，把日記撕了。支線故事是，他的水瓶從廚房流理檯上掉下來，媽媽責備他，引發了他在房間裡大發脾氣。當史蒂文請男孩告訴他隱藏故事時，他說他和爸爸、媽媽之間有著「愛—恨關係」，並往下解釋道，當爸爸不在家時，媽媽對他比較好，他們可以像成年人一樣的談話，媽媽允許他告訴妹妹們該做什麼，而且他可以自己作決定。但是，當爸媽都在家時，一切都變了，他被當成孩子對待，這讓他

圖4.6　珍妮佛·何蘭德發展的「主線─支線─隱藏故事」諮商輔導模板

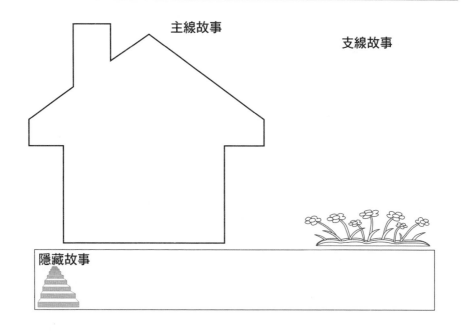

很生氣。史蒂文指出，「主線─支線─隱藏故事」例程這項工具不僅揭露了男孩行為背後潛藏的問題，而且他也注意到，揭露隱藏故事的過程本身也對男孩的行為產生了影響，自從那次的諮商輔導之後，他的情緒再也沒有崩潰了。

　　來自澳洲墨爾本彭利和埃森頓文法學校的中學歷史教師艾曼達·史蒂芬絲發現，「主線─支線─隱藏故事」例程十分有助於學生從第一手文件裡學習。在九年級學生的「原住民權利」單元中，艾曼達帶來了幾份她自己的家族在1940年代的文件資料。其中有份來自原住民事務委員會（Commission on Native Affairs）的文件清楚的將一位母親的幾個孩子歸類為「quadroons」（四分之一的混血兒），並說明只要孩子沒有跟「原住民」一起生活或互動往來，他們就不被視為「原住民」。她的學生發掘出來的支線故事是當權者完全控制了原住民生活，以及高人一等的優越態度。隱藏故事則揭露了艾曼達和學生

找到的種族主義和種族滅絕的「醜陋真相」——當權者試圖系統化的阻斷原住民與親屬的家族連結，從而斷絕原住民身分的傳承。

·評量·

找出主線故事顯示了學生掌握素材內容的主要想法或基本情節的能力。有時，學生甚至可能會忽略主線故事，試著跳到更深的層次，因為主線故事對他們來說太基本或太膚淺，但要求學生放慢速度可能是很重要的。在找出各種支線故事時，注意觀察學生是否能夠找出與主線故事相關的人物角色或事件，並藉此推論、增加邊緣外圍的議題和關注點。如果學生很了解某起事件或某段歷史時期，他們可能知道還有哪些普遍的關注點和議題影響事件，並且把這些定位為支線故事。這種連結可能非常有用，不該忽視，但是，請務必鼓勵學生盡可能從原始素材中建立直接的連結。你可以提問：「這出現在圖片、故事或文件的什麼地方？」

隱藏故事本質上是推測性的，因為它要求學生去思考那些並非明顯可見的事物。「可能發生了什麼我們沒有直接看到的事？」這個問題引發了這樣的推測思考。學生能否靈活的想到可能的隱藏故事和影響因素？然後，他們能否將這些隱藏的故事主題和影響因素扣回主線故事，為這些隱藏故事和影響因素提出充分的證據和理由？舉個例子，「那個隱藏故事如何幫助我們更了解主線故事？」學生能否找出那個故事被隱藏起來的原因？例如，人們往往不願意承認種族主義是他們行為的動機，並且經常試圖將其掩藏在其他人們更能接受的動機後面。

·小提醒·

為了幫助學生辨識主線、支線和隱藏故事，設計出一些跟你使用的資料素材直接對應的具體問題可能會很有用。例如，在數學課上檢視一個數據表時，能夠讓學生找到主線故事的問題可能是：這些數據告訴我們什麼？這個

表試圖向我們展現或幫助我們看到了什麼？而支線故事則可能是：如果我們看得更深入一點，這些數據裡還發生了什麼事？最後，若要找出隱藏故事，問題可能是：我們還需要哪些在這個數據表裡沒有看到的東西，才能夠充分理解這些數據的意義？有什麼隱藏的議題或關注點是這個數據表本身沒有直接處理的？如果我們是在檢視莎士比亞戲劇裡的一段獨白、看一份公告日裔美國人被監禁的第一手文件、仔細欣賞一件藝術作品或探討個人發生的一起事件，這些問題就會截然不同。

為了幫助學生理解隱藏故事並非只是虛幻的想像，而是建立在證據的基礎上並由此推斷出來的，不妨觀看崔西・希瓦利埃（Tracy Chevalier）的 Ted 演講〈尋找名畫背後的故事〉（https://www.ted.com/talks/tracy_chevalier_finding_the_story_inside_the_painting）。在這場演講中，《戴珍珠耳環的女孩》（*The Girl with the Pearl Earring*）的小說作者希瓦利埃帶領觀眾跟她仔細觀察畫作，找出重要且令人好奇的元素，然後將它們跟歷史背景連結起來，最終圍繞著這些元素寫出了精采的故事。

◉教學實例◉

當彭利和埃森頓文法學校的史蒂夫・戴維斯和達雷爾・克魯斯第一次遇到「主線—支線—隱藏故事」例程時，他們並不認為會在十二年級的會計課程裡用到。然而，看見高三英語班將它當作學習實驗室（參見第七章的討論）的一部分在使用時，他們腦中靈光一閃。「我們一邊看著這個班級的發展，一邊討論這項例程中我們喜歡的幾個要點，發現可以運用在我們的科目裡一個特別困難的主題：問題討論。由於沒有固定的年終測驗評分標準，所以這些問題討論一直是我們非常關注的面向，也是很多學生會有困難的部分。」史蒂夫指出。

具體而言，史蒂夫和達雷爾認為這項例程是一種有用的結構，可以

幫助學生回應問題討論，討論問題要求學生展現他們對於會計的整體理解，而非只熟悉單一主題或程序。這是會計這門學科在整個維多利亞州發生的重大變化之一，年終州立測驗的重點已經從重述規則和應用程序轉變為真實世界情境裡的會計應用。由於這些全新類型的問題討論著重在理解的深度，學生們常常茫然失措，不知要如何處理這些問題。達雷爾和史蒂夫注意到，許多程度較差的學生只是重複別人給他們的資訊，沒有進行詮釋。

達雷爾和史蒂夫體認到，將這項例程應用在檢視數據上，截然不同於將之應用於詮釋文學作品，因此他們先從找出他們會提出的問題開始，透過這些問題將這項例程與會計學科連結起來。他們想出了以下的問題：

- **主線故事**：你可以從提供的數據或資訊中得出什麼？它直接告訴你什麼？
- **支線故事**：會計學的哪些核心假設或特質適用於這個領域？它們之間有何關聯？
- **隱藏故事**：這些有什麼影響？它如何影響業主的決策？

史蒂夫和達雷爾用澳洲職業足球聯賽（AFL）一些熟悉的數據來啟動這項例程，兩人的學生都知道這些數據的前因後果。史蒂夫向學生解釋任務：「我會提供你們一些關於 AFL 球隊歷年表現的數據。請在單獨的一張紙上畫出三個欄位，分別標記為主線故事、支線故事和隱藏故事。」運用史蒂夫和達雷爾精心製作的提示，學生開始在每個欄位裡作筆記。在學生完成後，史蒂夫解釋下一個任務：「運用你面前的筆記內容，回應我公布在白板上的問題討論。這與未來這門課程的測驗會要求你做的事情十分類似。」史蒂夫注意到，學生寫作的過程似乎比過去回應問題

時容易多了。學生們發現，運用主線故事、支線故事和隱藏故事的三欄式結構來組織他們對於數據的初步分析，有助於推動他們的寫作。

第二天，兩位老師都重複了這段過程，但使用的是一張原始數據表，上面列出一家企業四年期間的歷史成本、折舊、帳面價值和估計市值。達雷爾在白板上寫下了問題討論的提示，非常類似他們可能在年終州立測驗中遇到的問題：「運用這些資料，討論紀錄折舊對企業的影響和重要性。」達雷爾提醒學生利用昨天的過程，先整理出他們的主線故事、支線故事和隱藏故事三個欄位，或簡稱「那個表格」，再開始寫作。

下課後，檢視學生所寫的回應時，達雷爾提到：「這種方法為學生的寫作提供了一種形式和結構，並且確保他們會處理到會計學的意涵，而非只是閱讀表格裡的數據。」史蒂夫評論道：「這個方法似乎對程度較弱到中等的學生幫助最大。過去，這些學生一直很難找到企業貶值原因的關聯性。」

史蒂夫和達雷爾都繼續在會計課程的每個概念領域使用「主線—支線—隱藏故事」例程，看著學生們逐漸改善，邁向成功。儘管最初他們認為這項例程對程度較弱的學生最有幫助，但隨著時間推進，史蒂夫和達雷爾注意到所有學生都有所進步。「身為維多利亞州課程外部考試的閱卷評分員，在每年300多份的試卷中，若能改到一或兩位學生的試卷評分達到100%，我們就覺得很幸運了。」史蒂夫指出：「但是，在我們現在合併兩班的55名學生當中，每項評量任務至少會有2至3名學生達到這個水準，這真是令人驚嘆的成就。我們同時也看到中低程度學生的平均分數明顯增加，他們現在的平均分數落在60-75%之間，而不是以前的40-55%。」

◉ 美好與真相 ◉ BEAUTY & TRUTH

在閱讀一篇文章、觀看一張圖像、思考一個複雜議題或反思一起事件後，提問：

美好 你在這個故事／圖像／議題／事件的哪裡找到**美好**？哪些事物讓你覺得很美好或很有吸引力？

真相 你在這個故事／圖像／議題／事件的哪裡找到**真相**？哪些事物讓你覺得是真正的事實或實際的真相？

揭露 美好如何**揭露**真相？在哪裡有美好的事物幫助釐清某個真相元素，或揭示真相？

掩藏 美好如何**掩藏**真相？在哪裡有美好的事物掩蓋了某個真相元素，或讓人難以看清真相？

　　多年來，我們「零點計畫」的同事薇若妮卡・波依絲・曼西拉、芙洛西・蔡及其團隊成員一直在研究如何培養和支持青年的全球意識和全球素養。他們投注了許多心力創造學習環境來培養學生的心智習性（habits of mind），有了這些心智習性，學生方能了解世界的複雜性，並能成功的在世界上生活和工作。薇若妮卡及其同事跟普立茲中心（Pulitzer Center）的教育團隊合作，加入遠景基金會（Longview Foundation）支持的全球視角計畫，她們給自己設定了一項任務，要創造出一個專為新聞領域設計的新思考例程。「美好與真相」就是他們努力的成果，但這裡分享的是我們的版本。這項例程吸引學生投入重大議題的探索，同時也培養個人的特質與傾向，使他們能夠超越舊有的觀念，進而開放的探討各種新觀點、看出地方性和全球性意義、了解各種地方和背景、採取文化觀點及挑戰刻板印象。

·目的·

　　這項例程所要凸顯、強調的思考類型包括：仔細觀察、考慮不同觀點、建立連結和發現複雜性。在許多方面，「美好與真相」很類似前作（《讓思考變得可見》）的「進入角色」和「觀點圈」例程[4]，這一系列的思考例程會刺激學習者跳出自己的思考方式，挑戰他們採取各種不同的觀點，更寬廣全面的理解一個議題、事件或概念的細微差異和複雜性。當一個人從看似不同的角度來考慮一個議題或事件時，發掘其複雜性的有趣機會就會出現，有助批判性的探討全球主題、當前爭議或永恆議題。

·挑選適當教材·

　　這項例程探討的是兩個獨特觀點的複雜互動：美好與真相。有鑑於當今世界著重視覺傳播、媒體高度飽和，學生接觸的資訊量非常驚人，這項例程最初研發的目的是為了探討全球議題的複雜性。學校和博物館的教育工作者發現，在探索新聞傳播學時，不管是印刷出版品、攝影和藝術作品，這項例程都很有用。它邀請學生學習優質的新聞傳播如何運用美好來吸引我們更深入了解一個議題，並尋求真相，同時也引發學生反思：記者和藝術家如何評價並邀請我們思考這個世界。

　　我們曾經看過教師運用其他的素材和情境來進行這項例程，例如辯論一個關於科學的倫理議題、分析詩，甚至是檢視人類學、地理或文學方面的議題。這些情境都有一個重要成分，亦即資料素材應該是複雜、豐富、微妙的，需要呈現足夠的內容，讓人能夠「深讀」，而非停留在表面。在選擇素材時有個有用的方法，便是你自己試著快速運用這項例程，你能找到許多美好的例子嗎？你能找到揭露真相的許多特徵嗎？

·步驟·

1. **準備**。準備資料素材或煽動性內容。如果是圖像，最好是高品質、栩栩

如生的複製品或投影。在引導學生進入接下來的步驟之前，留出足夠的時間讓學生仔細觀察和體驗煽動性內容。這一開始的觀察通常是在靜默中進行，老師只簡單指示學生要注意得愈多愈好，並且想想要如何記錄腦中出現的想法。如果這項例程是全班一起做，那麼老師可能就是記錄者；如果學生是分組進行，那他們就要建立小組記錄。在學生開始思考美好是如何揭露或掩藏真相時，做出一份清單、列出資料素材的哪裡有美好與真相，會是有用的方法。在某些情況下，老師可能要求學生先個別記錄自己的初步想法，之後再跟小組或全班分享。

2. **你能在這個故事／圖像／議題／事件的哪裡找到美好？**「美好」是一個刻意廣義的語詞，可以被詮釋為在美學或其他方面有令人愉悅、富吸引力或美麗動人的特質，但沒有必要過度定義這個詞。允許學生提出自己的解釋，然後跟進追問：「是什麼讓你這麼說？」讓學生在眼前的故事、圖像、議題或事件裡找出所有他們能夠感知美好的方式，無論大小。

3. **你能在這個故事／圖像／議題／事件的哪裡找到真相？**「真相」也是一個刻意廣義的語詞，請允許學生用各種方式來詮釋。真相可以是一個事實、現實狀況或某種普世真理。同樣的，在開始之前，沒有必要過度定義這個詞，讓學生找出故事、圖像、議題或事件裡呈現真相（或事實、現實）的所有方式。

4. **美好如何揭露真相？**美好的事物在哪裡闡明了真相的某個元素，或特意揭露真相？為什麼這麼說？**是什麼讓你這麼說？**在回應這個問題之前，學生需要時間思考、探討或找一個夥伴討論。學生的回應常常會引發其他人投入探索和討論的好機會，請鼓勵這些互動。

5. **美好如何掩藏真相？**在這個故事、議題、圖像或事件中，哪裡有美好的事物掩蓋了真相，讓人難以辨別？為什麼會這樣？以何種方式？**是什麼讓你這麼說？**揭露和掩藏這兩類問題並不需要按照順序進行，可以將它

們並列在一起思考，讓對話在這兩類問題之間來回跳躍。

6. **分享想法**。如果是以全班一起的方式來完成這項例程，而且也記錄了學生的看法，那麼大部分想法就已經分享過了。如果是分組進行，就讓學生分享小組對話中最有見解的幾個觀點。在這兩種情況下，詢問學生在哪裡發現一開始不甚明顯的事物，以此方式結束對話，頗為有用。此外，你也可以問：「這項例程如何啟發你對於這個議題／主題的理解？」「在此過程中，你對美好與真相的理解如何發生任何改變、成長或深化？」「如果用『以前我認為……，現在我認為……』例程，你的回應是？」

・運用與變化・

沙烏地阿拉伯王國阿卜杜拉國王科技大學附屬花園小學的五年級教師凱特琳・麥克奎德在一個探究各種能源類型的課程單元裡，與她的國際學生一起使用了「美好與真相」例程。學生閱讀艾倫・杜蒙的繪本《綠色能源島：一個社區如何利用風力改變他們的世界》(*Energy Island: How One Community Harnessed the Wind and Changed Their World* , 2011)。這本書講述一個真實故事。一個丹麥小島的社區居民團結起來將他們的碳排放量減少140%，從而變成幾乎完全能源自主的社區。這個鼓舞人心的故事顯示，只要一些小小的努力加上心中有一個大目標，平凡的人也能成就不平凡的事。但是這種改變並非全無挑戰。凱特琳要求她的五年級學生想一想這個社區利用風力的故事所傳達出來的美好，然後學生將注意力轉向他們實現夢想過程中的現實狀況，先從美好的視角，接著從真相的視角來思考該社區的故事。凱特琳發現，學生對話討論的層次變得細緻、微妙起來。

朱莉・腓德烈是尚比亞盧沙卡美國國際學校的高中英語教師，她在聆聽廣受好評的故事團計畫（StoryCorps Project：https://storycorps.org）回憶的活動中使用了「美好與真相」例程。朱莉的十一年級學生聆聽了《旱溪聖徒》(*Saint of*

Dry Creek）的故事，講述者是一位男士，他回憶1950年代自己十幾歲時與父親的互動，當時處於青春成長期的他拚命想了解自己的性取向。在故事中，這位年輕人與他的父親共同面對恐懼的一刻，然後轉變成無條件的愛。朱莉認為這提供了一個機會，可以從美好與真相兩種角度來思考個人敘事文本的故事元素和文學特徵。朱莉覺得，仔細審視美好與真相的雙重視角，可引領出關於身分認同、家人關係、恐懼和愛的複雜對話。

　　還有其他老師，例如澳洲昆士蘭太平洋路德學院的艾莉莎‧詹森運用了「美好與真相」來探討地理學的概念，檢視科技、創新和地球資源的關係。「美好與真相」作為一種結構，幫助學生發展出一種強大的行為模式，有效的探究範圍廣泛、複雜又微妙的全球概念，小至身分認同，大至能源自主。

‧評量‧

　　當學生探索「美好與真相」例程時，要注意他們對前兩個問題提示的回應，了解他們是如何不言明的定義這兩個語詞。學生在分享美好的元素時，看起來有哪些美好的面向浮出表面？學生考慮的是美學、理想或利益？學生在分享真相的元素時，他們的回應揭示了哪些面向？學生考慮的是實際的現實情況和各種事實嗎？他們找出了普世性的真理嗎？學生可能對真相的哪些面向提出質疑，亦即，真相可能不像學生一開始想的那麼無可避免？

　　在學生投入這項例程的過程中，請注意他們尋求觀點、建立連結和發現複雜性的能力。他們的回應是否代表他們體認到人們可以透過不同的方式來理解美好與真相？他們能否把自己放在資料來源所描繪的人物或角色的位置，從他們的觀點來找出美好與真相？學生能否連結彼此的想法，並據此往上發展理解？隨著討論的進展，學生能否辨識出主題內容裡的張力、模糊性和複雜性？或者，他們是否試圖簡化和立下簡單的結論？長時間發展下來，請注意觀察在學生的對話和探索當中，美好與真相如何變成既複雜又有用的檢驗標準。

·小提醒·

　　如同前面所提到的，不要在一開始就過度關注「美好」與「真相」這兩個語詞的定義。這兩個語詞很廣泛，具有多種含義和應用方式。我們觀察到學生帶入這些概念的意義比教師預期的多了很多，例如，納莉·吉布森讓她的幼兒園學生投入為期數月的「美好」研究，因此產生了豐富的對話和見解[5]。但是，如果你看到學生在理解美好的方式或表達真相的方式上遇到困難，你可以創造一個未來探索的機會。例如，隨著時間的推移，一起發展出一系列的標準清單，看看是哪些標準讓我們覺得某個事物裡含有「美好」或代表「真相」。在學生的日常生活經驗裡尋找美好與真相，明白指出你看到美好與真相存在於何處。一旦代表這些觀念的多角度清單形成了以後，你就可以敦促學生拓展他們初始的認知，採納更多的觀點，這是培養這種全球思維傾向的重要目標。

　　與其跟一群學生一次完成四個步驟，然後再進行對話，更有用的是將這項例程分成兩個部分。第二和第三步驟的探索美好與真相，可以由全班一起完成，並記錄下來。這擴展了每個人對資料素材的理解，並且有助於釐清觀者的各種觀點。然後，進行第四和第五步驟關於揭露和掩藏真相的討論。這個步驟往往有更多對話、更微妙，也更複雜，學生經常會藉由放聲思考的方式嘗試梳理各種想法，看看它們是否成立。你可以讓學生先分組討論或與一位夥伴討論，接下來再做全班討論，以此鼓勵學生做這種試探性的思考探索。也有老師翻轉了第四和第五步驟的措辭，改問：「真相如何揭露美好？」或「真相如何掩藏美好？」而不是反過來。

　　學生使用這項例程時，促進型問題會是更了解箇中複雜層次的重要關鍵，比如：「**是什麼讓你這麼說？**」或「所以，你如何看待這個想法和另一個想法的關聯？」這樣的問題讓學生有機會進一步闡述他們的回應，解釋他們推理的思路。這也傳達了一個訊息，代表你在仔細聆聽他們的想法並遵循他們的思路，而不是試圖讓他們跟著你得到預設答案。

其他例程如「給一個拿一個」（見頁66）或「頭條標題」[6]，都適合搭配「美好與真相」來幫學生創造豐富的互動，以建立連結並綜整想法。舉例來說，老師可以要求學生在一張圖像裡各找出三件代表美好與真相的事物，然後用「給一個拿一個」例程和其他人討論他們初步的清單。在總結「美好與真相」例程時，可以要學生創造出一個頭條標題，以整合他們對這個議題／圖像／問題的新理解，從中提取精華。

◉教學實例◉

　　潘妮・貝克是澳洲新堡聖菲利浦基督教學院一名受過小學師資培訓的圖書館員，她使用「看—想—疑」和「進入角色」這兩項例程已有一段時間，學生對它們非常熟悉。身為教師兼圖書館員，潘妮教好幾個班，而且每週只上一、兩節課，沒有自己的導師班。特別是因為課與課之間的間隔很久，要長期持續追蹤各班學生的思考線是很大的挑戰，所以潘妮靠著使用思考例程來幫助記錄想法，銜接每節課之間的學習。潘妮覺得「美好與真相」是一個大有可為的例程，可以在她已經建立的思考例程基礎上順勢發展，所以她尋找合宜的時機來導入這項例程。

　　在一系列與社會課程相關的圖書館課中，潘妮的五年級學生觀看了《澳大利亞：我們的故事》（*Australia: The Story of Us*）這部影片，原先播出這部影片的是澳洲的七號電視網（2015）。它由幾位傑出的澳洲人士演出，檢視過去四萬年來形塑澳大利亞的一些人物、地點和事件。潘妮覺得可以用「美好與真相」例程來處理這次觀看影片的經驗，讓學生有機會從多元觀點來思考國家的歷史，以及潛藏其中的全球／普世議題。

　　潘妮將焦點放在影片裡強調的一起特殊事件：尤利卡城寨之戰（Eureka Stockade）。1854年，維多利亞的淘金礦工反抗英國殖民勢力在該地區的不公平統治，強烈反對嚴苛的監管和稅收。不幸的是，爆發了一場

激烈的戰鬥，許多生命因而喪失。但這起事件被許多人視為澳洲歷史上的一個決定性時刻，因為自由人士反抗帝國暴政，為基本的民主人權鋪了路。

相對於詢問學生是否同意礦工的行為，然後很可能只得到一些表淺的意見，潘妮為全班重播影片中的一小段，然後提問：「我希望你們花點時間想一想這點：針對這段有關尤利卡城寨之戰的影片，你在哪裡看到了什麼你覺得值得一提的東西？你認為很美好、強大、特別、有價值或激勵人心的地方？」潘妮給學生幾分鐘的時間來思考回應，然後問全班學生想到了什麼。

一位學生回答：「我認為礦工們站起來反抗軍隊是一件美好的事。」

潘妮問：「你為什麼這麼說？礦工和軍隊有什麼強大或美好的地方？」

這位學生進一步闡述：「嗯，他們願意放棄自己的生命，為自由而戰。」

另一位學生加入對話：「我覺得很美好的是，礦工們互相支持。」

潘妮再次提出一個促進型問題：「你可以多說一點嗎？你在影片的哪裡看到這樣的例子？」

這位學生回應：「當軍隊刁難一名礦工沒有合法證照時，其他礦工開始趕走軍隊。」

另一名學生加入：「對啊，就像他們是共同體，真美好。」

潘妮重複他的話：「共同體，我明白了。那種舉動如何表現出共同體的感覺？」

該名學生繼續說：「嗯，他們幫助彼此，也願意冒險去幫助有需要的朋友。」

另一名學生插話：「那，軍隊也像共同體一樣互相支持，而且他們實際上只是盡力在做他們認為是為國家服務的正確工作。所以，這也算

是美好囉？」

　　潘妮覺得這個特別的回應確實把對話帶到了另一層深度，認為替國家服務是一件美好的事，這是頗不尋常的回應，她沒有預期學生會提出。不過，這確實揭露了我們在理解起義、叛變、戰役和此類相當複雜的事件時，存在著一些高度緊張的關係和複雜性。這讓潘妮很高興。

　　關於美好的對話持續了一段時間，接著，潘妮要求學生從另一個觀點來思考同一段影片：真相。她問道：「好，在這起事件裡有很多美好的事物，但現在我要請你們想想，在這段關於尤利卡城寨之戰的影片中，你在哪裡發現了真相？如果要你條列出影片裡的事實或現實狀況，你會寫些什麼？」學生們花了一些時間寫下他們的回應，然後當潘妮提出要求時，他們開始分享。

　　有些學生提到了一個事實，便是雙方都不願意放棄，因此戰爭爆發了。其他學生則提到，儘管礦工們捍衛自己的權利是一件美好的事，但事實上這也導致了暴力，許多人因此失去生命。

　　潘妮是第一次使用這項例程，學生的回應讓她感到非常驚喜。「在過去，我知道我只會告訴學生關於這起事件或其他任何事件的所有資訊，一廂情願的相信如果我告訴他們，他們就會明白。但是，當學生擁有這項思考工具和結構，加上我這方付出的時間和關注，他們可以做到的比我夢想的多太多了！」潘妮在課後反思道。

　　潘妮考慮到這是她第一次使用「美好與真相」例程，也知道圖書館課即將結束，所以她當下決定暫且不問美好是在哪裡揭露了真相、在哪裡掩藏了真相。潘妮說：「我真的很想知道他們可能會對這些問題說些什麼，實際上，我認為他們一定會提出有趣的想法。我的意思是，他們已經清楚說出了一個事實：殖民軍隊雖然在影片中可能被呈現為壞人，但可能有一些有意思的緊張關係和複雜的觀點待探討。事情沒有那麼黑白分明！」

　　潘妮繼續帶領其他班級使用「美好與真相」例程來探討尤利卡城寨之戰。「學生們告訴我，當他們聽到彼此提出的『美好與真相』時，這給了他們從別人眼中來看待同一事件的方式。我認為這是一件很有力量的事情。」潘妮回顧道：「當我將時間獻給學生，好讓他們的思考變得可見時，學生再次讓我感到驚喜。在『美好與真相』漸漸變成慣例的過程中，我知道我想要再少說些話、少些指揮，這樣學生就能多說話、多表達。他們的回應如此有深度，我想，我只需要給他們應得的能動性。他們有自己的聲音，而我的使命就是創造一個空間，讓他們發聲。」

◉ NDA：指名—描述—行動 ◉
NDA: Name-Describe-Act

選擇一張圖片來仔細檢視，觀察一分鐘，然後移開視線。現在，憑記憶來進行……

指名 以清單形式列出你記得的各個部件或特徵。大部分會是名詞，是你可以用手指出來並說出名稱的事物。

描述 為你指名的每一項事物增添一個描述。你可以為你列出的名詞加上什麼形容詞？

行動 說說你指名的每一項事物如何行動？它們在做什麼？它們的功能是什麼？它們對整體增加或貢獻什麼？它們與你指名出來的其他事物有什麼關係？這些行動可能是動詞，但也不限於動詞。

《讓思考變得可見》的思考例程中，最常被使用的是「看—想—疑」，這是一項很強大的例程，因為它能夠促進仔細觀察，又能深入分析。我們一直持續在尋找其他既能促進仔細觀察，同時也能增加表達性詞彙並發展工作記憶的方式。我們注意到，當我們把一張圖片從眼前移開、使得學生必須從記憶中回憶他們看到了什麼，通常學生就會看出仔細觀察的價值，並且以他們先前未曾做過的方式來注意，因此加深了想法的探索。此外，當學生開始說出圖片裡物件的名稱，然後被鼓勵去做下一步的描述（形容詞）和行動（動詞）時，他們的表達性詞彙增加了。這種作法對於字彙量有限的第二語言學習者似乎特別有用。

·目的·

這項例程強調細心觀察和仔細檢視的重要性，因為它們是思考和詮釋的

基礎。它會搭配一張圖片來進行，幫助學生以更具細節層次的方式去注意和描述一張圖片。對於比較年幼或學習另一種語言的學生來說，這項例程也能幫助他們建立語言的精熟度。它可以分組或個人操作，但只有當學生個人單獨進行時，才可能幫助增強工作記憶。

這項例程可以是獨立進行的活動（甚至當作一種遊戲），用以強化學生緩慢觀察、仔細觀察和利用記憶的能力。這提供了一個跟學生說明大腦如何運作的機會[7]，舉例來說，當你移開圖片並要求學生回憶時，學生必須先依靠他們的工作記憶，也就是大腦能夠保留的東西。從記憶裡回憶（recall），是大腦開始將短期記憶貯存到長期記憶所做的事情之一，因此提取練習是很好的學習技巧（註：「加一」例程的重點就是提取練習）。在回憶圖片相關訊息時，學生也正在運用視覺記憶，在他們腦海中重新創造圖像，視覺化和圖像化也是強效的學習技巧。最後，學生運用組塊（chunking）的功能，將相關的東西歸類在一起，以降低記憶負荷量。這也就是美國人在背電話號碼時，會用3碼—3碼—2碼—2碼的序列來記，而不是一次記10個號碼的原因。

雖然「指名—描述—行動」例程是討論和發展記憶力的有用工具，但是當教材內容整合到更有目的性的學習時，它會更有威力。在課程單元的一開始使用「指名—描述—行動」例程，會讓學生對手上這張圖片產生好奇心和想要知道更多的欲望，有助於創造出阿理森·阿考克所謂的「具有動機的大腦狀態」（motivated brain state）[8]。如果在「指名—描述—行動」例程開始後提供圖片的相關資訊，學生就比較可能將其保留在記憶中，並產生學習更多的動機。當然，是在假定這張圖片很有機會點燃學生興趣和好奇心的情況下。如果這項例程是運用在回憶已經學過的主題上，會有助於鞏固學生的理解，因為學生要指出與此主題相關的各個部分和細節。最後，這項例程也提供一個學生可運用的分析框架，我們會在下面的「運用與變化」看到例子。

· 挑選適當教材 ·

　　雖然此處的解釋使用的是「圖片」一詞，但我們要求學習者仔細觀察的可能是畫作、照片、文物、節選文章、政治漫畫、圖表、現成物品，事實上，幾乎任何可被觀察和詮釋的物件都有可能。不過，選擇一個能激發聯想、引人投入的刺激物是關鍵。一個測試的好方法是問問自己這圖像／物品是否吸引你。你可以看著它好幾分鐘還注意到新的東西嗎？它能否點燃你的好奇心？既然這項例程的第一步驟聚焦在仔細觀察和指名事物，圖片就需要包含許多可以觀察和注意的元素，才能確保這是適切的例程。同樣的，因為學生會被要求描述他們指名的東西，所以受觀察的物件應該有些變化。要能描述東西如何「行動」，圖片似乎得描繪出某種事件或動作，但未必需要如此。運用不同的動詞來描述同樣的行動，在擴展詞彙量和思考兩方面都會是有用的，例如，一個站著的人物可以被描述為：在等人、暫停一下、沉思中、悄悄移動中、想威嚇人、指揮、監督、冥想等等。

　　這項例程也可用於複習一個學習單元或文本（參見下面的「運用與變化」）。在這樣的情境裡，應該有一定程度的豐富事物可以用來指名、描述、辨認出行動和／或互動。在某些情況下，這樣的複習可能因為出現太多東西而難以回憶，你需要縮小回憶的可能範圍。

· 步驟 ·

1. **準備**。展示你預選的圖片一分鐘，要讓學生能夠盡可能看到圖片／物品的很多細節。在黑暗的房間裡將圖片投影在螢幕上，會有不錯的效果。因為觀察時間需計時，所以在你投影這張圖片之前和之後各放入一張空白投影片，通常會有幫助。指示學生盡他們所能的在這一分鐘仔細觀察和注意細節。提醒學生還不要交談或分享意見。在一分鐘後，移除眼前的圖片。

2. **指名**。要求學生寫出記憶中圖片裡出現的東西，愈多愈好。一個有用的

提示是，寫下你可以真的用手在圖片上指出來的東西。告訴學生只要專注在具體的事物上，也就是士兵、槍、火焰等等，而不是「戰鬥」或「戰爭」。學生可以用條列清單的方式來寫出他們的回應，或者一開始就將紙張分為三欄，並在每一欄上面標示：指名、描述、行動。

3. **描述**。要學生用一或兩個形容詞或形容片語來描述他們指名的每一個項目。向他們強調要運用形容詞，例如，如果圖片裡有一個人坐在一張桌子旁邊，而學生指名的項目中有「一個人」，他們就應該運用形容詞來描述他，像是高高的、塊頭大的、氣宇不凡之類，而不是寫出以行動為焦點的詳細描述，像是：「這個人在左邊的角落，他戴著一頂帽子、穿著綠色外套，而且他坐在桌子旁，看起來好像在等人。」學生可以把形容詞寫在他們指名的項目旁邊。在此階段之前，通常不必再次呈現圖片，但如果你覺得有需要，也可以讓學生再看一次。不過，請記得，記憶力就是透過運用而增強、發展，回憶時有一點點費力未必是不好的事情。

註：另一種處理描述階段的方式是讓學生兩兩配對，一位學生唸出清單上的一樣東西，他的夥伴則運用一個形容詞來描述它，來回重複這段過程，直到兩人都描述完他們清單上的項目。如果A學生列出了B學生沒有看到的東西，那麼A學生就要負責描述它。

4. **行動**。要學生說出他們指名的每個項目如何行動。這可能只要簡單為每個項目加上一個動詞就可以了，若真是如此，請指示學生不可重複使用同一個動詞，這樣才能擴展他們的字詞彙。視圖片內容或教學目的，行動的重點可以超越「他們在做什麼？」的問題，多想一想：功能是什麼？對整體添加、貢獻了什麼？跟你指出名稱的其他東西有何關係？它們跟其他指名項目如何互動？

註：如果學生是跟一位夥伴一起進行，要求他們在說出行動時要互換焦點。A學生唸出他指名的一樣東西，B學生就用一個動詞來為它加上行

動（或是找出其他形式的行動、功能、關係、互動）。每個學生輪流唸出項目，另一個夥伴加上行動，持續進行這段過程。

5. **再次展示圖片**。到了此時，學生往往會渴望再次看看圖片，以便確認他們的觀察記憶。再次把圖片投影出來，讓學生非正式的聊一聊，通常學生會有很多指指點點的動作和熱烈的討論。如果你選擇了一張能挑起興趣的圖片，詢問學生他們對這張圖片還有什麼好奇、什麼問題。趁學生處於「具有動機的大腦狀態」，這會是一個跟學生分享圖片相關資訊的好時機。

6. **分享想法**。如果學生是單獨完成這項例程，提供一個機會讓他們以兩兩配對或小組的方式分享彼此的回應。當學生看著彼此的回應時，要求他們找出相同和相異之處：其他人指名了你沒有看到的東西嗎？在「描述」和「行動」階段，其他人使用的是相同或不同的語詞？你可以想出更多的語詞嗎？如果學生進行這項例程時是有夥伴的，那麼他們已經做了很多分享了，你可以召集全班然後提問：有什麼是你的夥伴說出名稱而你沒有的？你們試著描述的事物裡，哪一樣最有趣？這張圖片裡的哪些東西是你覺得可能會有最多形容詞可以形容的？哪些是最少的？**是什麼讓你這麼說？**在描繪某樣事物如何「行動」的動詞裡，你最喜歡的是哪個詞？

　　如果這是你們第一次實行這項例程，你可以運用它來談談工作記憶、視覺記憶和記憶組塊。你也可以告訴學生，如果像剛才所做的那樣時常運用工作記憶，我們的工作記憶就會增強。

· **運用與變化** ·

　　瑪麗·戈茨是密西根州特洛伊市貝米斯小學的四年級教師，她在密西根州早期美國原住民部落的單元結束時，使用了「指名—描述—行動」例程。他們是全班一起進行，瑪麗要求學生回憶這個單元所學習的內容，然後盡

可能「指名」他們回想起來的許多事物。「有趣的是，我觀察到，當我們在這項例程『指名』事物時，就像一列多米諾骨牌火車被推倒一樣，一個想法倒下，推動了另一個想法，想法一個接一個冒出來。」在指出57種事物的名稱之後，瑪麗要求全班同學分類清單上的項目。學生分類完後，為每個類別創造了部落、文物、食物、政府和家庭等名稱。由於項目數量龐大，瑪麗讓學生只集中描述幾項。她從每個類別當中挑選出一個項目，要求學生描述或說出一些關於它的事情，例如，一名學生描述「長屋」長達61公尺，寬6公尺。到了「行動」時，學生們說長屋的功能是為了營造社群，但同時也是一種失去隱私空間的行動。

在賓州的南費耶特高中塔拉・瑟洛芙讓選修西班牙語與文化大學先修課程（AP）的學生使用「指名—描述—行動」例程來處理短篇故事，代替傳統的閱讀理解問題。在家庭作業閱讀了卡門・拉弗雷特的短篇小說〈上學〉（Al Colegio）後，塔拉將學生兩兩配對，並說明他們要根據一些簡單的提示來進行結構化的對話。學生們有大張海報紙和麥克筆來記錄他們的討論。首先，塔拉要求學生們共同合作，說出他們能想到的所有在故事裡發揮作用的物件和人物名稱。起初學生只列出了兩位主角，但是塔拉推他們一把：「故事裡有哪些東西對兩位主角的關係產生影響？」學生們面面相覷，先是困惑不解，但很快就開始指出：計程車、冰淇淋、辮子、行人穿越道、書桌、黑板等等。接下來，塔拉讓學生們繼續描述每一件物件。因為這是進階程度的西班牙語課程，所以學生都是用西班牙語進行所有討論和描述。最後，老師要求每對學生解釋每個人物／物件在整個故事裡如何行動。一直到例程的這部分，學生們對於故事的誤解才暴露出來，一對學生在談論故事過程中人物的關係是如何改變時，發現彼此對於時間線的理解有所不同。事後，學生們表示這項例程「幫助他們更瞭解閱讀素材，因為他們是在檢視整個故事，而非只是尋找閱讀理解問題的答案」。

·評量·

在學生「指名」的回應中，觀察他們注意細節的能力是否有所提升，這樣的能力帶他們更深入觀察圖片的細節，而不是一直卡在直接、表面的特徵上。此外，請注意學生可以指出多少東西的名稱，學生能夠回憶的項目數量是工作記憶的粗略指標。雖然研究估計我們回憶互不相關的項目數量大概是七個[9]，但是透過記憶組塊和視覺記憶，我們就能夠回憶更多。如果學生在回憶上有困難，那麼多做一些工作記憶運作的提取練習，可能會對他們有幫助。

在「描述」步驟，學生通常會運用視覺記憶來回憶細節，他們在這裡的回應可能顯示他們詞彙量的豐富度，同時也提供一個機會來進一步發展詞彙量。同樣的，「行動」階段的焦點如果只放在加上動詞，那可能也顯示著學生的詞彙量。如果進一步延伸至探討關係、互動和功能，就有機會評量學生更深入的理解，就像塔拉示範的那樣。最後，評量學生探索圖片或其他資料素材的投入程度。就學生對於圖片素材的問題、討論和好奇心等證據來看，這項例程是否有助於啟動「具有動機的大腦狀態」？

·小提醒·

這項例程本身有一種很像遊戲的特質，所以可以利用它來開心的玩玩，吸引學生投入。把它當作一種遊戲，可以減輕學生對於自己能夠回憶多少項目的焦慮。有時老師不喜歡看到學生苦苦掙扎，所以會想再次展示圖片，或允許學生回去看書／筆記來幫助他們回憶。這些作法雖然有助於學生產生回應，但實際上卻破壞了這項例程的目的，亦即發展記憶力和提升學生對於資料素材的投入度。比較好的作法是一開始先給學生更多的時間來觀察圖片，如果你認為這會有所幫助的話。讓學生使用他們目前能夠回憶起來的資訊，並完全接受這樣的項目數量，這也很好。期望他們的記憶力會隨著時間而逐漸發展。

如果是年幼的學生，整套例程都可以口頭進行。把圖移開之後，學生可

以和另一名學生配對，輪流說出他們觀察到的東西名稱。之後，可以請全班學生說出他們看到的東西，同時你也將它們記錄下來。列出項目清單以後，你可以讀出一個東西，然後點名班上的幾個學生來描述它，每個學生都要使用不同的形容詞。處理「行動」部分的一種方法是讓學生「演出來」或「表演得好像」他們就是那個東西。在一間幼兒園的教室裡，每個學生都選擇了一個物件，然後靜靜在教室裡走來走去，彷彿他們就是那個東西一樣。

◉教學實例◉

　　艾希莉‧佩洛絲瑪是密西根州特洛伊市貝米斯小學的一年級老師，她對於要如何跟學生開始進行一個探究單元有許多想法。在思考岩石主題的科學單元時，艾希莉提到：「過去幾年教這個單元的經驗讓我知道，單元的開場是最有挑戰性的部分，因為吸引學生是基本要素。一年級學生天生就愛問東問西，所以在這個單元，只要我們開始研究岩石，通常會進行得頗為順利，但是單元的開場就需要技巧。『指名—描述—行動』是一項能夠抓住觀眾注意力的例程，也需要學生投注心力和聲音來扮演主動積極的角色。身為一年級老師，我知道這項例程不只能夠吸引我的學生投入，也能夠給他們一個平臺來表達和理解科學圖像的意義。」

　　艾希莉在網路上搜尋了兩種圖片：一是岩石循環，一是水循環。她認為讓學生一起觀察這兩種循環的圖片，他們可能會建立起更多的連結。在最後選定圖片的時候，艾希莉選擇了兩張圖片，它們色彩鮮豔、有許多清楚描繪的組成部分，還有一些標示和箭頭來幫忙表達出一種行動感。她覺得這些元素有助於學生發展科學的知識和關係。

　　艾希莉召集學生到互動式白板前面開始上課，她對全班說明：「我發現這兩張圖片出現我們的科學教材單元裡，但是我不太懂它們的意

思，需要你們幫忙。」此時，她選擇不告訴學生這個科學單元的重點，而是運用 NDA 例程來激起學生的興趣。接著，艾希莉在互動式白板上一起展示這兩張圖片，給了學生大約兩分鐘的時間仔細觀看圖片和在心裡作筆記。當學生靜靜的凝視圖片時，艾希莉問全班：「你們注意到什麼？」並且指示學生要「試著盡力記住這兩張圖片裡的東西，愈多愈好，這樣我們等一下才能討論」。

　　兩分鐘後，艾希莉關掉白板，告訴學生「轉身跟一個朋友互相聊聊你們看到了什麼，輪流說出裡面的事物名稱，就像在打乒乓球一樣，一個人先說一樣，然後另一個人說出另外一樣」。當學生的對話逐漸結束，艾希莉要全班回到白板前面，接著解釋：「我想要把你們剛才所說的都記錄在這張海報紙上，這樣我們才能多想一些跟它們有關的事。有人可以告訴我你們看到和叫得出的東西嗎？」學生提出了水、雨、丘陵、樹、天空、太陽、火山、岩漿、岩石、雲和山。

　　接下來，艾希莉告訴學生，她希望他們想一想他們說出來的所有東西，不過要更進一步。她在海報紙頂端寫上「描述」這個語詞，然後舉了一個描述的例子：「如果我要描述班上的一個孩子，我可能會說，棕色的眼睛、棕色的頭髮、綠色的T恤、藍色的長褲等等。我要你們對寫在「指名」區的東西這麼做。轉身跟你的夥伴說說我們剛才列出的東西，你會怎麼用形容詞來描述它們？」幾分鐘之後，艾希莉再次聚集全班，並詢問他們的描述內容。學生針對每個項目提供了多種不同的形容詞，也提出了許多關於顏色、形狀和大小的語詞，例如藍色的、尖尖的、橢圓的、圓圓的、彎曲的、灰色的、棕色的、綠色的、巨大的和大的。

　　最後，艾希莉帶領學生進入例程的「行動」階段。「現在我們要來談一談，剛才我們指名和描述的這些東西在做什麼。」她在海報紙頂端寫上「行動」這個語詞，並提供進一步的澄清：「如果我們是真的在現實生

活裡觀看這些圖片，或者就好像在電影裡，那麼每一樣東西正在做什麼呢？」在學生跟夥伴分享以後，艾希莉收集並記錄他們的語詞：掉下、落下、站立、感覺、淋濕、照亮、反射、爆發、爆裂、照顧萬物等等。作為這節課的結尾，艾希莉問學生這兩張圖片有什麼共同之處，學生很快回應它們都與地球、土地、水和天空有關。艾希莉告訴學生，接下來的科學單元就會讓他們學習更多有關地球的知識，特別是地球的岩石，而且他們會變成地質學家。

後來回顧時，艾希莉提到：「看到那麼多詞彙和資訊浮現，讓我興奮不已。如果我只是照著常見的方式，用教材中的第一個研究問題來開啟這個單元，我不認為會有這麼豐富的討論和詞彙。看到他們這麼投入這項例程和工作記憶，我簡直喜出望外。在提供機會讓學生『指名』說出圖片裡的項目時，我注意到學生很努力的挖掘記憶，想要找出所有基本的東西。到了『描述』階段，我驚訝的發現學生竟然能將這些事物連結到先備知識和抽象事物。」再次檢視課堂上的紀錄之後，艾希莉注意到學生選擇用來描述東西的語詞──蓬鬆的、彎曲的、圓圓的、尖尖的、鈍鈍的、白色的、像棉花糖一樣的。「這些語詞聽了真令人精神一振。觀察學生會怎樣把這些連結到我們即將學習的更科學的語詞，應該會很有趣。學生們現在超級好奇，而且這項例程真的提升了他們的信心，學生離開教室的時候說：『我們是地質學家』以及『我們會發現更多有關地球和岩石的知識，因為我們已經知道這麼多了！』」

◉作筆記◉ TAKE NOTE

在演講、電影、閱讀或討論結束後，學生選擇下列的一個提示來「作筆記」：

◉ 最重要的一點是什麼？
◉ 你覺得哪些部分是具有挑戰性、令人困惑或難以理解的？
◉ 你最想討論的問題是什麼？
◉ 你發現有趣的是什麼？

　　這項例程源自於我們想要幫助學生積極投入想法探索的研究，我們在太多的教室裡看到學生照老師講課的內容一字一句的抄下筆記，而不是真正思考眼前呈現的教材。當學生為課堂預習閱讀時，也可能出現類似的問題，他們可能會閱讀教材，但沒有真正投入其中。哈佛大學物理系教授艾瑞克·馬祖爾解決這個問題的方法是，在線上的**翻轉教室**裡準備一個簡短的問題提示，要求學生在閱讀教材之後提出回應，然後在實際課堂上運用這些回應來幫助他形塑課堂教學。我們將馬祖爾教授的方法形成一組四個固定提示的形式，學生從中選擇一個問題來回應。這個簡單的技巧既可以吸引學生投入手上的教材，也可以提供教師有用的資訊，作為未來教學的基礎。

·目的·

　　經常提取關鍵想法以及找出過程中出現的問題和困惑，會增強我們的學習和記憶。此外，分享想法和問題有助於團體的學習，促進持續的探索、討論和綜整，同時也提供教師相關回饋。這項例程可以在教學活動之後、之前或過程中使用。當你是在教學活動之後使用，這項例程提供一個收集學生思考的機會。例如，「作筆記」可以當作學生離開教室前的出場券，教師收集

起來，在下一節課之前檢視。或者，「作筆記」可以作為翻轉教室使用的策略，就像艾瑞克・馬祖爾和其他採用「即時教學」（just in time teaching）策略的教師所做的那樣。學生可以將他們的回應傳到 Google 文件或線上平臺，透過電子郵件或簡訊寄出，或者寫在上課時帶來的索引卡上。然後，教師整理學生的回應，準備下一節課的教學安排，以確保自己會處理到課程重點，並且跟學生探究相關的問題。為了使這個策略長期有效，重要的是學生要看到教師實際運用了學生的回應和想法，並且以學生提出的議題和問題為中心來進行教學。

在以講述為主或內容繁重的課堂上使用這項例程時，教師可以每隔一段時間（每隔 10-15 分鐘）就停下來，請學生回應其中一個「作筆記」的問題提示。講課過程中的這些暫停時間，提供學生反思和專注的時機，正如史蒂芬・布魯克菲爾德和史蒂芬・普雷斯基爾教授所謂的「結構化的安靜時間」[10] 一般。他們將這樣的安靜時間視為對話的一個關鍵要素，儘管學生一開始常常會覺得不自在。所以，提供經驗讓學生習慣這樣的安靜時間，並學習將它們視為學習的一部分，是很重要的。這樣的安靜時間會幫助後續的討論有不偏離主題，同時也提供機會讓新的聲音在對話中出現。

・挑選適當教材・

教材內容很重要，這在所有的學習都一樣。有意義的教材內容才能萌生有意義的討論。同樣的，只有當書桌上有重要的素材時，學生才能找到重要的意義。複雜議題比較可能讓學生提出不同觀點，這也會增加討論的豐富度。因此，這項例程若能搭配具有一定複雜性、細微差異和爭議性的豐富素材內容，效果會最好。這樣的內容可能來自閱讀、演講、影片、講者或播客（podcast）。不過，如果你知道你想要學生針對素材內容說出的想法或想到的回應可能很有限的話，那麼「作筆記」大概就無法產出任何可用於後續討論或未來教學的實質內容。

· **步驟** ·

1. **準備**。向學生解釋，經常提取關鍵想法以及找出過程中出現的問題和困惑，會增強我們的學習和記憶。鼓勵學生積極的參與學習活動，過程中不抄寫任何筆記，才能全然投入。

2. **回應**。每隔一段時間（如果教材內容很多的話）或在一節課的最後，發下索引卡（或運用前述的科技平臺），要求每個學生回應前述四個「作筆記」的提示之中的一個。我們之所以設計四個問題提示，是希望這樣的多元性能讓每個學生找到可以回應的東西。你可以將這些問題提示寫在白板上，或用簡報投影出來，讓學生**以不具名的方式**寫下他們的思考。

3. **分享想法**。不管是每隔一段時間或在一節課的最後作筆記，都需要有一些分享活動，可以用多種方式進行：

   • 小組分享並討論他們筆記的內容。

   • 每個桌組收齊他們的索引卡，然後遞交給另一小組。在收到新的索引卡時，隨機分給小組成員，每位學生閱讀他們收到的索引卡內容並回應想法。接著再收齊索引卡，還給原來的小組。

   • 老師收齊所有的筆記卡，隨機發給全班學生，學生大聲讀出他們收到的筆記卡內容，老師可以記錄和組織學生回應的想法。或者，老師也可以選擇幾張筆記卡的內容，和全班學生一起討論。

   • 將筆記卡當作出場券，老師收集、閱讀和總結學生回應的內容，作為一種形成性評量的方式，並且在下一堂課開始時，跟全班分享，或以其他方式運用學生的回應。

· **運用與變化** ·

　　華盛頓特區華盛頓國際學校的中學科學教師艾蜜莉·韋爾斯在國際文憑（IB）高階生物學課程裡教學生使用了「作筆記」例程。班上學生正在探討人類進化和遷徙之間的關係，具體而言，學生們要檢視乳糖酶持續性（lactase persistence）的全球分布地圖、粒線體DNA顯示的人類遷移地圖、氣候難民的移動地圖，以及透過DNA突變追蹤出來的人類遷移路線。學生以兩兩配對和分成小組的形式，分析其中一張地圖以及其他提供更多資訊的相關文章連結。各小組在研討這些素材資料時，記錄了組員對於四個「作筆記」問題提示的回應。艾蜜莉在另一班的生物課上重複了這個作法。第二天，她在畫廊漫步的活動裡，把兩班學生的筆記展示出來，請學生到處走動、觀看每組的紀錄，並貼上一個評論或問題。她注意到有些學生建立了連結，有些學生提出了問題，也有些學生只是發表一般的想法。

　　為了探討有關減少污染的議題和解決方案，三年級老師艾瑞克·林德曼在使用「作筆記」例程時，運用了與艾蜜莉類似的策略。他為賓州桂格谷奧斯本小學的學生收集了一系列適合年級程度的減少污染相關文章。因為學生

圖4.7　艾瑞克·林德曼「作筆記」紀錄表

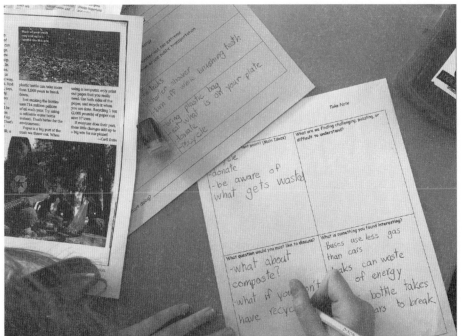

是獨立作業，所以艾瑞克製作了一頁式的紀錄表，分為四個象限，每個象限都有一個「作筆記」的問題提示（見圖4.7）。當學生閱讀時，他們使用表格記錄他們與文本的互動。艾瑞克讓學生知道他們在紀錄表上「作筆記」的回應將會成為第二天課堂討論的架構，藉此設定「作筆記」的目的。在該次討論之後，艾瑞克接著使用「三個為什麼」例程（見頁231），幫助學生思考全球、當地和個人的連結。

在運用這項例程幾次之後，艾瑞克觀察到「作筆記」例程「能讓孩子展現他們在情感層面如何回應這些想法，這些筆記內容是他們想要分享的作品，而且常常是小聲低語和充滿笑聲的分享。這項例程抓住了這些回應強力爆發的時刻，並運用這些時刻來形成大家感興趣的討論。我們也藉此建立了一個揭露誤解的安全平臺」。

·評量·

「作筆記」提供一個機會，讓老師更清楚了解學生如何投入文本、資訊和想法。請注意學生的困惑、困難和混淆不清之處。學生往往不會在課堂上說出他們的混淆困惑，因為他們怕自己看起來很愚蠢。以不具名的方式「作筆記」和綜合整理全班的回應，你比較有可能發現學生混淆不清之處。澳洲墨爾本彭利和埃森頓文法學校資深英文科教師，李·柯勞絲莉觀察到：「這項例程最棒的地方在於它給了我一些回饋訊息，讓我知道全班需要一起深究的領域。這也產生了討論，並且讓我能夠評量班上有多少比例的學生學習有困難。」

同樣的，四個問題提示以能夠滿足學生的興趣和需求的方式，打開了探索這個主題的大門。這些問題在規劃未來課堂教學上也很有用。請注意長期下來學生提問的問題類型，他們能否以有意義、深化自己理解的方式來探究素材內容？他們的問題是開放式、探究為本的問題嗎？如果不是，那就跟他們討論一下封閉式和開放式問題的差異，可能會有幫助。你也可以使用「問

題排序」例程（見頁132）。

在檢視學生如何回應最重要和最有趣的問題提示時，不要只看正確性，反而要留意學生對哪些部分產生了共鳴。這些問題提示是要促使學生投入想法／資訊／文本的探索，不是要拿來考試的。如果你覺得學生搞錯重點了，接續可以討論一下：「有幾個人說＿＿＿＿＿＿是最重要的，也有人說＿＿＿＿＿＿是最重要的，我很想聽一聽你們這些想法背後的推論。」

·小提醒·

只有當學生覺得我們對他們的想法感興趣時，他們才會告訴我們想法。因此，重視學生對於資料素材的回應，並以某種方式來運用這些回應，是很重要的。就像艾瑞克·林德曼提到的：「我認為，強調學生貢獻的回應跟後續的討論有多麼直接的關聯，會激勵學生，因為他們知道他們正在形塑今天課堂上即將到來的學習。」

雖然你可能會讓學生回應所有四個問題提示，就像在「運用與變化」裡艾蜜莉和艾瑞克提到的，但是這項例程的一個目的是要讓每位學生都可以順利的提出回應。每一個問題提示都提供了一種處理資料素材的方式，如果你每一次都必須回應每一個問題提示，那麼這項例程可能會變成只是另外一張學習單。此外，回應所有四個問題提示也會讓這個本應快速進行的過程慢下來。

◉教學實例◉

來自慕尼黑國際學校的九年級歷史老師大衛·里爾在學生秋假後返回學校的第一天就試用了「作筆記」例程。大衛在「零點計畫」研討會上學到這項例程，而且迫不及待的想嘗試：「我想要給自己一個挑戰，在我們班上立即嘗試這項新例程。我們重視思考，並用了一系列的例

程，所以我並不是突如其來的插入這項例程。我也希望會出現一些成果，搭起銜接下一節課的橋梁。」

大衛的班級一直在研究 1857 年的印度反英暴動（Indian Mutiny），又稱印度兵叛變（Sepoy Mutiny），因為這是由印度步兵領導的叛變行動。學生化身為歷史學家，研究這場暴動的原因和後果。在複習了前幾節課的閱讀資料後，大衛要求學生獨立閱讀歷史教科書裡關於暴動後果的一段文章。然後，他引導他們閱讀另一段文章，內容是英國人為了使印度成為正式殖民地而採取的行動。這個段落還詳細說明了印度反對英國殖民的思想和政治根源。

在學生完成獨立閱讀時，大衛在白板上寫出「作筆記」的四個提示。在全班大部分學生讀完後，大衛說明這項例程：「這項例程的目的是加深我們今天的重要理解，並且找出可能還沒有解答的關鍵問題。你可以回應任何一個你想要回應的提示。如果你想要的話，也可以回應一個以上的提示。我們要把這些回應寫在索引卡上，你不需要把你的名字寫在上面。我對班上同學是怎麼處理這些新訊息很感興趣，我要收集這些卡片作為出場券，然後在下一節課開始的時候，為大家的努力回應提供一些回饋。」

因為大衛的學生習慣使用索引卡和便利貼來記錄他們的想法，所以學生們似乎很清楚老師要求他們做什麼。當學生離開教室時，他們將卡片遞給大衛。大衛注意到，大多數學生對不止一個提示做了回應，有些學生甚至回應了所有的提示。

當天放學後，大衛坐下來整理這些卡片。在閱讀時，他注意到許多學生都指出暴動的原因和後果是文本的要點，例如，教育程度提高、接觸西方傳統都可能助長了反英情緒，而且在印度兵叛變之後，英國人有了改變，允許印度人參與更多的政治。此外，學生注意到英國人展現強制施行權力的多種方法，以及他們合理化殺害印度人的方式，權力和正

義等更為廣大的主題隨之浮現。

　　看著學生提出的問題，大衛注意到有些問題透露出學生對相關事件有某種程度的困惑和誤解。例如，一名學生寫道：「首先，印度步兵為什麼會拿到大砲呢？」由此可見，這名學生並不完全了解，作為占領者，駐印度的英國軍隊主要由英國軍官組成，但需要大量當地步兵來補充英國軍力。有些學生的問題很基本，但對於理解暴動叛變的文化脈絡是很重要的，例如：「為什麼回教徒和印度教徒都覺得處理彈藥筒是一種侮辱？」大衛知道他可以很快回答這樣的問題。不過，最讓他興奮的是那些顯示出學生能夠洞察當時複雜情況和歷史脈絡的問題。例如，一名學生的問題將印度步兵的議題連結到英國占領印度的大時代背景，他問道：「兩萬個英國人如何控制兩億個印度人？」另一名學生的提問觸及這起事件的歷史定義：「這些事件可能同時被描述為『暴動叛變』和『印度獨立的第一次戰爭』嗎？」

　　在綜合整理學生「作筆記」的回應之後，大衛覺得他找到下一次討論的開場活動了。他影印他創造出來的綜整圖表，打算用它來回溯上一節課的內容。「我的計畫是要求學生回憶他們在『作筆記』例程的回應，並且連結到我的綜整圖表，看看他們自己的回應被呈現在哪個地方。然後我想運用學生的問題來展開討論，探究為什麼這場起義失敗了，並檢視它對英國人和印度人的立即影響。這就是我下一節課的目標。」

1　Ritchhart et al. 2011.
2　Murdoch 2015; MacKenzie and Bathurst-Hunt2019.
3　Rothstein and Santana, 2011
4　Tishman 2017.
5　Ritchhart et al. 2011.
6　Ritchhart, 2015.

7　Ritchhart et al., 2011
8　Briggs, 2014; Schwartz, 2015.
9　Briggs, 2017.
10　Miller, 1956.
11　Brookfield and Preskill 2005.

第五章

Routines for Engaging in Action

投入行動的例程

表 5.1　投入行動的例程列表

	·投入行動的例程·		
·例程·	·思考·	·要點說明·	·教學實例·
預測—收集—解釋	運用證據、分析、解釋與預測進行推理	適用於實驗或探究的脈絡中。	越南河內聯合國國際學校，三年級體育
			澳洲新南威爾斯中央海岸的聖母玫瑰小學，五年級地理／地球科學
			澳洲墨爾本聖三一小學，二年級數學
經驗—困難—困惑＋領悟	提問、掌握核心、解釋與分析	適用在體驗或問題導向的情境中進行過濾與反思。	澳洲維多利亞省蒙莫朗西地區聖方濟·札維耶小學，五年級資訊科技
			南澳阿德雷德荒野學校，五年級 STEM
			北卡羅萊納州溫斯頓—色冷巔峰學校，三年級數學
一定要……	分析、規劃、解釋與連結	適用於幫助學生分析範例，找出個人或團隊的目標與行動。	華盛頓州貝爾尤市契努克國中，八年級語文
什麼？所以呢？現在要怎樣？	掌握核心、解釋與影響	適用於盤點、辨識行動的意義、規劃未來的行動。	新墨西哥州聖塔菲曼德拉磁性學校，十二年級數學
			成人的專業成長
			澳洲雪梨紅土學校，十一年級音樂

三個 為什麼	連結、觀點取替與複雜性	適用於搭配議題或問題，從自身到世界探索這些議題或問題如何影響不同的群體。	密西根州羅徹斯特代爾他凱利小學，全校閱讀
			密西根州安那堡愛默生學校，五年級心態／社會情緒學習
			密西根州伊普西蘭蒂沃什特瑙國際高中，十年級西班牙語
四個 如果	連結、觀點取替與複雜性	適用於搭配議題或問題，探索可以採取的可能行動。	密西根州諾維園景小學，三年級社會情緒學習
			澳洲墨爾本比亞立克學院，十二年級歷史／猶太研究
			加州德爾馬阿什利瀑布小學，六年級設計／專題導向學習

◎預測—收集—解釋◎
PG&E: PREDICT–GATHER–EXPLAIN

仔細考量你面對的調查、問題或情境：

◉ 你**預測**的後果、結果或發現可能是什麼樣子？你對這些預測的立論基礎是什麼？

◉ 設計並執行你的探究來**收集**資料和資訊，你需要收集什麼資訊？你打算如何得到這些資訊？

◉ 你可以怎麼**解釋**並理解所收集到的資料？你怎麼知道你可以信任這些資料？你為什麼會得出你的結論？這結論跟你起初的預測有什麼關係？

　　這項例程是從我們和科學跟數學教師的討論中發展出來的，討論目的是設計出調查的方法，藉此除了讓學生執行調查步驟之外，還能促使他們多做一些。就如許多例程一樣，我們詢問自己以下問題來進行逆向式設計歷程：學習者在調查過程中需要運用哪種思考？為了讓學生初步投入調查，並活化他們的先備知識，我們主張學生需要預測後果，並交代自己預測的理由。接下來，學習者要設計並執行調查來收集相關資料與資訊。最後，從調查中獲得資料後，我們必須搞懂這些資料的意義，並核對自己起初的預測。

・目的・

　　這項例程可以用來引導短期或長期的探究、調查或實驗。開始的步驟聚焦於建立理論和預測的相關思考，然後要學生投入規劃並執行調查或探究。最後，這項例程指導學生分析資料，以便在建立解釋及詮釋時運用收集到的證據進行推理。在這段過程中，可能會引發新的探究問題和好奇疑問。

·挑選適當教材·

選擇在其中可以發現新事物並進行學習的新鮮情境。相較於只需驗證預期結果的任務，具有某些模稜兩可和細微差異的調查更能引發思考。不要害怕結構不完整或雜亂的問題，因為這類問題讓學生有機會設計出有意義的資料收集計畫。這樣的調查甚至可能帶來驚奇和認知差異，從而促使學生更加投入學習，也可以由學生自己提出調查的疑問和問題。雖然這項例程很適合用在科學和數學實驗，但也可以用在結構較不明確的調查，像是預測一部小說作品中會發生什麼、閱讀以收集資料，再去理解收集到的資料意味著什麼。

·步驟·

1. **準備。**提出並討論此問題、調查、疑難或探究，確定學生清楚這個調查在問什麼問題，以及這個問題中可能包括什麼限制。

2. 你「**預測**」這個問題／調查／探究可能的後果／結果是什麼？問完問題之後，讓學生有時間思考，收集他們的初步想法，並利用過去的回憶和經驗。要學生寫下思考與想法以供他們自己日後參考，這會很有幫助。運用「**是什麼讓你這麼說？**」的提示，請學生結合他們的預測來解釋自己的思考，你可以視調查的情境讓學生配對、分成桌組，或全班一起分享初步預測。

3. 我們可以怎麼「**收集**」資料？這是讓學生規劃一場探究行動的機會。但教師則傾向於告訴學生如何進行探究或調查，結果變成執行各種指令的那種任務，大好機會可能錯失。請給你的學生機會規劃，即使不完全行得通，都可以提供重要的學習。而且你總是可以半途叫停來評估運作情形，然後讓學生重新設計。還有，如果小組的資料將合併到全班累積的資料中，學生很快就會領悟到標準化的必要了。

4. 我們可以怎麼「**解釋**」我們的結果？我們為什麼得到我們產出的結果？

為什麼資料看來是這樣？如果我們再做一次，會得到相同或不同的結果？值此階段，這項例程要學生進行詮釋和分析，但這不一定意味著學生已經掌握所有的答案，例如，進行電力調查的學生可能會說：「看來總是得把電線接上線圈，燈泡才會發亮。」這表示對線圈有某種程度的理解。然而，是什麼讓電池、電線和燈泡對線圈產生作用，還有更多需要了解之處。提問、進一步調查以及直接教學在這個階段就會很重要。

5. **分享想法。**如果全班一起進行這項例程的話，許多學生在過程中就已經分享了想法。如果用小組方式進行，你可以讓各組報告，或可聚焦於他們如何收集、組織及解釋資料。另一種可能作法是提醒學生在進行分析之前，先回顧全班累積的資料。

·運用和變化·

河內聯合國國際學校的體育老師麥特·馬貢和三年級學生運用「PG&E」例程來探索動作中的力。他用的引導問題是：「增加或減少力量會如何影響我們跳高？」學生共同說出各種預測，麥特則把他們的回應記錄在海報紙上。這些初步的預測，例如「會依力量而定」和「速度和彈力會幫助我們跳得更高」，顯示出學生正在發展對力的理解。在這項例程的「收集」階段，班上學生找出了他們可能做得到的不同實驗與試驗方式，經過多次試驗和資料收集後，班上學生了解到「增加動能會幫我們跳得更高」，而藉由助跑或彈跳床之類的跳板可以增加動能。

澳洲中央海岸的艾莉絲·維格斯則運用了PG&E幫助聖母玫瑰小學的五年級學生檢驗地理遠足取回的水質樣本。學生用紫甘藍菜汁作為天然酸鹼值試劑，依據遠足的經驗來預測每一種水質樣本的酸度，然後測試水質樣本，並按照酸性，從最高到最低依序排列。這時候，艾莉絲選用了「看─想─疑」例程[1]，用在PG&E的「解釋」階段幫助學生。學生都能夠依據眼前的證據，解釋結果為何會出現，並作出結論。

· **評量** ·

聆聽、閱讀及／或記錄學生如何回應此例程的第一步「預測」，讓教師有機會察覺學生對這個主題可能會有的誤解，以及他們萌生中的理解。你會想要觀察學生是否能夠依據浮現的資料來修正自己的誤解。

在例程的「收集」階段，要評估學生在規劃調查時，能做到什麼程度。他們能夠辨識出應該注意的變因嗎？對於如何組織和記錄自己的資料有想法嗎？讓學生探索並處理混亂的真實資料，可以提供重要的學習，我們不該為了效率考量而抄近路。話雖如此，在找出問題後，告訴學生組織資料的方法和技能的確有用，這可以幫助他們使用更容易看出模式並建立解釋的方法來整理資料。

「解釋」階段讓我們有機會看出學生是否能夠發現模式、建立解釋並認出具有因果關係的變數。這並非每次皆可輕鬆辦到，而且很多時候需要規劃額外的調查或進行研究，來確定各種情境中到底發生了什麼。

· **小提醒** ·

有些科學教師可能覺得「預測—收集—解釋」跟「預測—觀察—解釋」（Predict-Observe-Explain）[2]例程是一樣的，事實上，的確有兩個步驟相同。但是，把焦點放在決定收集什麼資料、如何收集與如何記錄資料，就會看出這兩項例程的區別。此一差異使得PG&E成為既適合大規模調查與探究，也適合小型科學實驗的例程。因此，運用PG&E時，要預期它的收集階段最為耗時，因為此一階段需要時間來調查和記錄資料。此外，解釋現象往往需要超越觀察層面，我們經常需要用不同方法去組織資料，好讓模式與關係浮現。這是另一個將焦點放在收集與組織資料的原因。因此，這個階段可能需要學生重新檢視資料，並嘗試不同的呈現方法。

◉教學實例◉

　　澳洲維多利亞省艾森的聖三一小學中，二年級教師麥可‧厄普頓在白板上寫出一個新的調查問題：「如果我們拿三個骰子丟一百次的話，出現最多次的總和會是哪一個？」麥可請一位學生大聲唸出問題，接著問全班：「這是什麼意思？我們一起看看這句話的每個部分，這樣我們才真的能了解在問什麼。」全班學生開始討論「總和」、「最多次」和「一百次」這些字的意義。為了確定學生懂了，麥可拿起三個骰子問學生「現在我有三個骰子，我要做什麼？」

　　「丟骰子。」全班齊聲回應。

　　麥可把骰子丟在地上，問學生「那現在我要做什麼？」

　　賽門大叫：「加總。」然後急切的提供答案：「是10。」

　　麥可確定班上其他人都同意他丟出來的2、3、5加總是10，然後釐清：「所以我們要找出來的是，如果我拿三個骰子丟一百次的話，哪個數字會出現最多次。」他又加了句：「今天我們要做三件事，我們要**預測**。」他暫停，然後轉頭疑惑的問全班：「預測是什麼意思？」班上好幾個人喊出了「猜」。

　　「預測跟猜有什麼差別嗎？」麥可問道，眼光掃過學生臉龐。

　　潔瑪舉手說：「你在想什麼是最可能的。」

　　「喔！所以你的預測有用上一些知識作為基礎。」麥可幫她澄清。他繼續解釋這項例程，「所以首先，我們要**預測**我們認為會發生什麼。然後，我們要**收集**一些資料，我們實際上真的要做這件事，我們要拿這些骰子丟一百次，然後我們要解釋發生了什麼事，以及為什麼結果會是這樣。」

　　班上學生進一步討論這個調查時，才弄清楚有些學生以為目標是骰子加總達到100，而不是丟一百次骰子。如今這一點釐清了。麥可接著

示範重複丟三個骰子，並問學生每次丟完要做什麼，全班都清楚知道要將總和寫下來。麥可暫時把時間夠不夠丟一百次骰子這個問題按下不表，他心知這個問題很快會浮現，而接著就會需要合併資料，那時，將提供機會進一步討論如何整理資料。

「所以呢，我們需要考慮哪個數字、什麼總和會出現得最多次。」麥可繼續說。「那就是我們的預測。花10秒鐘思考時間，你認為哪個總和會出現最多次？你是如何得出這個數字的？轉身找一位你身旁的同學，分享你的預測，還有你為什麼預測這個數字。」學生配對討論時，麥可在教室走來走去，聆聽學生對話。他關心的是學生能不能發現出合理的估計範圍，他們知不知道18是可能的總和數字中最大的？他們能否開始思索總和的可能組合？接著，麥可指示學生：「我要你們做的是打開數學本子，寫下你的預測，然後坐回地板上的位子。」

每個人都坐定後，麥可開始收集預測：「琳賽，你的預測是什麼？」她回應道：「13。」麥可在白板記下琳賽的預測數字，然後點名其他人來回應各自的預測。學生的預測範圍從1到19都有，顯示出並非每個人都能夠發現最大值和最小值的範圍，但大多數做到了。的確，絕大多數回應的範圍介於9和13之間，顯示很多人正在開始思考三個骰子的數字可能會如何加總。

為了確保學生把這個活動當作調查而非遊戲，麥可要確定學生知道學習什麼。他問道：「如果我們拿這些骰子丟一百次，然後你的預測結果正確，這樣有教會你什麼事嗎？」學生搖頭。麥可詳細的說明：「好，所以事情跟你的預測精準或離譜無關，那不是今天我們要學的。我們要學的是收集資料和解釋我們的結果。現在一起想想，我們要如何收集資料？因為看看時鐘，我們快沒時間了。萊利，我們要怎麼做？」

「我們可以每個人都丟，然後你記在白板上。」萊利建議。

「好」。麥可回應，「我們可以全部人一起做，我們還可能怎麼做？」

「我想如果你做了十次、二十次，甚至五十次，你就可以得出你要找的答案了。」珊卓提議。

麥可肯定珊卓的提議背後有清楚的邏輯，但也知道就機率練習而言，進行數量有限的試驗可能會產出偏差的結果，為了處理這一點，他回到調查的提示：「如果我們這樣做，我們有真正回答這個問題嗎？我們有沒有搞清楚一百次會出現什麼呢？」

「沒有。」珊卓承認。「但你可以改變問題呀！」麥可對這個敏捷的思考輕笑出聲：「我了解了，你打算改變問題。但我確實滿喜歡這個點子，因為丟十或二十次可能比較合理。那麼，如果要這樣，我們要怎麼做，而且又可以達到一百次？」

經過幾分鐘探索各種可能之後，全班學生決定，藉由把調查拆解成幾個小塊，每個兩人小組各丟十次，他們就可以得到一百次。麥可從罐子裡隨機抽出學生姓名來快速組成兩人小組，他心知組織資料是學生得逐步解決的重要問題，便留給學生去處理，只是給了提示：「跟你的夥伴討論你們要如何記錄和保存所有丟出來的數字，好讓你們雙方都可以了解結果。」

10分鐘後，麥可停止這場活動。「我在教室四處走，看到好多很酷又不同的資料記錄方法。我們在收集資料，我注意到有些方法非常不一樣，這讓我好奇你們可以用什麼方式跟別人分享資料，還要讓對方看懂。現在我要你們跟另一組合併，向對方解釋你們的資料，看看能否將你們的資料合併起來。」藉著要求學生不只解釋資料的記錄方式，還要研究不同的方法可能可以如何合併，他希望學生能夠超越分享的層次，進一步去實際思考資料的組織。

5分鐘後，麥可再次插話：「我們剛完成一點討論，但現在我們要回來看看是否已經丟了一百次。你們覺得我們做到了嗎？」班上學生回應他們覺得全班合在一起有一百次了。麥可給了他們另一個任務：「你們

可以把資料整理出來嗎？這樣你們才知道你們丟出的每個總和一共出現多少次，我們才能把全班的數字合併在一起。」麥可再一次讓學生自己處理紊亂的資料，而非直接告訴他們如何組織資料。

麥可一邊叫學生坐回地毯，一邊用手勢指向白板上的海報紙，「我需要寫出你們的數字，但我要怎樣做？最好的方法是什麼？我需要拿到每個人的資料，我該怎麼做？」

「有些人很可能會有跟別人一樣的數字，你可以寫下那些數字，算算數字相同的共有幾人。」賽門提議。

潔西補充：「你可以用計數符號來統計每個總和，例如你可以寫出9，然後用計數符號寫出有幾個。」

「那可以讓我們看出來哪個總和出現最多次嗎？」麥可問全班學生，所有人點頭：「可以。」

因為之前有過1的預測，麥可問全班有多少人丟出1？當他問到2時，瑪麗亞舉手說：「不可能，因為你有三個骰子，你不可能丟出1或2，最小的數字會是3。」

「同意。」麥可承認，然後換成討論最大值。「我可能得到的最大總和是多少？」許多學生，當然不是全部，回答18。麥可接著將3-18記錄下來，並開始點名各組告訴他每個總和丟出的次數。對某些學生而言這是顯而易見的資料，但其他人很快了解他們無法馬上回答每個總和有幾次，需要重新整理資料。

全班的資料都記錄完後，麥可問道：「看著這些資料，想一想，你可以如何解釋發生的事？這告訴我們什麼？」

奧斯卡提出第一個回應：「我們可以回答哪個數字會出現最多次的問題，就是12。」

「奧斯卡，謝謝你的觀察。」麥可回應。「其他人都同意嗎？」

瑞貝卡邊點頭邊補充：「10第二多。」

「好的。」麥可認可。「為什麼12是最常出現的數字？為什麼10第二多？為什麼3跟4最少？想一想，為什麼會發生？那個大問題：『為什麼？』為什麼我們的資料看起來是這樣？想一下，然後跟坐在你旁邊的人討論。」麥可在教室走來走去，彎腰旁聽兩人小組的對話。

2分鐘後，麥可把全班召集回來，說道：「好，我們的『為什麼』大問題：為什麼我們的資料看起來是這樣？那個大大的『為什麼』問題，克拉，你說呢？」

「因為不太可能丟出1、1、1，你比較可能得出其他數字。像12好了，12是6加6，那你可能丟出一個6，然後只要另外兩個數字加出另一個6，就會得到12。」克拉解釋道。

「我喜歡『不太可能』這個詞。」麥可說道，藉此把注意力拉向機率這個重要的概念性想法。「還有史考堤，你們討論了很多產生12的不同方式？」

史考堤參考資料的型態，分享他的觀察：「呃，像10和12偏向數字的中間，而中間的數字最常出現。」柯林補充對話：「我們討論到要丟出12的方式有很多種，但像18和4就沒有很多。」

麥可注意到下課鐘快響了，他總結了對話，並建議接下來的步驟。「所以，很多人討論了組合和我們產出數字的方式，並且說那可能跟我們為何會得出這些資料有關，這就是我們可以在下一堂數學課深入調查的內容。」

◉ 經驗—困難—困惑＋領悟 ◉ ESP+I

在完成一個長期任務、專題、實驗、探究或調查後，運用這套框架來反思經驗。

經驗	努力過程中有哪些主要行動或活動推動你的思考和學習進展？
困難	有哪些必須克服的事情讓你覺得困難或具有挑戰性？
困惑	你在主題或關注領域的學習過程中遇到哪些新的問題？
＋領悟	現在，你對這個主題或這段歷程得到哪些額外或新的領悟？

　　我們在瑞典進行思考可見計畫時，部分目標是研究可以幫助學生發展成思考者的方法，我們調查了學生在學校被要求使用的思考類型，以及他們覺得在生活中最有用的思考類型。其中一項發現是，他們在學校最常進行的思考類型是「反思」。但是他們也說，他們覺得最無用的思考類型就是「反思」。為何有這樣的出入？其實不難理解。看來，在很多案例中，反思被當成只是報告你做了什麼事。學生不覺得有用，因為它讓人感覺多餘。我們的問題變成：我們如何使反思變得更有效益、更有幫助？「經驗—困難—困惑＋領悟」例程（Experience, Struggles, Puzzles, and Insights, ESP+I）在拆解有意義的反思有哪些重要元素時，就萌生了。

・目的・

　　當學生完成一個專題、調查、展示或其他種長期進行的任務時，他們自然會想表達對這份任務的感受。或許他們對於這份經驗感覺很正面而充滿成就感，或許可能因為體驗結束而覺得解脫，可以去做其他事務了。雖然表達喜愛或反感都很常見，但不一定有幫助。反思個人行動以便從中學習並規劃未來行動，所要投入的遠比表達情緒來得更多。這項例程藉由要求學生細心

檢視那些推動理解的關鍵領域，以及辨識尚未解決的問題和困惑，來反思自己的學習。如果學生能夠描述自己的行動，包括成效卓著或仍有挑戰的行動，他們就更可能發展出自我覺察的意識與獨立性，未來可以在需要自我導向的延伸學習機會中作出選擇。

擁有表達自己的困惑和領悟的空間，可以創造出機會去討論並控制學習，然而這樣的機會卻也經常錯失於課堂之中。在課堂上，學生習於接受先前教師命令式的指令，最後再跟教師說自己有沒有學到。說出揮之不去的困惑和嶄新的領悟，有助於學生覺察到自己是學習者，並且對自助自立與自身的能力建立信心。

· 挑選適當教材 ·

如果想讓反思成為學習中的重要部分，那麼學生需要有意義、有價值的事物來進行反思。旅行、事件或專題都可能進行這種反思。一般而言，任何形式的延伸性探究或調查都是合適的內容，其他如涉及少量問題解決或編碼任務等較小規模的事務也可能合適。不論任務大小，適合這項例程的典型內容要有多個步驟，學生必須作選擇，並承擔評估後的風險，而且還要隨著時間推移進行調整。這些特質能安排絕佳機會去進行能夠影響學習的反思。有太多時候，教師設計的任務都帶有細緻的指令、時程與要求，但具體實現的結果是，學生幾乎沒有一點機會為自己的行動作出任何日後可供反思的決策。如果學生沒有機會為了達成目標而採取各式各樣的行動，或者他們不需要自己重新考慮或改變方向，那麼，學生除了報告自己做了什麼，以及這個行動所引發的感受之外，要用任何實質方式進行反思會是很困難的。

· 步驟 ·

1. **準備**。一般而言，由參與這段過程的個人、搭檔或小組來進行這項例程。如果這個專題由個人負責，就由個人負責ESP＋I的過程，但如果是

搭檔或小組協力負責，就由組員一起進行ESP＋I反思。我們建議寫下從ESP＋I引導出的反思，所以學生需要紙、電腦或筆記本。有些老師則創造出模板，或要學生把一張紙分成四個區塊，分別標示為經驗、困難、困惑和領悟。反思所需的時間要反映出專題或任務的複雜程度。

2. **經驗**。請學生反思專題過程中的經驗，並辨識出推動作業前進的主要行動。請注意，這跟只列出「我們做了什麼」不同，這裡會敦促學生找出對自己的學習進展看來很重要的主要行動、步驟和選擇，要求學生詳述是什麼使這些行動特別重要。

3. **困難**。請學生辨識過程中面對的挑戰，可能是他們遇到困難、迷惑，或做錯的地方，也可能是尋找資源或材料之類更實際的挑戰。再次強調：不只要列出困難，還要鼓勵學生反思如何克服或處理這些困難。

4. **困惑**。請學生提出並分享任何揮之不去的困惑、疑問，或浮現的問題——在調查或任務完成後仍然存在的問題。

5. **領悟**。要學生指出自己從任務或專題得到的重要領悟或收穫。學生思考自己對研究與探究歷程、對主題本身、對自己作為學習者等方面學到了什麼。

6. **分享想法**。當反思深具意義，而且獲取了新的領悟破繭時，人們通常渴望去分享，這可以跟一位夥伴或在小組中完成，「微實驗室」例程會是有用的架構[3]。

·運用和變化·

南澳阿德雷德荒野學校的艾莉森·修特發現「ESP＋I」是讓五年級學生反思「科學、科技、工程與數學」（Science, Technology, Engineering, Mathematics, STEM）專題的有用方法。學生在這個專題中創造了簡單的機械去參加公開展覽，運用ESP＋I得到的個人反思展示在他們製作的機械旁邊，有些學生分享的心得包括和其他人合作的經驗，以及必須迅速跟上別人的想法如何有助於

設計，但同時在確定設計方向時，這又是一大挑戰。當交流不同想法時，他們得一起努力找出前進的方法。有些學生分享的是，他們依然對某些早期設計為何失敗感到困惑，同時，他們提出了這些事為何會發生的理論。許多學生得出的領悟是：有時候需要放慢速度才能更快完成。真正深思並考慮各種觀點是要花時間的，但是，當他們認真看待彼此的想法時，結果會好得多。艾莉森也讓學生錄影記錄他們自己的領悟，放在班級網頁上，作為全班學習的紀錄方法。後來，她驚喜的看到學生在其他情境的自我反思中，自主的選用了這項例程。

　　在澳洲維多利亞省蒙莫朗西的聖方濟·札維耶小學，尼克·波以冷會定期在「編碼時間」中讓學生和一名夥伴共同挑戰編碼。尼克在課程結束時運用了ESP＋I讓學生快速反思自己的學習，學生和夥伴要進行討論，並把回應記錄在線上文件中。下課前，尼克鼓勵配對學生說說他們希望和全班分享的任何關於ESP＋I的反思面向。學生分享時，許多有類似反思的同學會點頭贊同，多數學生的回應簡短而切中要點，例如：「我們解決的困難是，我們的貓咪離開頁面然後就回不來了。」同時，他們的回應大多顯示出對編碼有重要的領悟：「不是所有的區塊都像其他區塊那樣連結在一起。還有，編碼可以用來做很多事，比我們以前認為可以做到的多很多。」或者，「編碼不一定每次都會做對，但沒關係，你只要再試一次就好。」很多時候，學生分享的困惑燃起了他們對編碼的興趣和想學更多的欲望，像是當奧莉維亞分享時，她和她的夥伴對於「如何在追逐貓咪時，讓蝙蝠保持一路上升」仍然感到困惑，但她也說：「我們可以藉由考慮所有的可能性，用試誤法來解決這個問題。」

·評量·

　　這項例程中所需的思考提供許多機會讓學生發展自我覺察、自信與自立。在學生反思自身的經驗中，留意他們辨識關鍵學習的時刻或行動的能

力，而不是只報告他們做了什麼。如果你注意到學生以敷衍的態度處理這個任務、講些籠統的話，像是：「我真的學了很多。」或「因為我不知道某事，結果卡住了，但後來有個網站幫了我。」這可能是因為他們不知道反思的重要性。重申一次成為更獨立的學習者這個目標，並向學生傳達這些反思如何幫助身為老師的你，這樣做可能有幫助。如果你注意到學生的回應很籠統，向他們追問細節。因為你對學生做了近身觀察，你也可以分享你在他們的經驗、困難、困惑或領悟中注意到的一些事項。

在辨識種種困難時，要留意學生如何在書寫中，以及與夥伴或小組的對話中表達這些時刻，他們表達時是否帶有挫折感？如果是，這可能是不耐煩或擔心做錯的訊號。學生是否把困難看成提高成效的契機，一旦克服，隨之而來的就是學習的成就感和喜悅？如果學生找不出困難，那這個任務可能挑戰性不夠。你可以問：「怎樣可以讓這個任務對你更有挑戰性，讓你更能體驗到一些『有建設性的苦思』？下次我們可以怎麼做，以確保這會發生？」

不論對全班或個別學生，當你考慮學生的未來學習時，要特別留意他們的困惑。你會在這些困惑中發現引發他們興趣的是什麼、後續步驟可能是什麼，或者你可以如何挑戰他們。如果學生沒有困惑、問題或疑問，這可能是他們把完成這個專題當成為老師而做的作業，因而更在意完成作業，而不是實際學習。

學生的領悟顯示出他們在哪裡發現學習，但這可能跟任務目標沒有直接關聯。學生是否從學習者的角度獲得個人的領悟？請檢視學生的領悟是否超越了任務的範疇，觸及學科中的核心觀念。這些集體的領悟是有力的課堂紀錄形式，值得慶祝，並可作為未來行動的起點。記得要幫助學生養成自我反思的習慣，讓他們成為更加獨立且自我導向的學習者，這是這項例程的主要驅動力。這不會體驗一次就發生，而是會在時間推移中注意到學生的自我覺察不斷增長。

·小提醒·

因為字義相似，困難和困惑的區別經常被提出來，把困難想像成某種要逐步處理、解決、最後成功克服的事物。如果你已經跟學生談過「有建設性的苦思」，那麼這個字的定義可能已經被討論過。領悟和敏銳往往是在困難中堅持不懈時出現的，如果是平順的啟帆出航，那就沒有很多可學了。相反的，即使我們學得不少，也得到一些真實的領悟，我們還是常常會有困惑、疑問和問題，這些代表未來學習的方向。因此，我們可以藉由實際上已經解決的事情來辨別什麼是困難，用實際上仍然揮之不去的事物來判別什麼是困惑。

如同「運用與變化」小節所顯示的，這項例程可以用在短期的問題解決脈絡，如尼克的編碼挑戰，也可以用在像艾莉森的 STEM 專題那種大規模嘗試。在各種脈絡中試驗這項例程，讓學生習慣運用 ESP+I 來養成反思的習慣，而非只是在專題尾聲固定會有的大規模作業，這樣做會有幫助。但反思並不總是在結束時進行，也可以考慮在學習軌道的中間運用 ESP+I，目的是評估並鼓勵學生發現自己最佳的後續行動。在接下來的「教學實作」中，這樣的變化實際上已適切的呈現出來。

◉教學實例◉

在北卡羅萊納州溫士頓—色冷的巔峰學校中，每年十二月，三年級團隊會讓學生投入一個多重步驟的開放性設計專題，以於期末理解數學學習的表現。具體來說，就是「聖誕老人工作坊擴充計畫」（Santa Workshop Expansion Project）。幾年前，三年級教師潔西卡（潔斯）·艾爾法羅和阿曼達·帝歐設計了這套計畫來評量並深化學生對面積、圓周、數感（numeracy）、測量等數學概念的理解，也學習尺、計算機、方格紙等數學工具。這個專題挑戰學生運用創意思考、面對人們在真實世界會遭遇的

多面向問題處境，並解釋和辯護自己的決定和選擇。

潔斯近年來發現，學生常在為期多日的專題中喪失動能，有時因為學生已經迷失了，讓她覺得每天都得重新開始。她也發現自己總在提醒學生他們已經做了什麼、已經學了什麼、接下來需要做什麼。就潔斯喜好的方式而言，這樣太過於教師主導了。潔斯回憶道：「我相信學生需要感受到自己有學習的主導權，如此才能計畫下一步的行動。我知道在專題結束時用ESP+I來反思應該有幫助，但我想，或許對他們而言，這可能會是很棒的中途現況回報。這項例程可以幫助我的學生獲得清晰的思路，並自我定向，同時提供他們更多可以運用的想法。基本上，這項例程可以讓學生重新振奮起來。」她興奮的嘗試讓學生在專題中途就透過ESP+I進行反思，而非像一般情況下通常在專題結束時使用。

為了要寫出一篇新聞報導，「聖誕老人工作坊擴充計畫」給了這些三年級生挑戰，要他們運用多重方法並應用各種技能來產出設計。當學生了解這些挑戰後，潔斯讓他們在接下來兩天進行準備，讓專題有好的開始。

這個專題長達一週，在第三天，潔斯說明了ESP+I，以此啟動數學課程。她跟學生解釋，自己一直都很喜歡他們的大概念、創意解決方案，以及他們至今在面對各方面設計挑戰時孜孜不倦的努力。接著潔斯放聲反思：「但是你們要知道，學習和思考最大的機會之一，就發生在我們對某種事件進行中途「評估」的時候，像是自己回報現況、整理想法、處理還不清楚或讓人洩氣的細節時。」她繼續說道：「所以，今天我想介紹你們一套方法，那可以讓我們開始做中途評估，叫做ESP+I。」潔斯發給學生記錄自己回應的表單，她跟這群三年級孩子一起花了幾分鐘討論這四個部分中的每一個可以如何幫助他們在行動中評估狀況，並重新振作，做出一些真的很棒的設計。

潔斯解釋了「經驗、困難、困惑」這三欄，但還沒說到「領悟」。她先讓學生有時間安靜、從容的各自把想法記錄在表單上。幾分鐘後，潔

斯要各個桌組花2分鐘討論每個人在每個部分寫了什麼。然後，潔斯請每一組分享自己桌組對話中的重點，並且準備記錄有哪些想法對全班都有幫助。

「我們是不是每人都要分享一個想法？」一個學生問道。

潔斯回答最好是在桌組討論中聆聽彼此的談話，並找出一個大概念。當學生分享時，潔斯快速把她聽到的一些大範圍題材寫在紀錄表，並貼到白板上。她決定要投入一些時間來創造這份課堂紀錄表，部分也因為這讓她有時間單純聆聽各個桌組說話，包括到目前為止學生有哪些經驗、困難和困惑。

潔斯也相信，記錄所有學生的思考模式，向學生展示了審視行動的重要性，而這可以幫助學習者找出重要見解，以確定後續行動的方向。即使是第一次應用ESP+I，記錄學生的回應也傳遞了有力的訊息，就是反思可以保存想法，且能影響後續步驟。

潔斯聆聽與記錄時，留意到學生運用的思考語言。她覺得有趣而特別興奮的，是當她聽到學生說朋友的經驗如何連結到自己的困惑，或其他人的困惑在他們回頭去規劃自己的工作坊擴展設計時，如何幫助他們釐清自己的困惑。

潔斯也注意到學生很快就可以訴說自己的經驗、困難和困惑。有趣的是，她發現即使這是第一次使用ESP+I的經驗，學生好像也能對自己的困惑做出自然而然、無所忌諱的討論，潔斯不時中斷小組發言，問他們做了什麼，或可以做什麼來克服未來面對的困惑。

進行到這項例程的最後一個步驟時，潔斯要學生回到個人表單，在「領悟」欄位中多寫幾個想法。她跟學生說：「根據桌組和全班的討論，有沒有出現什麼更深的領悟，讓你相信可以幫助你進行設計挑戰的後續步驟？你可以如何運用我們剛才的討論和紀錄來幫助自己前進，並為聖誕老人和他擴充的新工作坊空間想出一個相當扎實的提案？」潔斯的學

生各自記錄一些領悟，又花了些時間跟桌組夥伴分享想法後，就重返過去幾天進行的專題。

潔斯回顧這次經驗，她的反思是：「雖然我們以前沒有用過這項特別的例程，不過ESP+I有很多思考行動和提示語跟我們「例行性」運用的思考例程非常相似，這些已經是我們日常課堂互動的一部分了」。潔斯驚豔於多數學生是多麼自然而然的開始這樣的反思與思考，這提醒了她，學生已經養成思考自己想法的習慣，並運用這種架構為思考搭起鷹架，支撐起自己的理解。例程為學生提供的是確定方向和進行的方法，而不是提供更多的知識。

潔斯解釋道：「如果我希望我的學生能夠反思自己的學習歷程、整理思緒、接受各種觀點，然後想出自己覺得合理的後續行動，那我就必須創造機會、建立慣例，並撥出時間讓他們把這些做到好。ESP+I這項例程提供我們真實的方式，對經驗進行自然流暢的評估。」

幾個月後，學年結束時，潔斯講述了ESP+I如何成為她課堂中不可或缺的部分。「這項例程變成反思的絕佳方法，並且在專題作業進行的過程中，讓學生在不同時點擁有片刻時間收集自己的想法。我們已經用了好幾次，這讓學生注意到目前已經發生了什麼、指出自己的思考行動、釐清還有什麼事情令他們困惑，並建立前進的計畫。現在我們要進行這樣的對話變得非常容易，而且，我已經看到我的學生被賦予了更高的自主權去運用ESP+I來反思，並制定後續步驟。」

◉ 一定要 ◉ BE-SURE-TO

檢視範例作品、論文評分範本、以前學生的作品、示範專題、範本或評分表。

◉ 有哪些特徵是你一定要納入你自己的作品、專題、寫作或方法中的？

◉ 有哪些特徵、疑難層面、疏失、錯誤是你一定要在自己的作品、專題、寫作或方法中避免或避開的？

「一定要」是一個完美的例程設計案例，一位教育工作者確定她想要學生培養某種特定行為模式，因此設計出「一定要」例程。多年前，華盛頓州貝爾尤學區的中學語文教師茉莉·曼利和同事共同為「跳板」（SpringBoard）計畫開發出嚴謹的英語文教學課程，這是美國大學理事會強調學生教材、教師資源以及形成性與總結性評量的一套教學課組，目的是幫助教師與學生面對各州標準。無論是對於標準的熟悉度，還是對於如何在日常課程中回應標準，茉莉自己都深具信心，但她也擔心學生會在這麼多的基準中迷失，因而無法詳細說明他們自己需要採取哪些行動來推動學習進展，「一定要」例程便從這層顧慮中萌生而出。

·目的·

教師經常會教導學生產出最終優秀作品所需的關鍵技能。然而，如果這些技能是單獨的存在，學生在需要時，不太理解如何、為何，以及要在何時、何處應用這些零散技能，那他們可能會感到迷惘、不知所措，或是沒有教師指導就無法進行。這項例程是設計來促進學生的自我反思和自我導向，好讓他們自己發展出如何、為何，以及何時、何處運用習得技能的判斷力。

「一定要」也幫助學生留意總括性的目標與結果，反思自己的經驗和努

力，並規劃後續行動以實現成果。讓學生遵循表列的成功標準、完成既定任務是一回事，但鼓勵學生對於何謂遠大目標有一套自己的理解，接著詳細說明並內化成對自己有意義的一組方向，就完全是另一回事了。這項例程要求學生分析作品範本，並發現最終成果的品質有哪些模式和指標。因此，對這些特徵有所覺察，成為學生設定具體方向的基礎，接著詢問自己一定要做到什麼才能達成目標，藉此來採取行動，最終，依據自己的方向和意願，獨力把自己的技能和知識轉移到新情境中。

·挑選適當教材·

當學生已經習得各種新技能，並努力在展示中證明他們具有這些技能，也能決定如何應用這些技能，「一定要」是特別有幫助的一項例程。例如：撰寫一份論證性短文、提供一場說服性演說、進行複雜的數學研究、設計並執行一個專案、準備一場藝術展演等。這些經常是最終的總結性任務或展示。

這項例程的設計目的是讓學生**自己**確認優質作品的要素，並發展**自己**對這些要素的理解。為了幫助學生達成，他們需要檢視並分析優質與品質略遜的作品案例。所以你會需要品質不同的作品樣本，最好是真實的，而不是教師的作品。你也可以運用以往的學生作品、其他班級或網路上找到的作品。

·步驟·

1. **準備。**準備的目的是提醒學生他們正朝向遠方的什麼目標而努力，並且讓所有可能達成目標的方法浮現。通常由全班一起完成，有以下多種進行方式：

   • 和學生共同產出或審視要達成特定目標所需的技能。例如，作出有效論點的關鍵要素、數學家用證據推理的方式，或提交成品時需要考慮的重要設計參數。

- 檢視與目標或結果相關的優質作品範例，並找出優良作品的特質與特徵。
- 審視評量標準或評分表（**詳見**「小提醒」一節中關於這種方法的幾個限制）。

不論用哪種方式完成這個步驟，全班共同製作一份文件，記錄由大家找出來的技能、要素、思考、品質與行動，會很有幫助。

2. **詳述個人的「一定要」聲明。**讓學生思索這份文件紀錄並自問：「我『一定要』做到什麼事，才能達到目標或結果？」讓學生有時間制定並記錄自己的「一定要」聲明，這些聲明必須具體指出明確的行動。

3. **詳述「一定要」避免的聲明。**請學生找出在進行時，需要避免的特定疏失或錯誤等造成困難的元素。他們要問自己：「在我嘗試達成這個目標或結果時，我希望『一定要避免』或不做的有哪些事？」讓學生有時間詳細說明，並將這些指出明確行動的聲明記錄下來。

4. **分享想法。**雖然這是個人的思考過程，目的是設定個人方向，不過，聽到別人為他們自己設定的目標和行動，對所有學生都有幫助。這可以透過「思考—配對—分享」的方式，讓每位學生在雙人組或桌組討論中簡潔的交流彼此的想法，快速的在教室進行一輪。分享能提供學生再次評估自己行動的機會，既可以在學習者社群中有所貢獻，同時也獲取想法。

· 運用和變化 ·

雖然發展這項例程的初衷，是在語文課程進行書寫作業時幫助學生詳述並規劃行動，但對於要面對複雜、多面向任務的學生，任何時刻都很適合。一年級班級可以在圍著地毯舉行的晨會中考慮把童話故事改編成幼兒園演出的短劇時，運用「一定要」來思考他們可採取的最佳行動。國際文憑課程的小學教師可以運用這項例程，讓高年級在策畫高品質展演時，進行經常性的

狀況回報，以防學生忘記過程中不可或缺的重要想法、概念與技能。指導老師可以運用「一定要」來幫助學生會規劃一系列的可行行動，使全員參與、高度複雜的學校改善任務順利執行。資深的外語教師可以運用「一定要」來幫助學生準備口試。

· 評量 ·

當學生制定計畫並分享他們承諾的「一定要」聲明時，注意學生辨識出哪些跟自己有關、值得做、對成功有幫助的行動。他們的聲明是否反映了個人的困難和需要，而不只是回報一般的行動？他們是否藉由陳述有意義的行動計畫而主動掌握學習的自主權？關注學生的自我覺察，他們是否能夠辨識哪裡需要改善，哪裡可能發生疏失？

聆聽學生認為重要的各種技能與行動。你覺得他們的「一定要」陳述是否重要而關鍵，或者瑣碎且離題？哪些學生看來已經看出不同的技能如何共同運作來產出高品質的成果？哪些學生似乎糾結在單獨的枝微末節中，可能需要指導，或需要老師一對一或在小組中一起進行？學生在「一定要」的回應中呈現出哪些誤解，可在接下來的微課程或課堂討論中處理？

· 小提醒 ·

不催促、讓學生有充分時間詳述自己的「一定要」聲明，是很重要的。學生需要看到你讓他們建立自己的行動方案是有價值的。可以發便利貼給每位學生書寫「一定要」聲明，或寫在範例、評分表、專題說明或學生手邊文章的頁邊空白處。這需要時間，尤其是第一次導入時。但投資這些時間對於發展自我管理和自我導向的文化很重要。如果沒給學生足夠的時間，學生可能只會附和其他人所相信的下一步，但沒有主動掌握自己的學習。

雖然檢視評量規準或成功標準也是可能的方法，但要非常小心。這一類文件，尤其外部製作的文件，往往呈現為一份「記分員」想要的項目列表，

很容易變成學生在繳交作品前確認自己完成哪些事項的項目列表，並急著打勾。運用這類文件的重點是聚焦於行動。從評分表中挑選一個元素，並讓學生探討：怎樣才能夠做到？需要哪種思考？需要哪些具體行動？記住，目標是培養有能力作決定的自我導向學習者，而不只是規則的遵行者。因此，同樣重要的是，教師不要只對學生口述老師的「一定要」聲明，這個想法雖然誘人，但會使目的落空，而且對於為學習者增能也沒有幫助。

　　同樣的，要抗拒誘惑，不要把「一定要」例程當成是在收集出場券，即便這當然可以成為教師確認課堂狀態的方法，但有個意想不到的結果，便是很容易讓學生覺得書寫「一定要」聲明是在乖乖聽話，是為老師而做的，而非為自己。可能的話，最好把「一定要」聲明一直留在學生手邊，並規劃其他方法來看到個別的學生回應，以及一般性的趨勢或模式，這些可以作為進一步教學互動的基礎。

◉教學實例◉

　　茱莉・曼利和其他英語文同事合作，為華盛頓州大學理事會的「跳板」英語文教材課組開辦嚴謹的課程，課程展現了華盛頓州的標準。她滿懷熱情，同時又有點擔心：「當我們老師們越來越熟悉各州訂立的標準，並轉譯成課程學習目標時，我一直想到我的國中學生。」茱莉回憶著。「一方面，我們老師愈來愈清楚那些我們要以深入而有意義的方式教導學生的技能和概念，但是，如果學生仍然把這些針對性的教學當作只需照做的一套步驟，我們會不會實際上是在剝奪他們的主導權？對我的國中學生來說，這些標準可能只是書面上的東西，他們永遠不會感覺這些標準是真實或有意義的。」

　　茱莉樂見緊密連結的學習目標，但她的憂慮在於學生是否感覺到對自己的技能和能力有主導權。茱莉意識到，即使老師設計出最佳課程，

但學生所體驗到的可能是只需照做的一套步驟。也就是說，除非老師想辦法讓學生換位思考，為了自己的目的將這些標準轉譯成自己的話語。

「我認為有件事對我而言一直很重要，那便是讓我的學生感覺到我們一直正在朝某個目標努力，不論是一篇短文、演講，或一部莎士比亞時代場景的戲劇製作。」茉莉反思道：「我也覺得提供學生順利完成這些目標的技能很棒，但我不是很確定我是否曾經停下腳步問問他們，對於我們要達成的那些更大目標，他們認為最佳的後續步驟是什麼。我傾向於直接告訴他們接下來要做什麼。」「一定要」就是為此而生：作為一套架構，來發展學生能擁有的增能、以行動為導向的行為模式。

當教師有很多課程要教而感到時間不足時，他們很容易詳細講述學生一定需要做什麼。如果學生被鼓勵在這些時刻講出自己的想法，經常也只是反映出教師剛剛告訴他們的事。茉莉回憶道：「儘管在那當下可能聽起來很令人開心，但我必須面對的事實是：只因為我告訴他們一定要將這個或那個元素囊括進來，他們也對我重複一模一樣的話，不一定代表他們找出了囊括這個元素或進行那場行動的意義。**我知道**是什麼讓特定的技能或行動成效非凡，但**我的學生知道嗎？**」

於是茉莉開始想，她是否可以在對話模式中進行一點微小但明確的改變。她決定要問問學生，他們認為自己一定要做什麼，才能使作品更有力，或更深入的培養某項技能來增進整體品質。

從這項例程開始，茉莉發現了一塊領域，在這方面，學生已經積極學習了各種技能，並把它們用在更大的目的上。茉莉說道：「我們正在學習論證寫作，我們已經練習了從議題的正反面呈現論點、投入論述撰寫的各種技巧。考量到我的國中學生展現出典型青少年初期對真理和公平的執著，我知道他們已成熟到可以進行這類寫作了。」

茉莉從提問開始：「好，依據我們最近進行的所有任務和練習的所有技能，讓我們重新整理一下並詢問自己，什麼對寫出傑出的論證文章

真的有幫助？我們可以快速腦力激盪出論證寫作所有要素的列表嗎——特別是好的論證？這些要素都是什麼呢？」

幾分鐘後，學生腦力激盪出他們認為傑出論證寫作的關鍵特色，諸如找出把主題陳述和主要論點改寫得更清楚的方法、喚起讀者對深層議題的關注、發展凸顯主題的結論等。茉莉將這些記錄下來，然後提示：「我們一起做一點放聲思考，現在我們有了這張表格，上面列出傑出論證文章的特徵，那麼，在你的下一部作品中，**你希望『一定要』做什麼**，才能真正愈來愈接近這張表？」茉莉希望這份邀請成為思考的鷹架，成為一套工具與架構，幫助她的學生確定他們接下來的行動。茉莉知道要一口氣接受這份鉅細靡遺的品質特色清單可能令人難以招架，所以她希望學生有機會指出他們覺得自己可以實際掌握的兩或三項特徵，有意圖的運用在自己下一個階段的寫作中。

「你是說我們可以只選擇表中的某個部分？」一名學生問道。

「呃，是也不是。」茉莉回答。「當然囉，這些特色都代表了我希望你們在努力追求卓越與品質時培養的技能。但如果看你們的腦力激盪清單，我希望你們自己清楚闡述，什麼是你下次「一定要」給自己，也就是你個人去運用、練習，然後做得更好的事。知道你接下來一定要做什麼，可以幫我更清楚理解我可能在哪些地方最能幫助到你和全班同學。」

「這些東西，我們寫在哪裡都行嗎？」另一個學生疑惑的問道。

「好問題！如果你的草稿周邊還有空間的話，要不要就把你想出來的兩、三個『一定要』聲明寫在那裡？強調這些，有點像一個自我提醒。或者用便利貼黏在草稿上，那也可以。」茉莉回答。「但這裡的大概念是讓你**告訴自己**哪些你『一定要』做到，以便讓你在持續努力寫出真正優秀的論證性短文時，知道自己接下來要做什麼、會採取什麼行動。」學生沒花多少時間就擷取出他們接下來想做什麼。（讀者可在http://www.teachingchannel.org/video/student-goal-setting看到茉莉的學生分享他們

「一定要」回應的影片）。

　　經過一段時間，書寫「一定要」聲明的儀式開始變成慣例，而茉莉也發現持續運用這個架構的各種好處。「我知道在朝向更大目標努力培養技巧時，我希望賦予他們運用這些技能的話語權和主導權，但我開始注意到，學生的第一條『一定要』聲明通常反映了他們在相當程度上感覺有信心的技能，這讓我實際上可以表彰學生感覺已經能掌握的技能，我可以跟他們一起慶賀。然後我可能找出一些地方，敦促他們往前推進到某些人覺得可能『風險較大』的寫作行動。」

　　茉莉有時會找尋當下可以輕輕推一把的地方，在一對一的對話時，依據學生帶來討論的題材，處理特定的、有重點的事物。其他時候，茉莉會搜尋幾個學生之間的趨勢，把一項需要聲清或更常練習的技能塞進下一堂的微課程時間裡。藉由「一定要」聲明使思考變得可見，讓茉莉有機會即時且自然的進行形成性評量。茉莉隨時準備好幫助她的學生，但她的協助是基於學生自己詳述的目標，而不是把他們可能還不能完全吸收的專門技能硬塞給他們。

　　因為「一定要」例程具有非常開放的本質，茉莉和學生得以把技能、品質和特色整合在一起討論。茉莉回憶道：「它不會讓我們偏頗的只專注於單一事項，我們當然可以一直在特定時間練習技能，但我們也不斷問自己這些技能如何朝更大的目標去建構。這幫助我傳達一個訊息：我們在特定情境下所教授、練習、審思和討論的那些技能是可以持續使用的。我的學生藉此感覺受到賦權，獲得了力量。」

　　「一定要」成為茉莉和她學生的例程後，也提醒了茉莉，學生知道的事情真的很多。茉莉反思道：「相較於我指導性太強並一直下決定的作法，如果我不再多說，並提供他們多重機會梳理自己的思維，他們會有更多技能可以用來處理問題。回想起來，現在這樣說來好像很簡單，但我只需要先聆聽而非指揮他們。如果我真能給自己機會，聽他們說說他

們認為可行的下一步應該是什麼，或他們為自己設定了什麼目標，那我就可以用更適當的方式反思接下來我需要先教他們哪些技能。」

◉什麼？所以呢？現在要怎樣？◉
WHAT? SO WHAT? NOW WHAT?

回想一段學習、經驗、觀察或課堂正在探討的概念，請學生書寫：

什麼？敘述你做了什麼或發生了什麼。

所以呢？對發生的事情、你的行動或觀察建立意義。

現在要怎樣？規劃未來，並確定行動與影響。

　　姬因‧湯普森—葛若夫曾擔任「全國學校改革學院」共同主任，近期創辦並領導「學校改革倡議」，這個協定最初便由她所制定，是設計來鼓勵全體教職員讀書會的參與者串連彼此，並將每個人的工作聯繫起來。湯普森—葛若夫邀請教師們在自己的工作實踐中找出目前的挑戰或成就，然後詳細說明他們正在改善什麼，以及為什麼這部分在教學和領導方面對他們很重要。藉由關注彼此對這些提示的反思，同事們可能因而想出工作的後續步驟來改進行動。我們認為這個「什麼？所以呢？現在要怎樣？」版本可以成為幫助學生養成反思和採取行動等習慣的工具和架構。

·目的·

　　這項例程的目的是讓學生發展出更高的自我覺察和責任感。從反思並分析一起事件或經驗開始，注意會發生什麼事情和產生什麼結果，辨認完之後，評估這些行動以協助釐清它們為什麼重要、它們的目的和影響。連結通常是建立在不同事件、部分之間，以及在最初步驟中辨識出的行動之間，理解了行動，而其目的、意圖和意義都變得清楚之後，我們就可能從這些行動中學習、規劃未來，並採取後續的步驟。隨著學習者對意圖和影響變得更敏銳，這些後續步驟將會比較不那麼急著反應，而是更加充滿意義與目的。當

學生能夠看出哪些事物對他們是重要的，又為何重要，他們對於自我導向的學習就可能更加自信。

·挑選適當教材·

「什麼？所以呢？現在要怎樣？」可以用在當某人想從經驗中學習，以便建立未來行動計畫的任何場合。例如：它可以用來反思需要分析的挑戰或困難事件，使下一次的表現有所不同。如果情境充滿疑問或處於衝突狀態，「什麼？」步驟便有助於澄清參與者到底發生了什麼事。

或者，這項例程可以用於觀察，以利發展自己的行動。我們很容易輕忽觀察，但這項例程藉由辨識關鍵事件或時機，然後理解其意義，使得謹慎分析得以發生。它們為什麼發生？意義是什麼？影響了什麼？以這些分析為基礎，人們可以考慮實踐新想法與作法的個人行動，而不只是學習新的想法和作法。

這項例程也可以用來探索小說或非小說文本，這時，事件或觀點被區分成有趣的、重要的或值得深入思考的，這些東西所構成的「什麼」，也可以在文本中直接凸顯。在這項例程中，「所以呢？」的部分是理解文本觀點及其為何重要的機會。最後，「現在要怎樣？」的階段如果是在非小說的情況下，便是考慮把觀點付諸行動的機會，或者如果是在探索小說文本，則可進行預測。

·步驟·

1. **準備。**回到尚待探索的源頭素材，可能用回顧的形式找出學習、體驗、觀察或閱讀過什麼。第一階段通常由學生個別進行，然後進入更多協作的對話，讓學生分組或全班一起討論。考慮何時、如何、是否要讓學生從個人轉入團體組別。決定你希望學生記錄什麼反思，又如何記錄。進行記錄時，思考這份紀錄資料如何用於當下和未來的學習，始終是重

要的。

2. **什麼？**依據資料來源，辨識並描述幾個具體行動、想法、引述、時刻或觀察。發生了什麼？觀察到了什麼？採取了什麼行動？有什麼重要想法引起了共鳴？這個步驟的目的是讓學生在學習中看出並描述這些「什麼」。額外的提示可能像是：「在我們今天做的所有事情中，你覺得哪一件特別重要？」或者：「考慮我們今天所學習的一切，什麼讓你產生最深的共鳴？」

3. **所以呢？**辨識出那些「什麼」之後，接著問：「所以你剛才列出的重要想法有**什麼**是比較關鍵或重要的？」或者：「所以截至目前，你已做的事情中有**什麼**是對你的學習影響很大的？」這個步驟的目標是讓學生精確指出意義、目的或重要性。額外的提示可以是：**所以**那告訴你**什麼**？**所以什麼**看來比較重要？**所以**從那裡頭可以學到**什麼**？**所以**關於為何這很重要，這告訴我們**什麼**？

4. **現在要怎樣？**討論了「什麼」和它們的重要性之後，問學生：「考慮剛才你們所有的討論，**現在**值得採取**什麼**行動？」行動可能包括自我管理策略、設定新目標、辨識研究的下一步、實施計畫，或釐清還有什麼需要了解。這個步驟的目標是讓學生找出並形成向前進展的具體行動。

5. **分享想法。**如果以上步驟全都是個別進行，學生可以配對或分組討論他們寫了什麼。學生熱誠的聆聽彼此所說的內容，反思截至目前獲得的大概念或採取的行動，並思索未來行動的可能性。考慮他人的經驗與觀點，這樣做既有利於建立社群／共同體，同時也幫助個別學生超越自己的特定視角，進而拓展自己的思維。

・運用和變化・

這項例程可以作為一種鬆散的對話架構，目的是促進學習方面的反思。例如，曼德拉國際磁性學校的高中數學教師魯迪・朋克薩跟高年級學生在總

結「雙變量推論」（bivariate inference）學習時運用了這項例程，魯迪提示學生：「雙變量推論的重要觀念是**什麼**？」他給他們4分鐘寫出自己的回應，然後要他們在教室四周的白板上分享自己的想法，好讓所有人都看得見。接著魯迪和全班同學繞行教室，看看記錄了什麼，然後他藉由詢問學生：「所以這些觀念有什麼重要性？」讓團體進入自由流動的對話。學生建立了連結，並提取出不同觀念之間的特定關聯。接著他問學生：「**現在剩下什麼問題？**」魯迪認為這項例程主要對複習有效，但也跟學生溝通了一個訊息：儘管他們完成了一個單元，但這不代表他們已經抵達觀念的終點。

依照為教師創造反思時刻的初衷，學習引導者已經運用這項例程來幫助專業探究行動團體的進展。在這些團體中，教師在自己的教學中找出一塊個人探究領域，然後展開行動來促進理解。探究問題導致行動，行動帶來洞見，洞見又導致下一步行動。理解自己採取的行動對形成有意義的後續行動至為重要。「什麼？所以呢？現在要怎樣？」可以用來幫助老師啟動這段過程。團體成員們可以對大家發表自己的行動，然後在團體對話時，他們可以探索那些行動的意義——這是「所以呢？」的部分。這一點釐清後，團體一起放聲思考「現在要怎樣？」，藉此集體探索教師後續行動的可能性。

我們也聽說過這項例程被用在教練服務、諮商或合作式意義建構，由一個人開始訴說經驗，而聽眾（們）則在適當的時機藉由持續詢問「所以呢？」和「現在要怎樣？」來探詢，這鼓勵了發表人用持續對話的方式理解自己的行動。在諮商情境中，重點是幫助個人了解行動與事件的意義，並以合理的方式向前邁進，從而實現個人的目標。在協作式教練的情境中，角色則可以對換，讓探詢提問者擔任發表人，再交換角色。

・評量・

實質上，這項例程把理解地圖（圖2.1）的整套思考搬過來應用，並提供了關注學生思考的機會。當學生書寫與分享對於「什麼？」的回應時，你是

否感覺他們正仔細觀察、注意到也詳細描述他們的行動或想法？又或者，他們的回應偏向整體而表面的？當學生對「所以呢？」給出回應時，會有很多機會建立解釋、用證據推理、考慮不同觀點、建立連結並掌握核心。注意學生運用的思考類型，他們在試圖理解行動與事件時，是否從多重觀點考慮？或者困在自己的視角中？他們從哪裡找出事件的意義，又如何做到？他們在建立自己的解釋時，是否能夠找出並運用證據？在思考行動的影響時，學生能不能建立因果連結？你是否感覺到學生正嘗試抓取這些行動或想法的細節之所以重要或有意義的本質？最後，學生開始詳述自己「現在要怎樣？」的後續步驟時，他們的建議是否似乎可以揭開另一層級的深度和複雜性，有可能充實並深化自己的理解？

· 小提醒 ·

　　雖然這項例程完全可以用口頭方式進行，但在討論中搭配部分書寫往往有其效益。例如，請學生檢視情境並將「什麼？」記錄下來。這可能包括：發生了什麼？他們觀察到什麼？他們採取了什麼行動？他們在事件中的角色、其他人的反應、有哪些好的跟不好的經驗。花時間收集個人的想法後，這些想法可以和全體、小組或一個夥伴分享。如果是和全體分享，那麼個人回應「什麼？」的紀錄資料是有用的，能使團體感覺對整份清單握有主導權。

　　「所以呢？」這個階段自然而然以辨識出的「什麼？」為基礎。這階段經常是口頭討論，也可以用書寫方式進行，學生在其中努力詮釋情境並建立意義。在他們還沒有熟悉這項例程並且有機會多次體驗時，提供協助學生探索意義的額外提示會有幫助。就與任何建立思考例程的嘗試一樣，需要協助學生拆解語言，此時，你的用語可能包括：**所以**這告訴我**什麼**？**所以**我對情況的了解是**什麼**？**所以**我可以在這裡學到什麼？**所以**有什麼啟示？**所以**就態度、我的感受或我而言，這透露了**什麼**？**所以**作法可能有**什麼**不同？

　　「現在要怎樣？」步驟要學習者將他們的學習推展到可能的影響。如果

是檢視一個問題情境，可能涉及了要去辨識出需要避免以及改變的行動，好讓這種情境不再發生。如果是學生能從中獲得激勵的那種情境，好比詳細說明的觀察，那麼這時就要辨識出個人的啟發和行動，以便將所學於行動中付諸實現。如果情境是反思個人截至目前的行動，那麼就要確定後續的步驟。在團體中進行這個階段經常會有幫助，因為把行動的選項擴充到超越個人自己可能想到的範圍。「問題排序」例程的變化版「行動排序」（見頁135）便可用來決定以什麼樣的行動前進。

◉教學實例◉

澳洲雪梨紅土學校的音樂老師艾咪・理查森知道，接近高中畢業的十一年級學生已經具備反思的能力，但有時對於沒有特別看出箇中價值的事物會有點兒自以為是的批判。艾咪無意間從一名學生那裡耳聞了一些閒話、消極的牢騷，這名學生認為自己學了爵士樂這個主題一段時間後，看不出學習爵士樂的歷史和發展有何意義。就這名學生的觀點來看，他住在世界的另一端，所以美國歷史和他無關。艾咪也知道這名學生比較喜歡搖滾樂，而不是爵士樂，她懷疑其他學生也一樣，對爵士樂並不感到很親近。她開始納悶，如果學生看不出研習這個主題的價值或關聯，那他們接下來的行動能夠深入到什麼程度？艾咪擔心她的課程可能讓學生覺得像是一場耐受力表現，她渴望找出方法幫助學生發現主題中的意義和重要性，以建立較深的連結。

在學習爵士樂的過程中，艾咪的學生已經研究過非裔美國人的遷徙，以及伴隨他們沿著密西西比河遷徙的音樂合奏。在十九世紀末葉和二十世紀初期，這場遷徙帶來了爵士樂樂團形式的發展、進步與傳播，跨越全美國。這堂課的學生設想了在一個種族隔離十分普遍、許多人生活於貧窮現實的時代中，非裔音樂家的生活可能是什麼樣子。他們研究了非

裔美國人在如此動盪的時代如何成為職業前景看好的音樂家。學生討論並演出當時場景、探索創造性的情境、研究歷史事件發生的地點並製作音樂會告示牌，甚至調查了那個時代的通貨膨脹和生活費用大約如何，以及這些早期爵士樂手可能的收入。為了真正了解音樂類型的發展，艾咪相信必須考慮到觀點、複雜性，以及他們發展的時代脈絡。她希望學生能看見爵士樂不只是音符，更是歷史、是發聲、是故事、是認同。因為艾咪希望學生能看到他們的主題有各種複雜性與連結，她決定要運用「什麼？所以呢？現在要怎樣？」來進行課堂討論。她覺得這不僅能幫助她的學生整合課堂活動，還能找出更大的想法之中有何重大意義。

最初，艾咪用對話方式口頭提出這項例程的提示，她認為這樣可能可以輕鬆、不拘形式的導入這個架構，讓學生覺得自己做得到。艾咪沒有用大做文章的態度進行此事，而是要學生退後一步去思考，關於爵士樂和它所代表的事物，在自己的學習中最值得注意的是**什麼**。然後她要學生分享，就他們所學習到的爵士樂以及它的歷史與演進而言，**所以**在那些最重要的內容中特別有重大意義的是**什麼**？對學生來說，這樣的反思性對話是新鮮的，但想法開始慢慢交流。過了一會兒，艾咪問學生，就他們剛才的討論來看，在他們思索這種藝術形式及其對他們和全人類的影響時，**現在**，這些具有重大意義的元素，會怎麼影響他們在這次的學習中或更廣泛的學習中需要進行的更多探究？

艾咪很驚訝的是，一開始討論，課堂的動能就迅速轉變。她注意到學生在開始分享關於了解這個主題的道德義務時，態度立即轉變，甚至比討論自己在創作音樂時能利用哪些潛在的音樂應用程式還要積極。對話進行得比預期更好，而艾咪不想浪費這些才剛發生的豐富產出，也不想失去開始融入一項例程、可供全班未來利用的這股動能，她決定要看看她還可以從學生身上汲取多少。

下課後，艾咪為了把課堂對話整理成正式形式，決定要發封email

給全班，要求他們個別提出對「什麼？所以呢？現在要怎樣？」的回應。對頁是她寄給全班的email（圖5.2）。

學生的回答讓艾咪非常開心。有幾位學生提到令自己印象深刻的重要訊息，是環繞爵士樂發展的所有背景資訊都有助於闡明音樂對人們的影響，其他人提到他們開始喜歡爵士樂這種藝術形式，也提到爵士樂手的雄心壯志是源於他們在經歷生活中的偏見與歧視時，被激發的反抗和韌性。是自己在生命中經歷過的處境。有些學生詳述了反思過去社會錯誤的重要性，以及那如何影響人們透過音樂找到自己的聲音。其他人則提到，了解脈絡及脈絡在發展音樂形式中的作用，提升了他們對音樂的文化鑑賞力，也傳達了音樂源自何處、體現什麼，以及提供了什麼的訊息。讓艾咪印象深刻的是，她的學生確實了解到音樂遠遠不只是樂譜上的音符而已。

關於運用他們對「現在要怎樣？」的回答來規劃後續行動，有些學生寫道：

> 「未來當我在聆聽爵士樂並給出分析性的回應時，我將能夠引述並納入我現在所知道的爵士樂流派發展和脈絡。」
> 「這真的幫助我思考音樂如何從我們人類的體驗中形塑觀點，以及我如何在我自己的樂曲中掌握它。」
> 「音樂可以成為一種逃避，幫助處理、表達和克服情境。我可以在我消費和創造音樂時帶著這些，另外，這些全部都會對我的歷史和英文考試很有幫助。」

艾咪此後把「什麼？所以呢？現在要怎樣？」運用在不同脈絡下，以及十二到二十八歲不同的年齡層。「音樂是我們中學部低年級學生的必修課。我發現『什麼？所以呢？現在要怎樣？』是強大的例程，可以

圖5.2 發給十一年級音樂學生的email，要他們運用「什麼？所以呢？現在要怎樣？」反思自己有關爵士樂的學習

親愛的十一年級：

謝謝你們今天下午在課堂上有趣而引人入勝的看法——這堂課是我們課程的終點，過去幾週我們檢視了爵士音樂的遷徙和發展，特別是全美各地非裔美國人的音樂！

雖然這是有趣的活動，讓我們有機會運用創意去為歷史潤色，也說故事，但總會有任何學習活動固有的部分：反思，和把更深層的意義應用在我們努力嘗試的事情，用來挖掘並找出我們自己可以把什麼「帶回家」。這跟我有什麼關聯？我們的課程結束時，我們一起進行了一項快速的思考例程，但我真的很好奇，想聽你們說說自己可能會把這個課程單元的什麼東西「帶回家」？

到了我們在家學習的時間，我希望你們花幾分鐘時間沉思，然後回應以下問題。（點擊回覆，再輸入你的回答！）

什麼？
我可以帶得走什麼？／檢視一下這個主題，我有學到什麼？

所以呢？
這些為什麼重要？

現在要怎樣？
這些理解可以把我或人類帶到什麼更寬廣的地方？我可以運用這份新知識做什麼？這些想法和新的學習會如何更好的形塑我的生命、音樂實踐及想法？

期待聽到你的意見。
謝謝大家！週末愉快！

艾咪‧理查森女士
音樂教師

讓他們養成習慣去尋找關聯性,當音樂成為選修科目時,或許能提供他們一個自我的願景,看到自己是有志於進一步追求音樂的學生。」艾咪說道。

　　艾咪已經愛上這項例程,部分因為它的即時可用性,也因為它為學生可能抱持的負面態度提供了解決空間,裡面既無指責也無羞辱。「如果學生顯露出青少年會發生的放空徵兆,『所以呢?』階段可以讓學生對不滿發聲,也鼓勵學生考慮他們不見得會自然持有的替代性觀點:「**為什麼這件事可能是重要的,或跟我有關?**」艾咪喜歡這項例程的設計有足夠的結構來幫助學生反思並投入課程教材,同時也足夠開放,能鼓勵學生探索不同觀點、建立連結,並揭露複雜性——全都是她希望她的學生音樂家和學習者更廣泛具備的習慣。

◉ 三個為什麼 ◉ 3Y's

藉由影片、閱讀，或討論初步檢視一個議題或主題後，個人或團體深思以下問題：

◉ 為什麼這個主題、問題或議題可能對我很重要？
◉ 為什麼可能對我的社群很重要？
◉ 為什麼可能對世界很重要？

　　作為澳洲維多利亞省獨立學校所資助的「跨領域與全球研究」倡議中的一環，我們零點計畫的同事薇若妮卡・波依絲・西拉、芙洛西・蔡和她們的團隊設計出「三個為什麼」例程。在同時處理「全球素養」（global competence）教學的機會與挑戰時，重要性和同理的議題顯得突出。我們如何理解、搞懂陌生地區發生的事件？我們在他人的困境與兩難中如何看見自己？在聯結日深的世界，我們如何幫助學生看見他們不能控制，但會影響他們生命的問題、議題和事件？「三個為什麼」例程和與其搭配的「四個如果」是設計來支持那些有志於讓學生不只了解我們的世界，還要變得想積極影響世界的教師。

・目的・

　　這項例程幫助學生在事件、議題及主題和他們自己、他們的社群世界之間建立連結。這些連結召喚同理的回應，讓人深思因果關係和事件衝擊，乃至於長期與短期的影響。在建立與個人的連結時，一個人必須把自己放在問題的脈絡中，把自己當成在某種程度上受到影響的人。如果沒有直接衝擊，那麼個人可能需要尋找第二層和第三層的影響。這樣一來，這項例程有助於挖掘情境的複雜性與細微差異，這段過程可以幫助學生主動掌握問題，並把

自己和所屬社群放在問題中看待。這項例程具有考量自我、社群和世界的性質，而且能擴展到更多內容，有助於學生辨識不同種類的衝擊，同時也將自己定位為這些團體的成員。

·挑選適當教材·

這項例程可以用來檢視時事、全球議題、地方爭議、倫理兩難、醫療突破、歷史事件、環境議題等等。有時這些主題會有不同程度的爭議與複雜性，雖然在課堂應對這些主題可能很敏感，但藉由聚焦於學生的個人回應和他們眼中該主題的重要性，就可能開啟機會，展開安全的討論和進一步的探索。當然，不是每個主題都需要是全球議題或具有爭議性，這項例程幾乎可以用在任何新學習主題的開端，以此幫助學生思考其中的重大意義，還有為什麼這個主題值得學習，例如開始研究氣候、水循環，或寫篇故事、聆聽演講，或閱讀傳記。

在選擇內容時，辨識出一般人可能會在這起事件、議題或問題找出哪種類型的重大意義，可能會很有用。例如，有時一個想法之所以具有重大意義，是因為它的**普遍性高**和牽涉面廣，在某方面它適用於每個人。其他的例子中，重大意義可能來自於**原創**或**新奇**，這些例子幫助我們重新思考現狀。重大意義常常因為情感或認知的連結而相當**個人化**，有時，重大意義在於它有**洞見**或探索的力量，這提供了增進我們理解的新角度或觀點。重大意義或許在本質上可能是**生成性**的，提供了新的問題和探究方向。

·步驟·

1. **準備。**介紹主題，如果學生還不熟悉這個主題，那麼找出能激發思考的有趣教材通常會有幫助。可以採用的形式包括短片、繪畫圖像、新聞照片、啟發性引述或短篇故事。這項例程當然可以在個人層面上完成，但如果給予學生一些時間思索，組成小組分享、討論並合併彼此的想法通

常會萌生更豐富的討論。學生可以用幾種方式記錄自己的想法：畫出三欄位[4]、用Y型圖，或寫在三重同心圓內，內圈是自我，然後是社群，外圈是世界。

2. **為什麼這個主題、問題或議題可能對我很重要？** 仔細檢視原始教材或激發性素材之後，請學生（個別、配對或小組操作）找出這個議題對他們有何重要性。依主題而定，你可能要承認這個議題看來距離他們很遠，所以可能需要進行一些調查，並依循一條連結的路徑來找出議題跟他們有何直接關聯。有時可能採取這種形式：讓學生看出他們的行動（雖然間接）如何造成了問題。

3. **為什麼這可能對我的社群很重要？** 在這個步驟中，你會需要定義社群這個詞語。它有許多可能的內涵意義，選擇最符合你需求的那一個。社群可能是你的班級、學校、你經常互動的那些人、你居住的城鎮，甚至你的國家。

4. **為什麼這可能對世界很重要？** 指示學生同時思考這個主題在現在和未來可能會如何影響世界，這個議題如何影響地球村的每個人？

5. **分享想法。** 如果學生個別進行，他們可以雙人一組或在桌組中互相分享。如果他們協力進行來完成這項例程，那麼畫廊漫步可能是適合的分享方式。要學生尋找各組之間的共通性，但也要看是否有別組討論了自己這一組所沒有的獨特想法和連結。這項例程的成果之一是當學生探討出可能的重要意義後，往往會建立對主題的興趣。如果在單元開始時運用這項例程，請解釋你將會調查哪些額外的想法、背景和脈絡。如果你在結束時進行這項例程，而你希望學生開始思考他們可以採取的行動，你可能會進行「四個如果」這項例程。

· 運用和變化 ·

在密西根州羅徹斯特的代爾他凱利小學，媒體專家茱莉·芮恩斯和她的

圖5.3 「三個為什麼」探究讀寫素養

同事選用「三個為什麼」作為閱讀月終點慶賀集會的高潮，這個團隊原先希望設計一個集會，不對學生長篇大論，而是讓學生以學習者社群成員的身分參與，並分享自己的想法。在準備階段，茱莉在媒體課中藉由閱讀與討論奧立佛・傑法和山姆・溫斯頓的著作《書之子》，吸引到全校570位學生參與。他們仔細檢視並詮釋書中的圖像，茱莉把這些討論連結到讀寫素養（literacy）的主題，要求學生用讀寫素養一詞在Google搜尋圖片。她和年紀較大的學生探討以讀寫素養為中心的社會正義議題。此時，茱莉在每個班級導入「三個為什麼」例程，讓學生個別完成。年紀較小的學生畫圖來展現他們的想法，英語初學者則可以選擇用母語寫作。學生帶著自己的紀錄單（圖5.3）參加集會，全校在集會中一起參加「給一個拿一個」例程（見頁66），以便分享關於讀寫素養為什麼重要的想法。

　　跟世界各地許多教師相似，康妮・威柏認同發展「成長心態」的威力[5]。

圖5.4　康妮·威柏的五年級學生運用「三個為什麼」探討成長心態

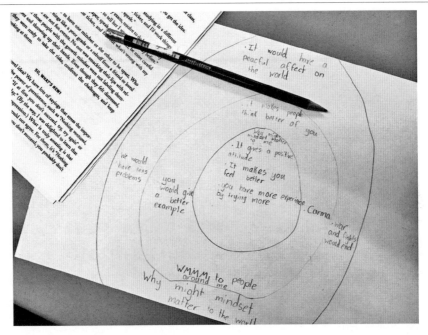

她知道她希望學生不只學到什麼是成長和固著心態，還要深入思考這個理論對自己和班級社群的影響。康妮從卡蘿·杜偉克的書中挑選了有關成長心態的兩頁簡短摘要，讓學生經由閱讀來認識這個理論。這些閱讀可供教師去研究學生如何應對自己遭遇的困難與挑戰。完成閱讀並簡短討論成長心態與固著心態的比較之後，康妮在黑板上畫出一組同心圓來介紹「三個為什麼」（圖5.4）。針對「為什麼心態對我很重要？」這個提示，學生寫下回應：「那給你正向的態度，讓你感覺變好，你嘗試愈多事情就得到愈多經驗。那會影響我如何工作，以前我認為事情如果不順利代表你不擅長這件事，現在我知道你必須練習，好把事情變得容易。」回應「為什麼這對你周圍的人很重要？」時，學生說道：「如果你的心態錯誤，那會改變你待人的方式。心態會讓人們更尊重你，你會成為更好的模範。」最後，思考「為什麼這對世界很重要？」學生回答：「我們的問題會變少，那會影響世界和平，會改變每個人

做事、行動和講話的方式。」

・評量・

學生能不能超越此時此地，並深思長期影響？他們能不能考量行動的後果來辨認不同的影響程度？學生能不能從倫理、道德、行為與認知等層面去連結事件？能用這種連結的能力來理解主題的抽象性嗎？學生是否在熟悉的議題中做得到，但在新議題中做不到？這種激發的力量如何支援學生，讓學生有能力去思考影響？

考量對社群和世界的影響時，個人必須考慮到人們有不同的觀點，未必和自己一樣。留意學生有無能力做到這一點。同時，要思索超越自身的影響，學生必須從個人觀點轉變到公共觀點，要留意學生呈現公共觀點的能力。另一個議題是，個人往往必須深思在態度及行動方面的間接影響與改變，要留意學生的回應更多細微、隱晦的差異。如果學生對此有困難，可能的提示會是：如果我們都接受這種想法或認真看待它，我們的社群有什麼會改變？我們的團體會有什麼不同？這可能會如何改變我們的思維、我們的行動，或彼此互動的方式？

・小提醒・

如果學生總是看得出所學觀念的重要意義，並且能夠將所學和生命連結，那就再好不過了！然而，這在某些主題中比較容易發生。因此，你可能會在開始運用這項例程時，搭配了那種使用了煽動性語言來吸引人、明顯影響學生生命的議題，接著，過一段時間，再來檢視學生將影響較不直接的情境和內容連結起來的能力。

這項例程通常從個人向外延展到更廣大的世界，但也可能依內容而反轉順序。例如：在考慮歷史事件時，從對世界的影響開始，但接著縮小到社群層級，最後到個人層級。同樣的，學生思索某一州濕地區域發展計畫提案

時，可能會發現比較容易的方法是先思索這個議題對當地社群的重要性，再思索對世界的影響，最後才把注意力轉向思考對自己的影響。學生一次進行一個步驟是很重要的，這樣他們才可以仔細思考每一個提示，而不是同時處理三個問題。話雖如此，一旦三個階段皆已完成，個人仍可能對先前的任一階段有新想法。一般而言，我們建議給予學生個別的思考和寫作時間以找出自己的回應，而不是立刻展開團體或雙人一組的作業，這樣可以確保個人對這些提示有親自思考，在分組或找到夥伴之前有想法可以貢獻。

◉教學實例◉

密西根州伊普西蘭蒂的沃什特瑙國際高中十年級西語教師崔夏·瑪帖歐斯基覺得，面對這些大多是第二年西語的學生，「三個為什麼」例程是幫助他們在學習中更加顧及全球脈絡的絕佳方法。全球脈絡（global context）是國際文憑中學課程（Middle Year Program, MYP）的重要元素，目的是致力於將學習設定在國際情境中。「我想這項例程提出的三個問題有助於學生了解他們為什麼應該思考自身社群之外的健康議題，並鼓勵他們討論主題時具備全球性觀點。學生在閱讀和聽力測驗中，必須建立個人和文章的連結，並表達全球性觀點。我認為這些和這項例程搭配得很好，我也覺得運用這項例程可以為單元的後續部分定調。」

介紹這項例程時，崔夏把它跟能夠閱讀與聆聽文章、形成個人與全球性連結等MYP課程的期望結合在一起。她解釋道：「我們會用『三個為什麼』例程來幫助大家思考如何從個人、整個社群和全球層級來回應瘧疾這個議題。」隨後她給全班一份有關「國際瘧疾日」的資訊圖表，這份全西語的圖表包括全球性瘧疾患病率、成本與影響的統計數字，以及三段文章。崔夏給這班學生10分鐘的安靜閱讀時間來找出重點並註解文本。

　　學生完成閱讀和註解後，崔夏推動全班前進：「再花5分鐘寫下你對『三個為什麼』的回應，記得要寫西班牙文。」接著，崔夏讓學生配對用西語分享他們的回應。「如果你不懂夥伴講的東西，一定要告訴夥伴。」崔夏在教室來回走動並聆聽。「讓我驚訝的是學生用非常深入而意義豐富的方式回答這些提示，我也多次注意到一個夥伴從另一個夥伴的內容中學到新東西。」

　　在夥伴分享之後，崔夏邀請任何有意願的人對全班分享。此時立即看得出來學生將文章內容連結到非常個人的層面，例如：在考量瘧疾可能如何影響他們時，一名學生把五歲以下兒童的致死率連結到她有個年紀很小的手足，因而處於風險中的事實。另一名學生把瘧疾議題連結到道德層面：「因為責任伴隨特權而來。」甚至在考慮社群時，個人的連結持續浮現，有名學生分享自己有家人住在印度，探訪他們時要吃瘧疾藥；另一名學生則分享他的祖母曾經得過瘧疾。當學生開始分享對世界的影響，他們的顧慮兼顧實際與道德層面：「因為人們的旅行要很安全，也要符合倫理。」「我們需要一起努力來消弭瘧疾。」以及「因為已開發國家的國民有責任幫助其他的國家。」

　　在課程結束後的反思中，崔夏覺得自己對學生和他們渴望成為全球公民有了更多了解。此外，她覺得「三個為什麼」和她的學科自然契合：「我發現這項例程定期成為我的課程計畫中的一部分。特別在導入新單元，並嘗試讓學生了解全球觀點時，我總是希望他們在與文本的互動中做到這一點，而這項例程做到了。」

◉ 四個如果 ◉ 4 If's

選擇一個議題、理念或引導原則，從四方面考慮：

◉ 如果「我」認真看待這個理念／原則……對如何活出我的生命有什麼
   例行性影響？我的個人行動和行為可能是什麼樣子？哪些事情我會選
   擇不同作法？我在何時何處可能發現自己勇於表達？

◉ 如果我的「社群」認真看待這個理念／原則……對我們的集體行動與
   行為有什麼影響？我們可能會承擔什麼新行動？我們可能要改變哪些
   目前的行動或行為？

◉ 如果我們的「國家／世界」認真看待這個理念／原則……對我們的國
   家／世界有哪些影響？需要哪些目前和未來的政策與提案？哪些錯誤
   需要改正？

◉ 如果我／我們「不做任何事」……會發生什麼？

「四個如果」的設計目的是以學生對議題的探索為基礎，再進展到考慮
自己和其他人可能採取的行動。是「三個為什麼」例程的天生良伴，「三個
為什麼」發掘學生對主題的熱忱，並幫助他們看到複雜性和重要性，但我們
並不希望學生對現在看起來可能很巨大的問題或議題感到無能為力。藉由協
助學生考慮行動，我們可以幫助他們感覺到自己是更具公民權的公民。前三
個提示反映了「三個為什麼」的提示，我們加上第四個提示，是因為考慮不
行動的後果也很重要。我們希望學生看到不採取行動本身也是一個選擇。然
而，那不是一個良性的選擇，而是會帶來後果的選擇。

· 目的 ·

　學生經常研究並了解這個世界，但發現難以採取行動，或他們可能認為

自己的行動過於微小、不足以造成改變。在探討一個議題或主題後，學生可以運用「四個如果」例程，依據自己的信念來生成可能的行動方案。在行動的生成之外，「四個如果」鼓勵了兩種特定思考類型：觀點取替，和發現因果關係形式的複雜性。要確定社群、國家和世界層級的行動，我們需要用新的各種視角思考議題。即使在辨識我們身為個人可能採取的行動時，個人也需要考慮其他人對這些行動可能的反應。當我們慎重思考並開始評估行動時，我們揭露它們的複雜性並找出因果關係的議題。這通常以考慮動機的形式出現：為什麼這是值得做的事？我們也評估行動的結果：結果會發生什麼？

·挑選適當教材·

　　開始先確定並詳細說明從課堂學習、閱讀或探究中衍生出來的原則或理念。時事、全球議題、地方爭議、倫理兩難、醫療突破、歷史事件、環境議題等等都是適合的考量。例如：學完水源稀少的議題和乾淨水源對福祉的重要性後，班級就可以確定「每個人都應該可以取用潔淨水源」的原則。學習特定國家的憲法或立國文件時，個人會發現作為該國指導原則的理念。在學習健康時，學生學到保持活躍帶來的終身益處，這可能建構成一個指導原則：「活躍的生活方式有助於個人的福祉。」在體育課則可以探討「體育精神」的理念。如果已經確定並詳細說明這堂課的原則或理念，寫在黑板上或展示出來，以便在整項例程中提供清楚的參考，是很有用的。

·步驟·

1. **準備**。這項例程可能在「三個為什麼」之後進行。這樣的話，告知學生我們已經探討了主題或議題的重要性，現在我們想要檢視我們和其他人可能採取的行動。問學生這個議題可能如何建構成行動的指導原則。第一次由老師幫學生構思框架還好，例如：如果探討了氣候變遷的科學和

影響，那麼萌生出來的指導原則可能是：「氣候變遷對地球造成威脅。」

告知學生他們將以個人、配對或分組進行，請留意：讓學生在加入夥伴或小組前預先思考通常會有幫助。同時，當我們有機會以彼此的想法為基礎時，往往更能產生想法。請決定學生如何記錄，如果學生會以小組進行，就給他們海報紙或白板等大型平面，以確保每個人都看得見，同時可以多人書寫。垂直放置可以看得更清楚，也更好寫，同時還能促進討論[6]。

2. **如果「我」認真看待這個理念／原則**……鼓勵學生辨識他們可以採取的行動。更多的提示如：會如何日復一日影響我活出我的人生？我的個人行動和行為可能是什麼樣子？我能選擇不同作法嗎？我在何時何處可能發現自己勇於表達？這些可能有助於學生生成行動。

3. **如果我的「社群」認真看待這個理念／原則**……在這個步驟，你需要用最貼近你自身需要的方式定義「社群」：是班級、學校、經常互動的人們、居住的城市或甚至國家。很多時候我們希望學生調查並投入學校整體層面的議題，這樣的話，我們選擇的就是學校社群。

4. **如果我們的「國家／世界」認真看待這個理念／原則**……這裡你又一次需要決定你希望學生考慮國家性或全球性行動。因為國家通常有自己的法律和政策來實現改變，這常是考慮行動時自然的選擇。你當然也可以加上第五個**「如果」**，選擇顧及國家和全球兩個層級的行動，這對海洋的塑膠汙染之類的某些主題還滿合理。

5. **如果我／我們「不做任何事」**……把學生的注意力轉移到不行動的後果。要他們考慮這個議題相關因果因素的當前軌跡，來考量哪些影響可能會擴大、消散、演進或改變，而這些又可能會帶來什麼衝擊。**會影響到誰？如何影響？到什麼程度？**

6. **分享想法。**如果學生是雙人或多人小組在海報紙或白板上進行，接下來可能適合運用畫廊漫步。給予學生查找的目標，例如不同組間的共通

性，以及其他小組找到的獨特且可能很強大的行動。如果你真心希望推動實際行動，可以把各組的產出合併成一份統整文件再進行討論，著眼於找出可行又可能產生重大影響的行動。請參閱「小提醒」，以獲得更多關於如何考慮採取行動時的想法。

· 運用和變化 ·

儘管我們全力希望保護我們的學生遠離令人煩憂的事件，但世上最令人震驚的悲劇與恐懼總會快速占據媒體版面，以致我們經常無從躲避。2018年10月27日賓州匹茲堡的生命之樹猶太會堂（Tree of Life synagogue）發生槍擊事件後，事態正是如此。密西根州諾維市的三年級教師雅莉珊卓‧桑契士了解她的學生因為新聞而憂慮不安，可能感覺不知所措。「像這樣的悲劇事件發生時，我們感覺無助而希望自己可以做些什麼。運用這項例程，學生發現能動性，並瞭解在自己的生命中可以做些具有深遠影響的事情。」

雅莉珊卓對同學朗讀了一篇適合學生年紀的短篇事件報導，但跳過聳動性的、帶有畫面的、兒童不宜的內容。這篇報導聚焦於槍手的反猶太動機，以及這是一樁針對特定群體的仇恨犯罪事實。歷經「四個如果」的問題提示，學生用便利貼寫出想法，貼在海報紙上。他們在思考自己的行動時，想到友善待人、對不同類的人們伸出援手、不做「黑特」[7]、對人微笑、發聲抗議仇恨言論等等。有些學生寫出「鎖好門」之類的意見，這確實反映了他們對預期之外事件的真實恐懼。考慮到社群時，多數的行動和樹立對他人有影響力的榜樣有關，如果在社群層面，他們可以展現如何和大家和睦相處並尊重別人，其他人會看見尊重別人是可能的。考慮到國家時，學生想不出具體內容，常常講出「停止傷害人」這樣的大方向。也有好幾則意見提到限制槍枝取得途徑。最後，不行動的後果是看出可能會發生更多的暴力與死亡。討論結束時，雅莉珊卓覺得學生已經了解自己可以在生活中散播愛來對抗世上的仇恨。

2017年澳洲舉辦了一場公投，以衡量是否准許同性伴侶結婚的公共意見。引發的爭辯進入澳洲墨爾本比亞立克學院高年級學生的川堂與課堂。即使他們年紀太輕不能投票，歷史暨猶太研究教師雪倫‧布蘭姆希望幫助學生思考他們可以採取的行動。雪倫讓學生先閱讀澳洲公共電視網（SBS）一篇有關猶太人婚姻平等的案例報導，雪倫很清楚學生不需要贊同作者寫的所有內容，她鼓勵他們提出爭議和問題。然後她要學生個別以書面回應「四個如果」。雪倫明白這是個社群成員觀點分歧的敏感性爭議題材，沒有要所有學生分享自己的回應，而是只開放給願意分享行動的每位學生對話。浮現的主題是，除了參加遊行來支持LGBTQ[8]，重要的是接觸觀點不同的人並討論接納的重要性，要讓接納成為社會指導原則。「四個如果」例程非常適合用來為學生賦能，提供一個非常有幫助的架構，讓人發自內心的討論議題。

‧評量‧

這項例程要求學生的思考超越個人，要去考慮其他人的觀點、影響與角色。甚至在考慮為自己的行動時，個人必須覺察自己的行動如何影響其他人，以及別人會如何看待這些行動。要留意學生考量這些後果和觀點的能力，如果學生分組進行，討論可能的行動時是否顧及其結果和影響？討論中是否顧及其他人的觀點？

學校讓學生投入議題周邊的間接行動已經行之有年，例如：可能收集金錢或舉辦募款，然後把捐助款項轉交給直接執行機構。同樣的，學生常被要求製作海報，將議題告知他人。這些努力當然可能有其價值，只是他們不讓學生真正靠近。留意學生的思考是否能夠超越間接行動而考量直接行動，特別在考慮「我」的行動時。有時可以藉由詢問來提示，像是：「有沒有什麼事情你自己可以做也幫得上忙，那你就不必依賴其他人來做什麼？」如果學生回應籠統：「要有幫助。」那就要追問細節：「那看起來是什麼樣子？」

在產出強大有效的行動時，學生還需要想到因果關係，亦即個別行動如

何導致解決、改變或改善？學生在討論可能性時，聽取學生是否能夠向前推演某個行動可能有什麼後果？如果你聽到學生只回應：「那是個好主意。」你可以問：「你認為這個主意中的哪一點可能使它有效？你認為它有沒有可能改善或改變情勢？」如果他們還沒做的話，這些提示讓學生有機會探討因果關係。

面對某些主題時，你可能需要留意學生能不能超越自身而在更大範圍思索。例如：霸凌議題在社群和個人層面可能很容易想像，但學生能不能看出來，就人們如何被對待而言，這個議題在更大的國家或世界舞台上如何發生？

・小提醒・

這項例程通常是從個人向外展開到寬廣的世界。但和「三個為什麼」一樣，這個順序可以改變，重要的是學生一次進行一個步驟，讓他們謹慎思考每個提示，不要同時進行四個提示。話雖如此，個人逐步完成四個層次後，新想法還是可能在任何思考層次浮現。

分組進行會鼓勵精彩的討論和探討，也讓學生以彼此的回應為基礎，激盪出新想法。為了確保小組中每位學生都帶著想法來貢獻大家，我們建議讓學生有個別思考和撰寫的時間來確定自己要如何回應，而不是馬上進行小組任務。這樣可以確保每個人在配對或加入小組前已經有些可以分享的想法。

學生產出在不同層級採取行動的想法後，你可能會需要對這些想法進行一些評估、整理或解釋。這時可能運用的形式是，讓學生選擇最感興趣的一個行動（任何層級皆可），然後依據學生選擇將學生分組，讓他們在小組中探討並進一步形成這些行動。為了幫助學生確定行動的有效性，學生可以在每個層級選擇一個他們認為最可能引發改變的行動，進行討論、反思、及／或記錄他們為什麼認為這個選擇是正確的，然後對全班發表自己的個案供大家參考。另一個選項是「拔河」這項例程[9]也可以用來探討某個特定行動帶來

的效益與問題。另一個處理生成行動的方法，是以小組或全班一起的形式，讓學生把他們的行動分成直接（投入行動）和間接（倡議與推廣）兩類，這個想法不是要貶低間接行動，只是間接行動可以探討和發展的空間比較小。

◉ 教學實例 ◉

　　加州德爾瑪的阿什利瀑布小學中，所有學生都投入一個大型專題，專題重點是設計未來學校，各年級的每班學生選擇這個專題中他們想探討的某個面向。六年級教師凱特琳・威廉斯和她的學生選擇把生態友善的原則應用到學校設計，班上已經花了許多時間探討環境議題和永續的理念——兩者似乎是自然的延伸。凱特琳和德爾瑪學區各校教師組成的團隊在一個協作式學習實驗室（詳見第七章更多有關學習實驗室的資訊）中共事，她開始設計導入課程的歷程。

　　當凱特琳分享了這個專題的重點和目標後，逐漸釐清核心目標是擴展學生對這個主題的思考。凱特琳擔心太快跳到設計生態友善學校的想法可能促使學生只考慮標準解決方案，像是加裝太陽能板之類。每個人都認為先深入了解生態友善設計的重要性和應用，再實際投入設計相關議題，效益會更高。經過多次討論後，協作規劃團隊決定先用「三個為什麼」例程，再用「四個如果」例程，並認為這是一個很好的方式，讓學生在沉浸於設計的挑戰之前，先考量生態友善設計的重要性及其廣泛應用。

　　凱特琳在課程開始時先說明「三個為什麼」例程，然後讓學生選一個夥伴或組成三人小組一起進行任務。學生要在分成三塊的一大張紙上記錄自己的回應，有些學生設計了水平式區分，有些選擇垂直式區分，有幾個在紙上創造了Y形圖。學生彙整完對每個提示的想法後，全班進行了不交談的畫廊漫步來搜尋主軸。浮現出的主軸包括（1）聚焦於未

來。生態友善的重要性在於導向更安全的未來。(2)永續。生態友善保護瀕危的植物、動物和生態系統;(3)危害。「對生態不友善」以我們才剛開始了解的方式危害了植物和動物。

　　以這些討論為基礎,凱特琳說明「四個如果」例程:「我們現在要把心思從生態友善變成考慮行動。我們會用『四個如果』例程幫助我們進行。這跟『三個為什麼』的架構類似,但加上一點新東西。」她讀完四個提示,圍繞著每個提示提供補充提問。一邊說,凱特琳一邊在黑板畫了一個長方形,分成四格,然後在每一格寫一個提示。「在『三個為什麼』中,我們認真思考重要性的意義,現在我們要思考行動。紙上的每個格子裡都要填上行動。」

　　「所以這不是我們運用生態友善設計會發生什麼,而是我們要採行什麼行動才能真的運用生態友善的設計?」一位學生問道。

　　「是的,沒錯。是你會在你的日常生活或在我們的日常生活中要採取什麼行動。」

　　「喔!所以不是影響?」這個學生確認。

　　「這對釐清問題很有幫助!謝謝你的提問。」凱特琳在指示學生回到小組前下了結論:「我們大約還剩15分鐘,時間足夠讓我們花心思認真開始想這個議題。」

　　學生回到自己的小組,依照凱特琳在白板上畫的,把新拿到的紙分成四個象限。分別標示我／我們、社群、世界和沒有。學生在辨識自己的行動時對話活潑而具體。有些學生在回應中不只確定了行動,還寫出了行動的結果或理由。例如:「我們要用可重複使用的容器來減少塑膠袋的使用。」或「我們要建一座菜園,用新鮮產品取代外送的速食作為學校午餐。」這班學生的行動傾向包括前述的各種直接行動,也有間接行動或倡議,像是「和朋友跟家人分享想法」或「傳播訊息」。

　　許多學生的回應反映了之前有關永續、發明和設計思考的學習。有

很多提到了太陽能板、供水瓶加水的飲水機、使用生態友善的材質和限制過度包裝等。有一名學生在社群可做的事項中提到設立口香糖回收站，他讀過一位英國發明家設計的口香糖回收站，同時處理了垃圾（口香糖是僅次於菸蒂的最常見街頭垃圾），還找出方法回收製造口香糖的聚合物基，再製成鞋底和飲料杯等可用產品。

學生在思考「世界」層級的行動時，找出的行動反映了規模擴大的想法。例如：在「世界」和「社群」兩類都提到用生態友善的建材來設計建築物。規模這個想法也反映在「種幾十兆棵樹」這樣的行動，有些學生引述「讓汽油車非法化」這樣的政策決定。

當學生進一步考慮不行動的後果時，多數人關切的普遍是提到伴隨全球暖化和氣候變遷而來的憂慮漸增。有些人指出了特定事物，像特定物種滅絕和自然資源耗竭；有位學生評論「如果我們什麼都不做」的想法是：「未來的景像，有可能現在就出現。」

這堂課的總結匯報是學習實驗室體驗的一環，凱特琳提出：「這兩項例程巧妙的配合學生現在的需要，讓他們運用之前在生態友善設計方面所學到的東西及熱情，但也導向了真實行動。當我們正朝向設計未來學校邁進時，我確實希望他們跳脫框架思考，不只是把太陽能板裝上屋頂而已，我想他們現在對於如何做到有些想法了。」

1 Ritchhart et al., 2011
2 White & Gunstone, 1992
3 Ritchhart et al. 2011
4 記本頁面劃分為右邊一個「筆記欄」大欄位、左邊「整理欄」，和下方「摘要欄」兩個小欄位的康乃爾筆記法。譯者註
5 Dweck 2006.
6 Liljedahl 2016
7 此為 hater 的音譯，意指討厭特定人、事的人。譯者註
8 泛指女同性戀者、男同性戀者、雙性戀者、變性者、性取向疑惑者等群體。譯者註
9 Ritchhart et al. 2011

The Power of Making Thinking Visible

PART THREE

REALIZING

THE

POWER

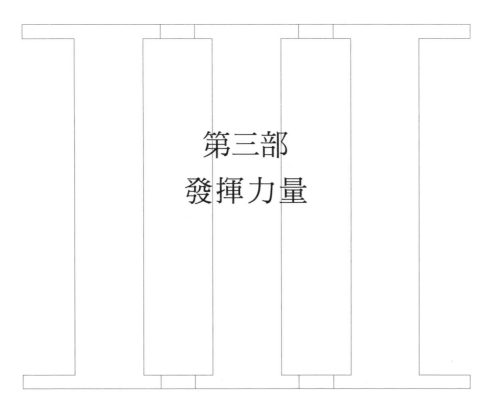

第三部
發揮力量

The Power of
Making Thinking Visible

CHAPTER
6

第六章

Using Thinking Routines
for Maximum Effect

運用思考例程創造
最大成效

在前面的章節中，我們分享了一系列思考例程，它們設計的目的是幫助學生擴展以下習慣投入與人互動、投入想法探索、投入行動的習慣。一路讀來，我們希望你發現這些工具和架構是可以應用的，而且到了此時，你可能已經跟學生在課堂中試過了幾項例程。雖然讓例程進入課堂的障礙很小，但是，將教師和學生都信服且有影響力的方式融入實踐，又是另一回事。

在進行研究時，我們不斷聽見老師們的領悟：當他們不再只是「依照例程去做」，轉而將思考行動變成教學中規律而日常的部分，思考例程便發揮了最大的成效。漸漸的，例程愈來愈不像等待完成的活動，反而是以動態的方式扮演激發、驅動和記錄學生學習的角色。當學生的思考變得可見，思考就成為儲水庫，儲存接下來的問題或行動。而這種情形發生時，教師和學生都開始帶著更大的彈性跟靈活度來運用思考例程，如同流暢的舞蹈般巧妙操作。

教師持續運用思考例程一段時日後，會發現學生和課堂文化都發生了第一章所敘述的重大改變。當教師接受了例程的語言，他們發現學生是會仿效的。學生自動自發的開始使用思考例程，學生和教師的提問性質變得更深入、更複雜。學生變得更願意參與對話，當他們知道課堂是以學生的思考與否而非正確與否為中心時，便有信心貢獻想法給教室社群。

這些轉變代表許多思考例程所期望提升的品質和功能。不過，教師如何達到這些期望？他們做了什麼選擇來支持讓思考變得可見的目標？是什麼讓這些教師從思考例程的初步運用走到藉由使用思考例程創造最大成效的階段？

我們發現，如果教師關注以下四個重要領域，便可幫助他們從表面的運用思考例程進展到將其融入教學中，以創造最大的使用效果。

- **規劃**。辨識何時與何處需要思考，以及思考如何發生。例如詢問：「在投入想法探索跟投入與人互動時，我可以在哪方面進行規劃，好讓學生仔細觀察、建立連結並發現複雜性？」
- **準備**。預期思考，並刻意留意思考浮現的時機。自問：「我要如何在思考出現時就立即辨認出來？」
- **敦促**。推動當下的思考向前進展。自問：「在此當下跟之後，我能夠如何與學生一起以他們展現出的可見式思考為中心，進行最有效的互動？」
- **定位**。讓思考例程變成我們表明的定位、我們採取的立場、我們追求的目標。自問：「我如何為自己定位，讓思考成為我的課堂中的日常習慣？」

我們在這一章會探討這四個主要的上層領域，以及讓思考變得可見的力量極大化的相關實作。在過程中，我們將聽到實行這些實作的教師發聲，他們致力於改造課堂，去促進學生思考，也讓思考變得可見、受到重視。

◉規劃思考◉

單元規劃是教師們熟悉的領域，而活動和效率往往是教師規劃對話時的首要焦點。通常，當老師針對某個課程主題聚在一起時，他們會開始提議去做前幾年執行過、可能適合再做一次的活動。他們投入了所謂「活動垃圾場」（activity dump）的過程，堆積了一大堆活動，然後將它們的規模縮小，以便產生一套在主題時程內可控的活動。另一種典型的規劃傾向是「效率取向」，因為要教的課程很多，時間太少，不可能教完所有內容，教師通常會衡量課程份量，再除以學期天數，產生的結果就是從現在到結束日期之間每天的課程目標。

將焦點擺在活動和效率的本意是好的，但問題在於，這兩種方法都不是

靠學生的思考來提供持續的學習經驗。學生擁有的想法、連結、好奇和觀點對於學習方向的影響相當小。那麼，教師要怎樣才能夠擺脫這種常見但受限的規劃傾向？以下的工具和實作對規劃思考會有幫助：

- 運用理解地圖
- 要牢記明天，並規劃「待續」時刻
- 規劃互動、環境和時間
- 規劃在何處與何時傾聽
- 不要過度規劃

・運用理解地圖・

如第二章所說明的，理解地圖是一個用來規劃的定向框架（圖6.1）。我們特意使用「地圖」這個字，想想地圖提供我們什麼：地圖幫助我們在空間中定向；幫助我們抵達特定目的地；幫助我們評估構成周遭地形的特徵。正如地圖幫我們看出我們的環境既不平坦也不一致，理解地圖也協助教師用多層次、多維度的方式看待學習。雖然理解地圖在導入時，大多數老師都很有共鳴，但也令人陷入一種傾向，非要實際執行MTV的實作。如果「操作例程」成為主要焦點，許多教師便會看不見整體地形。要記得：目標是讓思考變成日常習慣，不是只操作思考例程。

理解地圖可以讓老師跟學生用來為自己定向，在特定時刻決定採用哪一種思考行動，也可以幫助學生和老師搞懂他們所處的地形，注意到他們從哪裡來、往哪裡去。摸索特定概念時，理解地圖有助於辨識方向、標示往哪裡前進，以及要避開什麼。北京國際學校的國小讀寫素養教練肯卓・戴里運用理解地圖時，藉由聚焦於思考來設計更加緊密結合的跨領域課程。「我的組員和我發現，找出我們想在單元裡強調的不同思

圖6.1　理解地圖：感謝聖菲立普基督學院提供

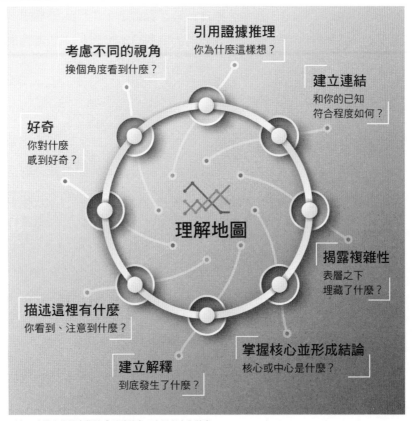

源自：哈佛大學教育學院「零點計畫」之思考文化計畫

考型態，是發掘學科間統整點的絕佳方法。雖然一個統整單元進行的過程中會產生很多種思考類型，但找出一、兩個思考行動並與例程連結，我的組員和我的實作便已更加持續成長。我不用一直絞盡腦汁想著要進行什麼活動，取而代之的是，我進行每天的課程計畫時會自問：「我的目標是哪一種思考？」以及「哪項例程會幫助我們得到那種思考？」

當教師（好比肯卓）確定了他們希望學生熟練哪幾種思考行動後，便開始把這些思考標示在以日為單位和以週為單位的課堂經驗地形圖上。為了讓學生的思考得以成長與發展，一定要有定期、持續的機會讓學生例行性的投

入那種思考之中。參考理解地圖，問問自己：哪一種思考型態是我希望學生更加熟練的？在這星期的任務中，哪裡創造了機會讓學生投入這種思考？檢視考試或單元結束的專題，學生將需要啟動哪些思考型態，才能獲得優異的結果？在這週規律而持續的作業中，哪裡有機會可以讓我強調、鼓勵、凸顯那種思考？

·要記得明天，並規劃「待續」時刻·

　　讓思考變得可見的六種力量之一是更深層的學習。但如果教師總是習於只透過當天待辦事項來規劃，就很難達到深度。我們合作過的教師通常會從他們希望在一個單元或一個學年的過程中更加廣泛培養和發展的思考行動開始。他們會自問：「我希望我的學生在此單元中的哪項思考行動獲得增能？」接著自問：「所以今天進行這個思考行動的機會在哪裡？」他們也會問：「今天進行的思考行動會在哪裡連結到我們明天要進行的思考行動？」我們看到的是，教師總把眼光放在遠端，以發展學生的思考傾向作為主要目標來規劃近程經驗。

　　關注思考行動的近程和遠景是國際文憑組織印度清奈美國國際學校心理學教師沃爾特·巴斯奈特深思的重點。他反思道：「我要尋找、希望發展的思考類型已經更具體了，我會考量如何在一學期或一年的課程經驗中搭起能夠支撐那種思考的鷹架。這很重要，因為能幫我辨識思考例程，並對我的學生詳細說明這些例程所支持的思考類型。」

　　幾十年前，有些電視節目受到許多美國家庭的鍾愛，像是《脫線家族》、《吉利根島》、《草原之家》等。大多數時候，這些影集開始與結束一集的方式都相當公式化。但是，每隔一段時間就會有那麼幾集，在30或60分鐘結束時，螢幕上閃過「待續」幾個字。唉，他們怎麼可以這樣對待忠實觀眾呢！觀眾可要等上一整個星期，影集才會再次播出。那時沒有網際網路搧風點火、引發觀眾的熱烈討論，接下來會發生什麼情節的期待搞得觀眾如癡

如狂。雖然沒有人喜歡不得不等待的感覺，但是當如此豐富而複雜（就當時這類節目而言）的一集出現了「待續」時刻，卻也帶來了某種層次的滿足。堅持要看的心情更加微妙了，觀眾都很想搞清楚下集會發生什麼事。

藉由讓思考變得可見在課堂中獲得全面成功的老師會規劃「待續」時刻。不是用那種吊人胃口的方式，而是「今天的思考情節將會延續到下一集」。今日體驗到的事物總有些會繼續出現在後續的學習機會中，不論是明天或接下來的幾天。透過這種方式，他們讓學生的思考藉由例程和紀錄展現出來。

密西根州特拉弗斯城地區公立學校的中學數學老師瑪莉‧貝絲‧許密特非常相信「待續」的連接能力。「我相信，從一堂課到下一堂課、一個單元到下一個單元，甚至從一個年級到下一個年級的基礎上，發展一系列互有連結的問題解決經驗，對所有學生的理解深度都有正向的影響。我希望我們今天學的東西可以繼續成為明天學習的基礎。」瑪莉‧貝絲如是說。規劃「待續……」時刻的教師發現自己會記得今天的學習，也總是把眼光放在培養思考習慣的長期目標上。在規劃時，問問自己：「今天有哪種思考會變得可見，並能融進未來的經驗、調查探究或提示中，好讓這份思考得以延續下去？」

‧規劃互動、環境和時間‧

老師很容易考慮到下週課程，不假思索的快速列出學生將會進行的活動。但是單獨規劃課程本身並無法確保學生的認知投入度與深度學習。創造思考文化的教師在規劃每天課程之外，還會規劃互動，包括他們預想跟學生進行的互動，以及如何鼓勵學生之間的互動。教師也會考量實體環境，精確規劃學生在哪裡、如何投入重要的思考行動。同時，他們會精心規劃時間，讓思考確實發生，而不是期待學生迅速回應，從而忽略學生到底有沒有思考。

英國格拉斯哥的織錦合夥企業和蘇格蘭的許多地方當局合作，吸引教育工作者投入讓思考可見的實作。蘿拉·麥克米倫是中學音樂老師暨學習領導者，她反思了她規劃的內容如何因為自身的參與而大大超越每一節課的範圍，「我如今在規劃時考量的是學生思考的時間，而不只是完成任務的時間。學生現在很珍惜這段時光，也注意到如果有架構跟時間去準備的話，完成的作品會有差別。」另一位織錦合夥的學習領導者，中學戲劇老師克蕾兒·漢米爾頓表示：「以前規劃課程時，我會思考我希望給學生什麼資訊，以及最佳的執行方式。現在我會找機會讓學生互動，去發現問題並解解決問題，以便產生自己的結論。」印度新德里美國大使館學校的五年級教師瑪雲娜·古德伊在她的規劃中考慮了課堂環境本身，她分享道：「我發現在教室環境中刻意規劃牆壁上實際會出現什麼內容，會幫助我更有覺察，也更能回應學生還在持續發展中的理解，這樣一來，我們可以有更多，甚至更深入的互動。」在規劃時問問自己：「我需要投入多少時間，學生的思考才不會太匆促？我要設想學生應該進行什麼樣的互動，才有助於產出更深入的思考？學生可能會生成什麼樣的思考？可以實際展示在教室牆上，以便在單元進行的同時鼓勵更多機會嗎？」

·規劃要在哪裡傾聽·

隨著你的每週學習經驗開始成形，你是否考慮過要在哪裡傾聽？學生會在哪些時刻討論、探討並辯證想法，你可以藉機了解他們的學習機會嗎？如我們之前強調的，在課堂中以老師身分進行傾聽很重要，也是讓思考可見的四個主要實作之一。但是，如果我們不刻意分配時間去傾聽學生並嘗試理解他們的思考，我們的教學就會變得更偏向灌輸，而非回應。

我們共事過的許多老師都注意到，如果他們不刻意努力成為自己課堂的觀察者與聆聽者，他們就可能用自己的聲音填滿空間。教師具備專業知識是一個既定事實，但我們一跳進去（或許還頗為興奮）接管了課堂中的對話，

這件事就會一發不可收拾。教師過度熱中於用自己的想法塞滿課堂，會輕易的把權力動能扭轉回成人這一方，並無意中使學生成為教師恢弘智慧的接收者。我們需要的是更具同理與啟發性教育意義的傾聽[1]，在這種傾聽中，我們關注的是學生在奮力理解的過程中有何觀點。

韋恩・寇克斯之前是澳洲雪梨紐英頓學院的健體教師，現任教學與學習主管，他完美的總結了這股張力。他承認：「我發現最難的事情是不要迷失或過度投入於我自己的學習。當這些重要的思考時刻在我的規劃中產生，而學生們出現了豐富的學習時，我可能會強行推動整個概念，並開始更需講出、強調我自己的反思和想法。」韋恩很小心，他的興奮可能真的會抑制學生的聲音，並剝奪他們在更深層次發展自己思考的機會。他繼續說道：「當然，我希望分享我的思考，但也刻意多傾聽學生，而非一味講話。我真的努力對這一點保持高度警覺，在所做的教學規劃中，盡可能避免講太多話。」

・不要過度計畫・

多年前，馬克・邱奇和同事負責幫五年級學生安排一個多天外宿的校外旅行。他們計畫、計畫又計畫，每一分鐘都沒放過，嚴謹到所有事情都像上了發條。回來後，馬克記得他不經意的聽到一位迎接孩子的家長問起這趟行程。「媽，還好。但我們真的沒做多少事。」馬克和同事滿洩氣的：學生做了這麼多活動，得到這麼多經驗，每分鐘的規劃都精確到秒。多年後反思此事，馬克認為學生表達了某種深刻的感受。學生真的**沒有**做多少事，在老師用心良苦安排的時程表中，他們是過客，在善意安排的體驗中，他們是觀眾。他們的角色確實就是透過許多活動獲得大量學習幻覺的旁觀者。

許多和我們共事的老師已經了解，過度計畫活動可能就跟計畫不足一樣有害。時間太少而想做的事太多，學生會陷入完工交差的模式，而教師則陷入總管理者的模式。過度計畫的傾向可能導致教師把很複雜的觀念拆解成小塊，或用改善簡化過的方式讓學生輕而易舉的「搞懂」。然而，當主題中所

有的粗糙邊緣都被磨平、準備好被吸收，主要的思考機會就已經結束了——但卻是被學習者之外的某人所完成。強大的契機如建立連結、深入發掘、考慮替代觀點、生成問題等會在緊張、兩難，或某樣事物有點爭議性時發生，這些情況多半需要時間、空間和處理，而不僅是一長串更多活動的清單。

在培養學生成為思考者時，若有明確目標，可以幫助教師避免過度計畫。當教師下定決心，要讓學生建立想法之間的連結，及考慮其他人的觀點都不再只是單元目標，而是總括性的目標時，那麼，為學生創造空間來定期出做這些事就變成最需要促成的事情。教師可能善於準備好活動、隨時可以開始，但當他們注意到學生對學習確實產生了豐富思考，能提升與深化理解時，他們「完成活動」的壓力就會降低，更可能專注於當下。他們努力發掘學生展現與發展思考傾向時所需的所有力量。

◉為思考作準備◉

那些運用思考例程創造最大成效的教師不只規劃思考，還為思考**作準備**。不論何時地何地，他們萬事皆備，只待思考發生。彷彿這些思考行動一出現他們就會注意到。我們認為，這就是努力讓思考變成慣例的教師和只是偶爾嘗試補充思考例程的教師之間的區別。

為思考作準備是什麼意思？舉個例來說明這一點，想像以下這個常見的事件。你是否有買新車的經驗？假設是一部 MINI Cooper 小跑車好了，而接下來你知道，你開始看見到處都有 MINI Cooper。雜貨店停車場有兩輛，另一輛在對向車道，還有另一輛就在紅綠燈下，停在你旁邊。這些 MINI Cooper 到底是從哪兒蹦出來的？或者，你是否曾經碰過以前從沒看過或聽過的新單字？一個在你的語言中已經存在了幾個世紀的字，但這是你自己第一次看到。然後，接下來的兩或三週中，你開始看見也聽見了這個字六、七次左右，它隨處出現。這個字到底從哪兒冒出來的？為什麼現在每個人突然都在用這個字？

我們大多數人都曾經歷過這種效應，認知科學家稱之為頻率錯覺（frequency illusion）。其中有兩個作用在進行，首先是選擇性注意力（selective attention）：你的大腦遇到新鮮事（MINI Cooper、一個新單字），然後四處尋覓。其次，確認偏誤（Confirmation Bias）這個過程發揮了作用，你剛剛看見那輛新車或那個字，然後又看到了一次，然後再一次。很快的，你的大腦開始相信這些MINI Cooper或新單字就是會不知從哪裡冒出來，而且出現得比以往更頻繁。這個嘛，事實上，這些車或這些字可能早就存在於你周遭的世界，只不過你的大腦對它們變得敏感了，而且似乎更常注意到它們。這是個古怪但有趣的現象。

回到為思考作準備這件事，有時，熟悉思考會讓我們以最好的方式到處發現思考。當教師認為從各種觀點檢視議題對學生的學習大有幫助，他們就會開始四處看到「觀點尋求行動」。當教師對自己指出，連結想法和找尋關係會提供學生很棒的深層理解，他們便開始注意「連結—建立行動」可能在哪裡產生。創造課堂思考文化的教師會為經常出現的思考行動（明顯或幽微的方式皆有）作好準備，他們藉由運用例程來規劃思考機會時，就已經準備好思考行動會同時產出，然後著手創造情境來讓思考發生。以下的工具和實作可能有助於為我們和學生的思考作好準備：

- 展示理解地圖
- 讓學生知道他們的思考很重要
- 在你自己（和別人）的課堂扮演偵探
- 表揚計畫外的時刻

・展示理解地圖・

不論在開始調查或探究時、學習展開時或分享想法和學習時，都要在課堂中以醒目的方式展示理解地圖，並習慣性的提到它。它要大到足以讓你跟

學生一眼就能看到（可以從 ronritchhart.com 下載不同語言和形式的理解地圖版本）。當某種思考類型在當下有利時，要能夠實際用手指出來，像你在電腦上雙擊一個特定動作那樣。運用理解地圖的圖像**作為你和學生互動的錨點和發射台**。當然，單單把理解地圖貼在實體環境並不足以創造奇蹟，事實上，它可能只會變成牆上的一張海報，湮沒在忙碌的課堂教學中。它的威力來自於將它融入你日復一日的教學，讓你藉此強調這些思考行動是日常課堂學習經驗的一環。

北京國際學校中學部的英語文教師基恩・奎薩達針對如何經常運用理解地圖來設定學習期望，分享了他的見解：「在規劃中使用了理解地圖後，我也把它用在教學中。因此，我的學生知道我們在做什麼。我希望每件事都感覺很透明，而且目標明確，但首先我要準備好我們的去處。發生在我身上的改變關鍵是，我現在認為，我的角色的重要性在於說出並注意到學生進行的思考。換句話說，在討論或晤談間，我發現我會說：『噢，所以你在跟……建立連結』或『我注意到你在思考用另一種方式來看這件事……』學生總是在思考，但我也準備好要注意到、說出來。這裡的期望是：在這裡，我們思考。」

・讓學生知道他們的思考很重要・

當學生了解他們的思考構成你和他們互動的基礎時，他們就更可能把思考例程當作有目的的行為模式，且對他們的學習很有意義。同時，除非學生覺得我們對大家的想法普遍有興趣而不只是尋求正確答案，否則他們不會把想法告訴我們。確實，教師第一次運用思考例程時，有時會遇見的早期障礙是學生會問：「我們應該寫什麼？」彷彿例程就是作業練習。如基恩所強調的，每當你讓學生的思考浮現時，從中找出能用來創造進一步的經驗、對話或刺激的學生意見或例子，是很有用的。在思考文化的計畫中，我們倡導思考必須被重視、看見並積極推動，作為學生日常經驗的一環。如同基恩的作

法：看見思考時認出它、說出它，然後用思考來引領學習前進，我們就彰顯了思考的價值。

泰國曼谷神奇年代國際學校小學部教師塔希蕊・譚比強調從學生身上得到線索的重要性。她寫道：「現在我讓學生影響我們的學習方向，例如，當我們開始接觸新單元時，我比較不會限制自己用活動去引導下一步，我更喜歡考量學生會連結到什麼、他們的觀點是什麼，和他們揭露了哪些誤解。然後我用這些資料作為後續行動的參考。我認真看待他們的想法，把自己當成學生的研究者。我相信我的學生開始看出我們共同進行的思考有重要的價值，因為那決定了我們接下來要做什麼。基恩和塔希蕊的反思指向三種方法，藉此可讓學生看到他們的思考很重要：

- 說出並注意學生的思考，以此來顯示這是你重視的要點。
- 運用學生的思考來形塑教學的方向。
- 辨識學生的誤解並規劃處理方式。

・在你自己（和別人）的課堂扮演偵探・

你曾經碰上這種繪本嗎？插畫家用各種奇異事物和複雜細節填滿頁面，就像你在骨董店或老奶奶的閣樓深處可能會發現的那些東西？通常，插畫會配上一串待搜尋的隱藏物件來挑戰讀者。你找得到棲息的貓頭鷹嗎？一只金錶？一張復古夏威夷明信片？往往要花上好一會兒才找得出各項物件，但只要一看到，似乎又顯而易見。它就在這裡，正在你眼前。為思考作準備就是要求教師以這樣的方式面對每一天，彷彿這些思考行動將會隱藏在眼前的學生中，而教師的職責便是去找出來。

在你自己和別人的課堂扮演偵探，搜尋你在何處與何時注意到思考、創造思考的機會，和預期之外的思考。你很快就會善於掃描、傾聽與搜尋，你也會培養出一種感覺，知道何時走開，轉而留意到課堂的其他畫面，用新鮮

的眼光探索。如果是刻意規劃的思考機會，那麼，學生將可能經由教師提示與自己主動兩種方式，頻繁的產出重要的思考行動。你的職責是當思考行動發生在課堂時，設法看出這些進行中的思考行動。同樣的，盡可能在其他課堂上觀察，看你在較年長、較年幼的學生或學科領域與你自己不同的學生身上注意到什麼。要注意思考，把思考視為在自己實作中的一種意識與覺知，直到這樣做也變成日常習慣。

要能夠在思考行動發生時就立即發現，需要進行大量的仔細傾聽並停留在當下，但當你注意到之後，這份經驗會讓你無比激動。當你真的看出思考，考慮環繞著你剛才所目睹的事情去發展互動，例如，你可以這樣說：「所以你很努力的進入故事中對立角色的觀點嗎？」或「看來你正試著依據你的嘗試經驗，在結果跟機率之間建立連結。」如果沒別的可說，教師可以把他們剛才觀察到的反映給學生，詢問：「我注意到的對嗎？關於你現在努力做的事／現在你在做什麼，可以多說一點嗎？」

· 表揚計畫外的時刻 ·

當教師為思考作好準備，計畫之外的思考時刻便會規律出現。穩固建立好思考例程的那些人似乎有了新發現，對這些計畫外的時刻有了新的重視，不再視之為干擾，讓人無法專心投入課堂，而是把它當成深化學習的各種坦途，幫助學生愈來愈接近發展與深化思考傾向這個目標。在這些計畫外的時刻，可能有思考的金礦等待發掘。中學英文教師暨織錦合夥企業的學習領導者露易絲－安‧蓋德斯重視這些時刻，她說：「我發現，計畫外的思考已經讓我帶領的年輕人產出了一些最本真的學習。當某個學生在發言中顯示出洞察或真正的理解時，我自然而然看到自己問出『**是什麼讓你這樣說？**』這句話。更深入的發掘這些思考經常把課程帶到我計畫外的方向，我覺得這是最能讓學習者自然而然深入思考的機會。」同樣的，荷蘭阿姆斯特丹國際學校的中學自然教師瑪莉‧凱利分享道：「我不會過度擔心這可能把我們帶去哪

裡。如果存在共同興趣，那就幾乎總會去到有趣地方。如果這樣意味著中止事先計畫的課程，那就這樣吧。很多學生事後會說，最有趣、最能改變生命的課程就是有意料外的趣事出現，引發我們進行許多思考行動的『脫稿』演出。」

毫無疑問，尋求這些計畫外的時刻可能感覺在冒險，也像是純粹因為相信而冒險的決定——至少一開始會這樣覺得。每個人終究都有需要教導和完成的「東西」，要讓兩者都能發生，關鍵是認知到學習在何時與何處發生，並堅信學生的投入與增能是重要目標。如果我們能夠利用這些計畫外的時刻，就是對學生送出了明確的訊息：我們把他們的學習看得比我們安排的教學時間表還重要。

◉敦促思考◉

為思考進行規劃和準備，兩者既有好處也有壞處。好處是，這樣便有更多空間產出大多數教師可能想像不到的更多思考行動，這是令人興奮的消息！而壞處則是教師所經歷的真實困境。思考是可以培養的，且潛力驚人，那麼，我們如何回應或敦促這些思考？

敦促學生思考會讓他們知道我們認真看待他們的思考，然而也帶來挑戰。當看起來很豐富的思考機會顯現出來時，教師有時並不知道自己是否應該介入並說些什麼，或是否應該暫時先順其自然，相信會有其他機會可供利用。這是我們零點計畫的同事蒂娜·布來施和大衛·艾倫在他們的著作《引導者的問題之書》中討論到的兩難之一[2]，他們寫到優秀的引導者會一直自問：「我的學習者發生了什麼事？如果有任何狀況，我該做什麼？而我又能從剛才發生的事情學到什麼？」

我們認為這些相同的反思問題支持了成功運用MTV的實作。當學生的思考透過例程、提問、聆聽或文件紀錄而變得可見，教師就會審視其思考，並決定是否應該馬上做點什麼（如果有的話）。此時並沒有必須遵循的硬性

規定，而這正是這類工作既刺激又讓人卻步的原因。我們認為敦促學生思考有點像爵士樂手（這隱喻同樣也是借自布來施和艾倫），爵士樂手有時會即興獨奏，隨著旋律飆上新的高音，但是同一位樂手也可能在其他獨奏場合飆樂，卻不幸大大走音。這本來就會發生。所以教師們要鼓起勇氣，你們採取的行動極少會失敗到不能調整方向或重新建構。要敦促學生思考，有以下這些技巧和小竅門：

- 先暫停，再決定要不要講話
- 隨時準備好提出促進型問題
- 介入前先退出
- 別把酒館變成迷你版營火

·先暫停，再決定要不要講話·

找好位置，仔細聆聽，先反思，再反應。只要給自己15秒的暫停，雖然不算很久，但有時在我們忙碌的生活中會覺得是很長一段時間。通常一、兩次快速呼吸就是教師所需的暫停，可藉此來構思如何順著學生的思考互動或提問，而不是硬把這些思考運用在自己的目的上。有個好用的經驗法則：盡可能在反應之前先反思。

克莉斯·費森貝克是印度新德里美國大使館學校的高中IB西語教師，她深信選擇暫停和留在當下的力量。她的分享是：「當思考的時刻出現時，通常我喜歡暫停，留在當下，然後更深的去探索。我一直記得單元的核心問題，所以浮現的思考大多會以某種方式跟該單元有關，留在當下幫助我看到這一點。我需要更加習慣的是不要將課程過度結構化，而是要暫停一下，並用我們對話中的思考去引導學習。」

・隨時準備好提出促進型問題・

我們在第一章討論過,提問是讓思考變得可見的重要實作之一。我們說明了促進型問題和反思性拋問等觀念,這些都是促進思考特別有用的技巧。促進型問題是學生初步回應我們的問題後提出,並促使學習者詳細解釋自己的思考。促進型問題要求詳細闡述、推理、證據和辯護。促進型問題也可能引發同學間的討論,讓不同觀點和想法浮上檯面。教師不太費勁就可以問:「你可以對那件事多說一點嗎?」「那,這個問題背後的問題到底是什麼?」甚至像:「所以**是什麼讓你這樣說?**」在這裡呈現這些問題似乎不怎麼重要,然而,如果在情境適合的學習時刻提出,這些問題會使人徹底轉變。當教師規劃好也為思考作好準備時,便會發現自己好整以暇,並熱切的敦促思考。

・介入前先退出・

想想所有課堂中課程的開始,教師通常會回顧這班已經上過的內容和進行的方向,接著提供一個主要提示,或把一個觀念放在學生面前,啟動學習。雖然這些是滿常見的作法,但善於有效運用思考例程的教師往往會從中找出著力點來加速學習,然後退出,讓學生去思考。他們共享肯卓・戴里精確陳述的信念:「如果學習在我這個老師退出舞台中心後瓦解,那就是我做了太多的跑腿工。」然而,退出並不意味著跑去處理行政事務、處理電子郵件,或只是消極的坐在旁邊。退出的意思是找機會閉上嘴巴並張開眼睛和耳朵。為了用有意義的方式敦促學生思考,教師的行動必須回應觀察到的事實,而且可以從溫和的推動中受益。不過,重要的是:不要因為教室的靜默令你緊張而敦促或推動。詩人茉蒂・布朗寫道,火是從木柴間的空間中長出來的[3]。先退出再介入,保持彈性、流暢、和靈巧的手腕——使思考變成日常的老師似乎確實都有這些特質。密西根國際學院的高中數學老師傑夫・瓦岑出色的掌握了這個觀念。他相信,知道何時介入、何時退出是傑出教學中

真正的藝術，要花時間、有耐性，加上扎實的課堂文化才可能變成高手。「我當然曾經在不該說話的時候說話，也曾在應該介入的時候杵在那裡沒吭聲。我想，至少對我而言，我能做到最好的事，就是當這些情形發生時，每一天都要反思，然後判斷我的行動對孩子是最好的嗎，如果不是，我可以有什麼不同的作法？」

・別把酒館變成迷你版營火・

　　大衛・松恩伯格提議用營火、酒館和洞穴代表學習的主要典型環境[4]，許多教師以此作為框架去思考教室的學習空間或如何建構不同的學習活動[5]。營火情境是一群人聚集在某個人周圍，由那人領導對話，好讓大家擁有共享的經驗。在營火情境發生的獨特互動之下，會有一個類似說書人的角色和一群參與的聽眾。相對的，酒館情境則包括幾個小群體的參與者，聚集在階層較不明顯、更為平等的環境中，增能的互動發生在群體成員之間，跟營火聚會的感受不同。教室中有圍繞著營火發生的學習時間和機會，也有圍繞著酒館發生的學習時間和機會。每種情境都把參與者分派到特定的角色與權力消長之中。

　　在敦促學生思考時，我們觀察到一種相關的錯誤：當指導學生進入酒館情境，並為他們增能以推進學習時，教師突然加入且催促對話進行。這會造成權力立即轉移，我們將這種情況稱為「把酒館變成迷你版營火」。這種情形發生時，儘管正處於小組情境，但教師突然以說書人之姿出現，學生常會轉換成被動的聽眾。

　　這個行動雖然意圖良善，但可能會澆熄而非助長學生思考。介入當然是教學中重要而必要的一環，但時機未成熟或倉促的介入可能會扼殺學生的思考。教師有時會疑惑自己是否該說些什麼以回應學生某個特定當下的可見思考，還是該安靜旁觀。我們認為更好的問題不是要不要說什麼，而是問：「我在**什麼時候**可以說什麼來敦促這份思考？我要如何才可以參與這場為學

生增光、增能的對話？」

把酒館變成迷你版營火的另一個問題是犧牲了學生為自己解決問題，或敦促彼此思考的機會。如果教師是教室中唯一可以敦促學習者社群進行思考的人，那麼學生還有什麼動機要養成互相交流的習慣，用來敦促、推動、考量、挑戰同學的思考，或以同學的思考為基礎來發展思考？唯有我們退後，學生才會前進。歷經時光推移，學生會開始敦促彼此而形成行為模式，這些發生時，教師可以找出更多時間成為自己課堂中的觀察者，記錄重要的學習契機，並且創造出在未來反映給這群學生的機會。

◉為思考定位◉

如我們在第一章所提到的，讓思考變得可見不是一套強化教學的活動、不是必須遵循的課程或用來執行的課組，而是目標。讓思考成為日常習慣是我們表明的定位，我們採取的立場。而立場可以定出方位，讓我們合理的評估事物；立場也是基本知識，鞏固了我們的信念以及我們在意的事物，提供我們決策的穩固根基。當然，沒人交代你採取什麼立場（雖然有人會嘗試這麼做）。我們對教學的立場是從長期深入理解什麼有影響、什麼重要萌生而出。就像我們在下一章探討的心態一樣，我們的立場反映了我們的核心信念和我們重視什麼，正如梅塔與范恩所說——兩人研究了有效促進深入思考的教師後發現：教師的立場，亦即他們面對這份志業所採取的定位，不只使他們免受令人分心的、矛盾或沒有意義的教學實務影響，也為他們增能，並激勵他們向前邁進[6]。

我們常聽到教師們極度驚惶的問道：「我必須做所有這些事，怎麼可能還操作思考例程？」這個問題出自於善良的教師，無意之間呈現了他們選取的立場。這個定位是：我要不就教內容，要不就教思考。這雖然是一種虛假的二分法，但感覺非常真實，因而讓教師產生了不必要的焦慮。不要輕視教師被要求去做看似外加的事務時，他們所感受到的真實壓力。然而我們也需

要承認，身為教師，有時我們選取的定位往往充滿盲點。我們是否可能無意間在什麼地方妨礙了思考，導致思考無法發揮最大效益？要對「內容與思考的兩難」重設有幫助的框架，而它可能是：「針對所有我們嘗試達成的學生學習目標，促進學生成為思考者如何有助於他們的學習？」與其問：「我可以如何運用思考例程？」倒不如問：「我希望學生能習以為常的運用、輕而易舉用在所有學習中的，到底是哪種思考？」把思考變得更為例程化的自我定位特別需要選取下列立場：

- 這就是對的地點，對的時間。
- 課程或課組既不是我的敵人，也不是我的主人。
- 我可以跟我的學生學習。
- 讓思考變得可見是份內工作。

・這就是對的地點，對的時間・

要相信你的學科領域或年級**就是**對的地點和對的時間，非常適合思考也提供光明的前景。我們曾經看過相信自己非常幸運，認為自己教對學科也教對年級的教師，他們找上我們，並告訴我們：「我感覺非常幸運，因為我的學科領域非常適合學生思考，事實上，那正是我這門學科領域的核心和本質。」他們低聲說著，像是同情室內的其他教師，因為其他人絕對沒有這麼幸運。我們聽過中學數學教師這樣低聲告訴我們；我們遇過學前教育教師把我們拉到一旁告訴我們這些；我們聽過藝術學科同事、外語同事、自然科同事、體育同事告訴我們相同的事。

我們也聽過相同學科領域或年級的老師們，有時剛好正是方才跟我們吐露心聲的老師的同事，堅稱促進思考不可能成為他們學科領域的目標，原因在於它們的內容，或學科的理論性質，或他們的學生所知不足，或他們的學科在實作上的本質。這個現象滿有趣的，一位數學教師堅稱他的學科領域完

全適合思考例程，而另一位數學教師則說思考例程毫無可能。

這些教師跟其他教師的區別不必然是沒有善意、努力或熱忱，而是信念！當某人相信沒有思考空間時，他看到的通常是障礙重重，而當某人相信到處都有思考機會時，他通常會發現到處是機會。這種信念是我們選取的立場，我們堅守的定位，讓我們為自己和學生看到機會，而不是看到我們實踐的障礙。

・課程或課組不是我的敵人，也不是我的主人・

令人遺憾的是，正如有些教師認為自己的學科或年級妨礙了思考，有些教師也用這種方式看待自己的課綱或課程。我們協助的許多學校設有課綱要求，包括州訂標準、基準，或國際文憑課程等。我們協助的其他學校則有他們認同的明確教學實踐，如專題導向學習（Project-based learning）、工作坊模式、探究，或設計思考等，讓思考可見的目標和以上所有教學實踐都可以相容，而且普遍能將其強化、提升，使其更為強大。也就是說，除非有教師感覺它做不到。有些教師把他們用的課綱或課程設計當成必須實踐的合約義務，或必須遵循的嚴格正統觀念；有些已經接受這種主僕關係；其他人則反抗這種想法，視之為敵人，或他們什麼都做不了的理由。我們建議的替代性定位是考量學生在成為思考者以及學習者後，是否更能達到既有課綱、課程、教學法的要求，而不是一味反對。

・我可以跟我的學生學習・

和學生一起匯報學習經驗傳達了這份期望：你相信你所提供的經驗對他們的學習和理解真的有影響。運用思考例程創造最大成效的教師經常和學生一起匯報，帶著好奇心發掘學生在一天課程結束後，究竟處理、連結和發現了什麼。他們相信自己可以跟學生學到很多。這種匯報不只是「告訴我你今天學了什麼？」，而是鑽研曾有過且仍然存在的：發生什麼誤解？學生哪

裡卡住？他們如何自己解套？哪些是學習熱點……等等。有些教師甚至運用「連結─延伸─挑戰」（Connect-Extend-Challenge）[7]來提供確認架構：你建立了什麼**連結**？有什麼**延伸**了你的思考？其中有哪些**挑戰**？當這變成跟學生確認的儀式──真正聽到他們學到的是什麼，便傳達了他們的思考對你和對他們都是最重要的。再強調一次，這是我們非常刻意選取的定位。

・讓思考可見是份內工作・

在總結如何運用思考例程創造最大成效這一章時，似乎很適合來討論一個更全面的問題：在我們宏大的教學計畫中，讓思考可見在教學任務中的位置到底在哪裡？有時，與這些想法初遇的教師會把思考例程當作在滿滿的份內工作上外加的一件事。比較有幫助的立場，是把學生思考變成例程、建立思考文化的志業當作份內工作。把課堂所有其他事項都取決於這些目標。我們共事的老師中，選取這種立場的會開始問：「那麼，當投入思考而非完成工作才是份內的工作，課堂專題看起來和感覺起來會是怎麼樣的？如果時間花在份內的豐富思考上，那麼作業、任務、日常互動和展示感覺會是怎麼樣的？」為了極大化思考例程的成效，要選取最基本的立場：促進學生的思考變得可見就是**份內**工作，不是外加的負擔。

1　English et al. 2018
2　Allen and Blythe 2004
3　Brown 2016
4　Thornburg 2004
5　Ritchhart 2015
6　Mehta & Fine 2019
7　Ritchhart et al 2011

CHAPTER
7

第七章

Learning to Support One Another as
We Make Thinking Visible

當我們讓思考可見時，
學習彼此支持

教學行動本身就是恆常的學習歷程。即使我們盡可能了解我們的學科內容並熟練的表達，但學生群體不斷更換，為他們創造學習條件還是會讓人望而生畏。教學行動需要我們認識個別學生，知道他們各自獨特的興趣、挑戰、動機、問題和欲求，也要求我們不斷尋找方法來連結學生和學習內容，在任何既定的時間點回應他們多樣化的學習需要；還要求我們的視野要超越課綱委員協商出來的課綱文件，以便辨識出對學生的理解真正具有重要性的閾概念（threshold concept）和觀點。教學行動還要求我們掌控時間，滿足真實學習內容的時間需求，同時也顧及教完教材的時間。學習有其複雜性，有時靈活多變，且經常是細緻而微妙的，教學因而很複雜。

如果教學不是如此有挑戰性，我們可能輕輕鬆鬆在幾年間就精通此道，並在餘下的職涯中滿足於施展一套常見而陳舊的教學技能。然而，以目前情況來說，我們必須全心投入、繼續努力了解教學，以此彰顯教與學的複雜性；我們必須接納我們技能中的細緻複雜，揚棄權宜性的快速解方。然而，要做到這些並不是個人的努力。我們藉由加入同樣對教與學感到好奇的教師社群，從中獲得最充實的成長與發展，在這樣的社群中，我們彼此推動與相互挑戰，共同探究、實驗，並從自我與群體的行動中學習。如果我們在學校裡找不到這樣的一群教師，就去校外尋找，並創造出我們的社群，建構我們自己的思考文化。這些探究社群藉著把「自己的學校和課堂當成刻意調查與探究的場域，**同時**把其他人產出的知識和理論當成生成性材料，展開詢問與詮釋」，以便發展出更精妙的理解與洞見[1]。

我們將在本章中探討這種教師學習群體的待辦事項看起來可能是什麼樣貌，哪些事項需要透過我們的集體探究來探索？我們希望在什麼方面更有智慧，而且做得更好？我們希望在哪些地方、如何發展與成長？本書確實呈現了許多可以試行、實驗、運用的工具，然而，環繞著MTV這份志業的深度專業學習必須往外延伸，而不只是精通自己手上的工具。這是許多專業學習的不足之處：專注於用一套工具或實作來訓練教師，但卻輕忽了要用最高效率運用這些工具，也需要去深入學習技能組合並培養所需心態。我們在下一節將詳細說明MTV所

需要的技能組合。接下來，我們將擴展之前描述的「立場」觀念，探討那些激發了MTV整體志業的各種心態。最後，我們將檢視支持這種專業成長的各種過程、支持、架構與工具。

◉超越工具箱：發展我們運用工具的技能◉

　　學校裡傳統的專業學習機會通常試圖引入一套新工具給教師，用意是幫助他們達成想要的成果。一般而言，這份構想是用新的實作「訓練教師」，好讓他們熟練，而後運用。然而，僅僅使用一套工具幾乎從來就不足以達到人們尋求的成功結果。工具不是萬靈丹，還有，所有工具終究都會在某些方面失靈。因此，為了確實學會MTV，我們必須超越自己只熟悉**工具箱**的狀態，並聚焦於發展有效運用那些工具所需要的**技能組合**。

　　我們並沒有想要避談MTV所要具備的技能組合，那都已經貫穿在本書各處。你可以在每一項例程所搭配的豐厚「教學實作」中找到；你可以在把MTV當成目標也是實作的討論中找到；你可以在前面各章呈現教師有效運用例程的學習中找到；你可以在本書剛開始時，針對MTV的六種力量的解釋中找到；你可以在本書各處教師分享的聲音中找到。我們在這裡用明確的形式重述它們，以徹底說明這樣的想法：這些不只是小提醒、建議或有用的實作，而是在與我們的學生一起、與同儕合作時，我們必須在時間推移中發展出來的核心技能。為了有效的讓思考變得可見並嫻熟的運用思考例程，我們發現教師必須磨練這些技能：

- 傾聽學生以設法完全了解他們的回應
- 辨識教學單元中所尋求的關鍵理解
- 連結學生的學習與他們被要求進行的思考
- 保持形成性評量的濾鏡
- 保持教學的回應性與彈性

- 分析學生的學習回應

·傾聽學生·

我們在第一章闡述了傾聽是MTV的重要實作，傾聽也是貫穿規劃、準備、敦促與定位這四個關注領域的主軸，這四個領域都需要運用思考例程來達到最大成效。在此我們要強調傾聽是一種表達技能，能讓思考的運用更加有效，因為我們發現，傾聽是我們都需要發展與強化的。如果學生意識到我們沒用心聆聽，如果我們不是真的對他們的思考有興趣，那他們就不把思考給我們。取而代之的是，他們會玩起熟悉的遊戲：推測教師腦袋裡在想什麼！如詩人愛麗絲·杜爾·米勒的提醒：真誠的傾聽不只是安靜並把講話空間留給別人，真實的傾聽是對別人「展現熱烈的、人性化的關注」[2]。因此，當我們傾聽時，我們往往會追問問題來顯示我們的關注。

身為教師，通常有三件事特別容易成為我們傾聽的阻礙：

- 我們急著做出快速的判斷與評價。學生講話時，我們經常發現我們是用自己想要的答案來判斷學生回應的正確性。這樣做時，一旦判斷回應是對的，我們就可能停止傾聽，因而錯失了學生正在傳達的內容。
- 我們傾向在學生沒開口前就預測他們會說什麼。因此，我們發現自己是為了確認而聽，這樣可能會錯失學生實際說出的內容。
- 我們渴望結束。我們在時間迫切和趕進度的需求下，可能沒等學生說完就總結他們的陳述，我們自以為知道他們的想法。

對抗這些傾向需要覺察、練習和時間。藉由觀察別人，我們可以對優質和拙劣傾聽兩者都發展出更高的覺察。當我們目睹好的傾聽者，我們可以從他們的示範中學習；當我們看見拙劣的傾聽者，我們能夠學著辨認與拙劣傾聽相關的跡象和動作。要在課堂中發展傾聽的實作，會需要當事者對沉默感

到自在、對學生的思考感到好奇，並降低在場的主導性。當然，拋棄對傾聽形成障礙的舊習、融入新的存在方式都要花時間。我們需要尊重這一點，並且在發展我們的技能時對自己多些寬容。

· 辨識關鍵理解 ·

如我們強調過的，思考例程明確的位於為理解而教的志業之內，在這種脈絡中的思考例程最為強大。但是，要找出我們到底希望學生理解什麼，有時頗為棘手，課綱和課本往往用處有限，因為它們把技能、知識和事實呈現為學生應該「理解」的事物，這些文件可能以表淺的方式運用「理解」兩個字，而不是我們在此運用的方式。我們談到理解時，談的是我們希望學生苦思並掌握的核心想法和概念。如果我們只要告訴他們就行，那這並不是真的理解，只是一點知識而已。此外，如果你的課綱文件在單一課程中列出學生要理解三或四點，那同樣的，能期待的就是不會有深度、探索或苦思，而這類理解可以輕易的灌輸。在這樣的脈絡中，這些見解很可能只是一點兒知識。

要辨識出關鍵理解，我們需要採取宏觀視野。這個單元中的核心在哪裡？讓我們一再回顧、看似基礎的那兩三個大概念是什麼？這些概念值得去搞懂嗎？學生可以運用自己的理解去做什麼？這份理解將如何有效幫助他們未來的學習？它還可以幫學生解讀哪些觀念或概念？這類問題最好跟同事一起解開，好讓我們可以在考慮替代方案的同時也提出建議，並為其辯護。這可能是件苦差事，但是，一旦辨識出來，關鍵理解對教學有難以置信的定向效果，可以幫助我們排列教學順序、規劃機會，並選擇思考例程以創造最大成效。關鍵理解增添了教學的流程與方向感，而不是一系列的事件。

· 連結學生的學習與思考 ·

學習是思考的結果。因此，在規劃和教學中，我們需要習慣盡可能設計

牢固的連結。在找出教學內容時，要問自己：我希望學生運用這些內容進行什麼思考？幫助學生探索和建立理解所需的思考是什麼？理解地圖（圖2.1和6.1）是可以協助回答這些問題的工具，當我們辨識出我們需要的思考之後，就可能選出最佳思考例程，作為促進思考的工具。

藉由事先知道我們嘗試激發的思考內容，我們也可以吸引學生注意並將其作為學習的主要重點。例如，一堂課開始時，與其只是說明內容，我們應該做的是強調希望學生進行的學習與思考。不要宣布「今天課程開始時，我們要看《對浪費宣戰》影集的這段剪輯影片，然後進行討論」，而是辨識學生將要進行的思考和學習是什麼：「今天要繼續思考浪費這個議題，我們會開始探討一些解決方案和可以採取的行動。為了幫助我們進行這件事，我們會運用『什麼？所以呢？現在要怎樣？』例程來幫助我們徹底思考《對浪費宣戰》影集的這段剪輯中呈現的議題。看完影片後，我們會讓每個人花些時間指出影片呈現的議題和問題，這是這項例程的『什麼？』部分，然後你們會思考『所以呢？』為什麼這很重要？最後，考慮可能採取的行動時，你們會進入『現在要怎樣？』的階段。每個人都有些想法後，我們將會運用這些想法來快速啟動集體討論。」

· 保持形成性評量的濾鏡 ·

如我們在第二章討論的，形成性評量是實作，而非任務。當我們運用了思考例程並致力於讓思考變得可見，我們持續在關注的是教師從學生的思考和理解中了解到什麼，以及下一階段教學的方向。我們好奇學生的學習、渴望了解學生如何搞懂觀念、可能在哪裡搞不清楚、對這個主題有哪些老師沒想到的新想法等等，這些都驅動了形成性評量，而帶有意圖的傾聽是其中一環。在此過程中，以下兩個問題可能有幫助：藉由這項思考例程，我了解到學生的什麼思考和理解？我會如何運用這些資訊規劃我的後續步驟？

在第一次試用思考例程的過程中就專注於保持形成性評量濾鏡可能很

難，通常我們會全神貫注，設法執行新例程的步驟，並確保我們的語言是合適的，以至於只剩一點點心力可做其他事。這樣的話，我們就會在檢視學生**課後**的回應時進行形成性評量。

不論是在課程進行中或在課後檢視學生作品，為了扎實保持形成性評量的濾鏡，我們必須學著暫時不評斷。如果我們用評價模式看待學生的回應，像是：誰做到了？誰的表現一如預期？這是我希望看到的嗎？他們是否達成我的目標？這樣一來，我們會錯失很多學生的思考。為了躲開這個陷阱，我們應該自問：我看到學生的思考在他們回應中的哪裡呈現出來？有沒有全班一致的模式？有什麼驚人、非預期、新鮮的東西嗎？學生如何超出我的預期？有什麼思考或新想法可以讓我帶回課堂跟全班分享，以增進我們集體的理解和探討？接下來要討論的**檢視學生思考**（Looking At Student Thinking, LAST）協定便可作為發展形成性評量濾鏡的有用工具。

・保持教學的回應性與彈性・

形成性評量是一種反應性行動，因為我們有義務運用我們對學生的了解來形塑未來的教學。因此，我們不應該把形成性評量純粹當作診斷工具，就像一頭栽入學校老生常談的那些人經常描述的那樣。許多視教學為灌輸的化約模式運用形成性評量「任務」作為診斷學習缺失的工具，以便資訊可以用一種很像電腦教學軟體的功能般重教一遍。我們的論點並不是說應該忽略這些缺失，不予處理，而是我們應該擴充我們對形成性評量的理解，好讓它回應更加廣泛的一些學習需求。例如：我們要如何才可能推動已經擁有豐富理解的學生繼續前進，進一步挑戰他們？我們如何幫助學生正視並處理自己的誤解？哪些新的教學途徑開啟了學生的回應？因此，目標總是在於提升學習，而非只是檢視學生是否「得到」我們教的東西。

在努力調整內容的節奏與協助規劃時，我們目睹有些學校要求教師把思考例程的應用納入單元規劃。事先思考自己的教學並考量哪項思考例程可以

幫助學生探索特定內容當然值得做,不過,我們擔心的是這種事先寫出的計畫可能容不下太多回應和彈性的空間。我們一定要願意修改計畫,做出有利於學生學習的調整。此外,如果我們關注的是培養學習者和思考者、為他們增能、引發能動性,那麼學校教育就不能只管對學生做些什麼,我們的教學必須回應他們的需求兼興趣。

· 分析學生的學習反應 ·

讓我們在教學中保持彈性與及時反應的形成性評量實務,端賴我們分析學生學習反應的能力。如同前述,這意味著在檢視學生作品時暫停評斷,並拒絕純粹評價性的濾鏡。相反的,我們需要設法了解學生的回應並辨識他們的思考。對習慣針對正確性與精準度去評分、評價的教師來說,學著用這種方式分析學生的作品是一大轉變。因此,確認這一點對改變既有觀點頗為重要。我們正在努力發展新的觀點來檢視學生作品,而這也同樣要花時間。學習記錄和掌握真實的學習和思考也要花時間,這樣才會有值得檢視的、豐富而細緻複雜的事物。拋棄過去的判斷要花時間。確認思考的證據也花時間。這一切同樣都需要支持。就如本書在此呈現的每種技能一般,我們不認為培養技能是個人的努力,相反的,最好將其視為我們跟同儕一起投入的集體努力。

◉超越技能組合:激發行動的心態◉

你是否曾經參與變革的倡議,並目睹某些人能夠抓住新工具與實作方式、立即付諸實施?他們似乎就是「知道」。這些人運用工具的效率與深入程度似乎強過其他人,通常不一定是這些人更了解工具,而是因為他們已經具備心態,亦即運用這些新工具所需的信念、態度和立場。

在教育場域,我們太常把這些工具看得萬無一失,好像只要這樣做,學習就會改善。我們相信快速解決方案,經常致力於找尋它們;我們收到只需照

樣實施的最佳實務清單。然而，如果教師並未具備能夠激發他們運用任何工具箱的心態，他們將會掙扎於了解這些工具應該如何運作、要不要對工具有信心，或者是否依照設計使用。對於讓思考變得可見而言，這些心態有關我們：

- 對學生的看法
- 對教學目標的理解
- 對思考與學習的觀念

·對學生的看法·

羅森陶與傑可布森（Rosenthal & Jacobson）出版於1968年的開創性著作《課堂上的比馬龍》（*Pygmalion in the Classroom*）啟動了一長串研究，這本書記錄了教師期望如何影響學生學習。約瑟夫·歐那斯寇由全國高效能中學中心（National Center on Effective Secondary Schools）資助的研究中，發現成功教思考的教師具備一項顯著的重要特質：他們對學生成為思考者的能力樂觀以待[3]。這些教師並沒有將挑戰或困難排除不計，但他們抱持的信念是學生能夠產出豐富、深入的思考，而且隨著時間與支持，他們的能力將不只萌發，更會茁壯。相對的，在學生思考成效較差的教師中，有超過半數抱持失敗主義的態度，他們認為全部學生都沒有能力。

伊瑞卡·盧斯基已經幫助密西根州羅徹斯特高中的其他教師看見面對學習挑戰的學生有潛力成為思考者與學習者。她運用思考例程挖掘出學生的想法，進而幫助他們建立理解，她這群表現出神經多樣性（neurodiverse）的學生常令教師們驚訝於他們的思考能力。同樣的，貝米斯小學的珍妮佛·拉塔特發現，教師對年幼學生的看法往往可能成為MTV的障礙，她指出：「對於利用年幼孩子真實的思考能力，有一種障礙經常可能是教師在不自覺對學生設限。讓思考變得可見的力量繫於我們接受並渴望去挖掘最年幼的學習者在想什麼，因為知道他們會思考。因此，我們會從他們身上獲得真正有價值之物。」

·對目標教學的理解·

　　我們對教學志業的看法會定義我們身為教師的工作內容[4]。那會決定我們擠出的時間用於何處、我們的教學實務，以及我們為學生設計的種種機會。如果我們認為教學的首要目標是灌輸我們的知識給學生和為他們準備考試，那麼讓思考變得可見就會讓我們分心，從而偏離這個目標。的確，這是中學歷史老師萊恩·基爾聽到這些想法的初步反應：「我以前認為，要在高年級課堂上進行MTV和創造思考文化會花太多時間。」但是，藉由聚焦在MTV，他的看法改變了：「現在我認為持續為理解而教，從長期來看，實際上讓我們賺到更多時間，因為我的學生變得能夠建立不同內容領域的連結，也更理解所學。」

　　正如我們在本書不斷提到的，讓思考變得可見拒斥教學的灌輸模式，而是更支持讓學生投入深度學習這種更具變革性的模式，這種模式不只支持學科精熟度，還支持形成一種有力量創造、執行、投入的學習者身分。因此，讓思考可見的一個關鍵心態是肯認深度重於廣度、確保學生投入真實學習而不是為老師做作業、接納複雜性與模糊性而不以簡化為目標，以及鼓勵創造重於複製等等的重要性。

·對思考與學習的觀念·

　　你重視思考嗎？如果重視，你試圖促進學生的哪種思考？約瑟夫·歐那斯寇發現高效能的思考教學者能夠回答這些問題，並且能對他們在課堂中嘗試培養的各種思考類型、這些思考行動和學生的學科學習如何發生關聯等提供更多縝密、詳盡而精確的答案。這些教師也能夠清楚詳細的說明他們嘗試培養學生的性格傾向，諸如好奇心、懷疑態度、智識嚴謹度、開放性思維等。以上與一件事有關：教師不僅僅將自己的學科理解為有待傳授的知識庫，更是學生如學徒般學習的歷程和思考方法的集合。

　　就學習的觀念而言，讓思考變得可見挑戰了學習是透過資訊傳遞而發生

的觀念。當學習者運用資訊在認知層面上進行某事之際，學習於焉發生。不過，最常發生的，是學習者只能自己搞清楚要用他們接收到的資訊做什麼。表現傑出的學生似乎本來就會這樣做，但有遠遠更多的學習者欠缺必要資源，不知如何自行徹底思考，靠自己探索嶄新而具挑戰性的想法。如果教師視學習為探索與意義建構的主動認知歷程，且往往複雜、細緻、獨到，那就不會覺得思考例程、記錄、提問與傾聽是外加的練習，而是這份志業的核心。

◉支持發展技能組合與心態◉

我們在工作中通常會迴避「訓練」老師這種觀點。雖然我們確實在工作坊中發表，也在研討會中講演，但我們認為這些只是更重要的對話的開端，而這些重要對話隨著時間推移，必須持續下去並在學校建立基礎。我們肯認真實的學習、培養技能組合和心態是持續而深入的努力。此外，我們肯認教師可以從同事和學生之間學到很多。但這不只是分享想法和解答，豐厚的專業學習發生於探究精神中——教師更多是在提出問題，像是「如果……那要怎樣？」，而非解決問題，像是「你們應該做的是……」。豐厚的專業學習奠基在教師的提問之上，和不確定性與可能性的連結多過保證與執行。為了促進這段歷程，我們已經開發出許多有用的工具和架構，它們的設計全是為了讓教師在關注學生要進行什麼思考和學習，以及如何進行時，幫助學生生成新的理解。

・學習實驗室・

當我們接到邀請，要我們去學校展示或示範教授以思考例程為導向的課程時，我們總是婉拒。我們認為這會送出以下訊息：思考例程有點難以在課堂做到，能做到是因為某種魔法所致。我們總說如果實施例程有任何魔法，那就是實施前的規劃和實施後的分析。我們設計了學習實驗室來關注這段歷

程。學習實驗室出現在三個階段：初期規劃、課堂教學，與後續討論。每個階段大約會花一節課時間，雖然多點時間有利於規劃，而教學則可以少點時間，對實驗室來講，會有一位主持教師在輔導教師或共同引導者協助下，自願在自己班上實施一堂課。但是，這絕不是所謂展示或示範課，主持者會從我們所有人都可以學習的內容中試用些新東西，而不是推出一場表演。課程將由參與實驗室的教師團隊共創，因此由大家共同「擁有」。我們把這個課程當作雜亂又蘊含起點問題的原型，而不是一場光鮮亮麗的演出。

在最近的一個教育實驗室中，主持教師透露她希望學生深入探討美國夢，也對可能有效激發深入探索的教學資源素材有興趣。接著這位教師分享了可能激發某些思考的一個圖像和一首詩，然後就教師目標討論了兩者的優、缺點與各自可能提供的學習。

團隊決定圖像更有激發性，並開始討論適合引導學生投入的例程。他們試著選擇一項主持教師沒用過的新例程，這樣每個人都可以從頭開始投入規劃過程。經探討後，**美好與真相**（見頁162）和**主線—支線—隱藏故事**（見頁154）被列為可能選項，團隊決定他們認為**故事例程**會讓學生有機會檢視邊緣化群體在構築美國夢時的各種系統性障礙。

接下來教師們進入執行這項例程的後勤規劃，包括以下討論：學生如何進行？分組或個人？怎樣進行學習的書面紀錄並比較哪種最適合？如何分組？應該如何說明學習任務？學生卡住時可以用哪些問題提示他們？構想是在規劃結束時，團隊應該把課堂當成協作性任務，並「擁有」這堂課。

手頭有一份課程原型後，接著團隊進入課堂，觀察主持與共同引導教師執行計畫，他們主要關注學生、共同的課程決定，以及這些決定對學生學習的影響。主持教師固然承擔主要責任，輔導教師或共同引導教師也適時支持。其他團隊成員則趁機盡情觀察，聚焦於學生在做什麼、如何反應、學生向彼此問了哪些問題，以及教師不在場介入時，小組如何解決問題。

在觀察後的討論中，焦點放在學生跟例程上，其他教師不對主持教師的

表現提出回饋，而是檢核團隊的教學決定以及執行結果。事件的處理方式有了新的可能性，但這不是在評判教師，甚至也不是在評判這堂課，只是另一種可能。有人說：「我們甚至沒有討論過在投入例程之前，如果讓學生先探索畫作觀眾可能會如何。但現在看過這項例程後，我在想那可能有用，這也是上到這一課時，我可能在班上嘗試的。」討論中特別關注學生的思考，學生的作品被帶回來特意檢視，個人分享他們聽到和注意到的，並提出新的問題來進一步探討。最後大家討論每個人現在的想法，說說如何可能在自己的課堂運用這個特定的例程，利用團隊來做些快速的預先規劃。

學習實驗室一方面提供學習新思考例程——工具箱的機會，然而，討論、近身觀察和分析性匯報也讓教師得以發展MTV的技能組合。此外，引導者或輔導教師可以藉由對學生的思考能力懷抱信心並鼓勵其他人的信心來示範心態。一次又一次，我們發現共創一個新的思考例程導向課程的最大癥結點，是教師通常想對任務搭建過多鷹架，降低挑戰性與複雜度，以引導學生朝向特定產出。作為引導者，我們需要表現我們對學生的信心，即使在需要構思支持思考的可能方式時，也要抑制這類過度規劃。

・檢視學生思考（LAST）協定・

我們發展出檢視學生思考協定作為原始MTV計畫的一環，我們發現這是一個使思考可見的成果更豐碩的強效工具。這個協定大約要花45至60分鐘完成，依據既定順序與設定時間推進每個階段。和大多數協定一樣，我們要權衡結構式對話的人為操作對於確保討論完整、顧及所有重要議題以及所有聲音都被聽到等效益的不利影響。在http://www.youtube.com/ThePowerOfMakingThinkingVisible可以看到一群比亞立克學院的教師投入檢視學生思考協定的影片，圖7.1則提供這個協定的詳細說明。

在檢視學生思考協定的討論中，會由一位發表教師帶來學生的作品集，這些作品通常來自一項思考例程、一位促進者，加上三到六位參與者。發表

圖 7.1　檢視學生思考（LAST）協定

・發表與準備・

發表作業（不超過 5 分鐘）

發表教師提供任務的脈絡、目標和需求，團隊詢問澄清式問題，了解作業。

閱讀作業（依需要而定，但不超過 7 分鐘）

默讀作業，作筆記以利後續回饋，將筆記分類，以配合此協定的各個階段。

・討論與分析・

注意：發表教師在討論與分析中不發言，但作筆記或寫下團隊對話，以利後續回應。

1. **敘述作業**（5-7 分鐘）

   你在作業本身真正看到什麼？目的是增進彼此對這份作業所有特點的覺察。避免詮釋，只要指出可以看到哪些東西。

2. **推測學生的思考**（5-7 分鐘）

   你在作業的哪裡看見思考？作業的哪些層面提供了 MTV 的洞見？詮釋作業的特色，並且和不同思考類型與方式建立連結，理解地圖可能有幫助。

3. **提出作業相關問題**（5-7 分鐘）

   這份作業引發你的哪些問題？注意：這些是跟思考和理解有關的問題，不是跟課程本身相關的問題。要建構問題來觸及廣泛的、特定的議題，提出問題背後的問題，與其問：「這會花多久？」不如說：「這引發我關於進行這一類作業所需時間的問題。」

4. **討論對教與學的啟發**（5-7 分鐘）

   這份作業接下來要做什麼才能夠進一步延伸並建構學生的思考？對發表教師建議可行的可能方案和替代方案，提出這份作業在促進學生思考上是有怎樣的普遍性影響。

· 匯報對話與協定 ·

發表教師對討論的回應（最多 5 分鐘）

身為發表教師，你從傾聽與討論中得到什麼收穫？對團隊強調你發現討論中哪裡有趣，回應你覺得你需要處理的那些問題，簡短說明你認為哪些地方你現在可能會運用在作業中。

對協定的反思（5 分鐘）

這些步驟進行得如何？感覺如何？反思一般的觀察，注意團隊從上次運用這個協定至今的改善和改變，產出對下一次的建議。

感謝發表教師和記錄者

團隊感謝每一位的貢獻，決定書面文件如何分享、運用與建立團隊的檔案，分配下次會議的角色。

者簡述作業後，其他團隊成員靜默的讀完作品同時作筆記。這個協定的核心會走過四個階段：描述這份作業但不評斷或評價、推測所呈現的思考、提出問題，以及考慮影響。在討論過程中，發表的教師保持靜默，這樣他或她就不會過度影響團隊的分析。一旦發表教師開始解釋這份作業，大家很容易會聽他的，因此強制性靜默負有重要的目的。我們不希望對話聚焦在教學的獨白，而非學生的學習與思考的分析。直到團隊分析有了結論，發表教師才再度加入對話。

如果檢視學生的思考只是對發表教師提出回饋與建議，我們很難合理化所花費的時間。這樣做是滿奢侈的，而且通常很難找出一整節課的時間召集六到八位老師來檢視學生作品。因此，檢視學生思考協定的效益必須延伸到檢視個人作業之外。雖然教師在檢視學生思考協定時，可能會遇到一項新例程，也可能更了解其可能性（工具箱），但也培養了分析學生作品的技能、確認了思考，並提出有關鼓勵思考和理解的問題，以及規劃回應的教學。

圖 7.2 協作文件分析協定

· 發表與準備 ·

發表作業（不超過 5 分鐘）
發表教師提供文件的簡短脈絡背景，團隊向發表者提出澄清性問題。團隊靜默的檢視文件

· 討論與分析 ·

注意：發表教師在討論與分析中不發言，但作筆記或寫下團隊對話，以利後續回應。

團隊回應以下問題：問題可能照順序問或互相交織，成為自由流動的對話（10-20分鐘）

你在文件中看到或聽到什麼？什麼讓你心頭一震？你注意到哪些重要或有意義的層面？解釋是什麼讓你這樣說。

這份文件引發了哪些問題？注意：發表者不回答問題。

對教與學和發表者的後續步驟有哪些啟示？

· 對話與協定的匯報 ·

發表者的收穫：發表者分享他或她的收穫。

團隊的收穫：團隊成員快速記下至少一個可以用在自己課堂的想法，並跟團隊分享自己的想法。

對協定的匯報，並感謝發表者。

· 協作文件分析協定 ·

協作文件分析協定（圖7.2）是另一個有用的協定，這是我們零點計畫同事馬拉·克岳切夫斯基、本恩·馬得歐、梅莉莎·里瓦德和丹尼爾·威爾森[5]的共同設計。顧名思義，此協定聚焦於分析帶給團隊的一份書面文件，這個協定沒有經歷一系列特定提示，而用更多自由流動的討論來分析、提問，並考量啟示，雖然有些團隊選擇照順序逐一提出問題提示。這個協定所花時間通常會比檢視學生思考還要少，通常可以在25分鐘內完成，使得兩輪分

享和討論可能在一般的一節課時間完成。

　　和檢視學生思考一樣，協作文件分析協定請教師以書面化文件為基礎進行詮釋。他們真的看到什麼？頁面上有什麼？針對教師對學生學習與思考的主張，我們鼓勵教師提出支持這些主張的明確元素，通常這會促進辯論和豐富的討論。

　　對某人似乎清楚而明白的事物，對其他人未必如此，當我們被替代方案、以證據為基礎的詮釋挑戰時，會促使我們重新檢視我們的詮釋。教師通常會提出學生可能詢問的問題、他們希望看到的其他證據，以及教師可能會用來收集那些證據的方法，教師變成自己學生的學生，成為學習和思考本身的探究者。這些是可能推進MTV真實專業成長的對話型態。

・教師反思・

　　我們召集專業學習團隊時，通常從自己個人的課堂中對MTV志業的一般性反思開始，以下是幾個可能有用的問題提示。我們請教師從下列提示中選擇一或兩個，然後花三到五分鐘寫一些反思，然後分享我們的反思，可以找一位夥伴、組成三人小組，或偶爾全部一起。

1. 你覺得這個星期的哪些時刻，學生之間的連結最強也最投入學習？為什麼會這樣？

2. 你覺得這個星期的哪些時刻，學生之間幾乎沒有連結或沒有投入學習，他們似乎只是敷衍了事？可能是什麼原因所致？

3. 有哪個學生思考的例子最出乎意料，並開啟新的可能和新的探索路徑？

4. 這個星期你在MTV教學所做的每件事中，如果有機會再做一次，你會有什麼不同作法？

5. 這個星期你聽到自己問的問題中，哪幾個對揭露、促進或提示學生思

考有最好的成效？

6.這個星期有哪些機會（有利用或沒有利用）把學生的思考整理成文件記錄下來？

7.你注意到自己在何時和何處帶著旺盛的意圖傾聽？你希望哪裡可以「重作」，然後回到那裡更專注的傾聽？

　　我們運用這些反思提示的另一個方法，是由教師保管一份反思紀錄或口誌以作為持續反思歷程的一環。教師把問題留在手邊，每天或每週反思這些問題。這裡的意圖是用它們作為教學中提醒我們有意義的反思的工具，而不是處理全部的問題提示，雖然有些教師會這樣做！接下來，教師可能帶著自己的反思到專業學習團隊中分享。

◉總結◉

　　這一章我們從討論教學的挑戰性開始，教學不僅是將內容知識和傳授技能結合起來，教學之所以複雜，是因為學習本身複雜。同時，教學有可能令人振奮，確切來說，是因為學習令人振奮。跟深度投入的學習者在一起，極為鼓舞人心，很少有比這更棒的事了。上完一節學生全神投入的課時，我們不覺得精力耗盡，反而覺得重拾活力。

　　有些人認為教師要負起產出學習的責任，但這是對我們角色的誤解。身為教師，我們負責的是產出學習的條件，其中包括讓思考變得可見的承諾與力量：在學習過程中提供機會。藉由運用本書呈現的各種工具，包括提問、傾聽、記錄，特別還有思考例程的運用，讓教育工作者可以支持學生的思考以達致學習。然而，本書提供的策略只是工具，一如任何工具，必須藉由熟練的技能應用在適合的脈絡中才能顯現全部的潛力，而這需要社群之力才能學到。我們需要課堂社群，在其中跟學生一起學習、也向學生學習，然後成為學生的學生。我們也仰賴學校社群，在其中跟同事一起學習、也向同事學

習，因為我們不只設法運用思考例程，我們還要發展出妥善運用例程的技能組合與心態。最後，我們受惠於廣大的全球教師專業社群，並以之為基礎，從中學習其他人的新觀點、挑戰和洞見。

對部分讀者來說，本書代表他們已經在課堂與學校實現MTV和創造思考文化；對其他人來說，這會是嶄新努力的開端。不論哪一種，我們希望你從本書呈現的教師故事中獲得靈感，雖然這些描述的都是卓越的實作畫面，但是要知道，這些教師也有初遇這些工具的時刻，都是需要試用、反思，然後再試一次的新歷程。讓自己有機會犯錯，然後向你的學生學習，也一起學習，找到可以分享並討論你的努力和持續學習的同事。每當你讓學生的思考變得可見，就用來作為下一步教學行動的自然起點，讓你的教學成為符合學習者現況的回應行動。用這種方法，你會發現自己已經順利上路，開始發揮讓思考變得可見的力量。

1　Cochran-Smith and Lytle 1999, p.250
2　human interests
　　指對個人的經驗或情緒有興趣。譯者註

3　Onosko 1992
4　Schoenfeld 1999
5　Krechevsky 2013

參考文獻

1 Allen, D. and Blythe, T. (2004). *The Facilitator's Book of Questions: Tools for Looking Together at Student and Teacher Work*. New York: Teachers College Press.

2 Black, P. and Wiliam, D. (2002). *Inside the Black Box: Raising Standards Through Classroom Assessment*. London: Department of Education & Professional Studies King's College London.

3 Boaler, J. and Brodie, K. (2004). *The Importance, Nature and Impact of Teacher Questions*. Toronto: Psychology of Mathematics Education North America.

4 Briggs, S. (2014). Improving working memory: How the science of retention can enhance all aspects of learning. http://www.opencolleges.edu.au/informed/features/how-to-improveworking-memory (accessed 24 November 2019).

5 Briggs, S. (2017). Why curiosity is essential to motivation. http://www.opencolleges.edu.au/informed/features/curiosity-essential-motivation (accessed 2 April 2019).

6 Brookfield, S.D. and Preskill, S. (2005). *Discussion as a Way of Teaching: Tools and Techniques for Democratic Classrooms*. San Francisco: Jossey-Bass.

7 Brown, J. (2016). "Fire," The Sea Accepts All Rivers & Other Poems. Bloomington: Trafford.

8 Brown, P.C., Roediger, H.L.,.I.I.I., and McDaniel, M.A. (2014). *Make It Stick: The Science of Successful Learning*. Cambridge, MA: Belknap Press.

9 City, E.A., Elmore, R.F., Fiarman, S.E., and Teitel, L. (2009). *Instructional Rounds in Education: A Network Approach to Improving Teaching and Learning*. Cambridge, MA: Harvard Educational Publishing Group.

10 Claxton, G., Chambers, M., Powell, G., and Lucas, B. (2011). *The Learning Powered School: Pioneering 21s Century Education*. Bristol: TLO Limited.

11 Cochran-Smith, M. and Lytle, S. (1999). Relationships of knowledge and practice: teacher learning in communities. *Review of Research in Education* 24: 249–305.

12 Collins, A., Brown, J.S., and Holum, A. (1991). Cognitive apprenticeship: making thinking visible. *American Educator* 15 (3): 6–11, 38–46.

13 Deslauriers, L., McCarty, L.S., Miller, K. et al. (2019). Measuring actual learning versus feeling of learning in response to being actively engaged in the classroom. *Proceedings of the National Academy of Sciences* 116 (39): 19251–19257.

14 Dweck, C. (2006). *Mindset: The New Psychology of Success*. New York: Ballantine Books. English, A.R., Hintz, A., and Tyson, K. (2018). *Growing Your Listening Practice to Stupport Students' Learning (Handbook)*. Edinburgh, UK.

15 Giudici, C., Rinaldi, C., and Krechevsky, M. (eds.) (2001). *Making Learning Visible: Children as Individual and Group Learners*. Reggio Emilia, Italy: Reggio Children.

16 Given, H., Kuh, L., LeeKeenan, D. et al. (2010). Changing school culture: Using documentation to support collaborative inquiry. *Theory Into Practice* 49: 36–46.

17 Goodlad, J.I. (1983). *A Place Called School: Prospects for the Future*. New York: McGraw-Hill.

18 Hattie, J. (2009). *Visible Learning: A Synthesis of over 800 Meta-Analyses Relating to Achievement*. New York: Routledge.

19 Hattie, J. and Timperley, H. (2007). The power of feedback. *Review of Educational Research* 77 (1): 81–112.

20 Hewlett Foundation (2013). Deeper learning competencies. https://hewlett.org/wp-content/uploads/2016/08/Deeper_Learning_Defined__April_2013.pdf (accessed 20 November 2019).

21 Karpicke, J.D. (2012). Retrieval-based learning: Active retrieval promotes meaningful learning. *Current Directions in Psychological Science* 21 (3): 157–163.

22 Krechevsky, M., Mardell, B., Rivard, M., and Wilson, D. (2013). *Visible Learners: Promoting Reggio-Inspired Approaches in All Schools*. Hoboken, NJ: Wiley.

23 Leinhardt, G. and Steele, M.D. (2005). Seeing the complexity of standing to the side: Instructional dialogues. *Cognition and Instruction* 23 (1): 87–163.

294

24 Liljedahl, P. (2016). Building thinking classrooms: conditions for problem-solving. In: *Posing and Solving Mathematical Problems* (eds. P. Felmer, J. Kilpatrick and E. Pekhonen), 361–386. Cham: Springer.

25 Lyons, L. (2004). Most teens associate school with boredom, fatigue. http://www.gallup.com/poll/11893/most-teens-associate-school-boredom-fatigue.aspx (accessed 20 November 2019).

26 MacKenzie, T. and Bathurst-Hunt, R. (2019). *Inquiry Mindset*. Elevate Books Edu.

27 Mehta, J. and Fine, S. (2019). *In Search of Deeper Learning: The Quest to Remake the American High School*. Cambridge, MA: Harvard University Press.

28 Miller, G.A. (1956). The magical number seven, plus or minus two: Some limits on our capacity for processing information. *Psychological Review* 63 (2): 81–97.

29 Murdoch, K. (2015). *The Power of Inquiry*. Melbourne: Seastar Education.

30 Newmann, F.M., Wehlage, G.G., and Lamborn, S.D. (1992). The significance and sources of student engagement. In: *Student Engagement and Achievement in American Secondary Schools* (ed. F.M. Newmann), 11–39. New York: Teachers College Press.

31 Newmann, F.M., Marks, H.M., and Gamoran, A. (1996). Authentic pedagogy and student performance. *American Journal of Education* 104: 280–312.

32 Newmann, F.M., Bryk, A.S., and Nagaoka, J. (2001). *Authentic Intellectual Work and Standardized Tests: Conflict or Coexistence*. Chicago: Consortium on Chicago School Research. Onosko, J.J. (1992). Exploring the thinking of thoughtful teachers. *Educational Leadership* 49 (7): 40–43.

33 Perez-Hernandez, D. (2014). Taking notes by hand benefits recall, researchers find. https://www.chronicle.com/blogs/wiredcampus/taking-notes-by-hand-benefits-recall-researchers-find/51411 (accessed 11 June 2019).

34 Perkins, D.N. (1992). *Smart Schools: From Training Memories to Educating Minds*. New York:The Free Press.

35 Perkins, D.N., Tishman, S., Ritchhart, R. et al. (2000). Intelligence in the wild: A dispositional view of intellectual traits. *Educational Psychology Review* 12 (3): 269–293.

36 Perkins, D.N. (2003). *King Arthur's Round Table: How Collaborative Conversations Create Smart Organizations*. Hoboken, NJ: Wiley.

37 Pianta, R.C., Belsky, J., Houts, R., and Morrison, F. (2007). Opportunities to learn in America's elementary classrooms. *Science* 315: 1795–1796.

38 Ritchhart, R. (2000). Developing intellectual character: A dispositional perspective on teaching and learning, PhD dissertation. Harvard University Graduate School of Education.

39 Ritchhart, R. (2002). *Intellectual Character: What It Is, Why It Matters, and How to Get It*. San Francisco: Jossey-Bass.

40 Ritchhart, R. (2015). *Creating Cultures of Thinking: The 8 Forces We Must Master to Truly Transform Our Schools*. San Francisco: Jossey-Bass.

41 Ritchhart, R., Turner, T., and Hadar, L. (2009). Uncovering students' thinking about thinking using concept maps. *Metacognition and Learning* 4 (2): 145–159.

42 Ritchhart, R., Church, M., and Morrison, K. (2011). *Making Thinking Visible: How to Promote Engagement, Understanding, and Independence for All Learners*. Jossey-Bass: San Francisco.

43 Rothstein, D. and Santana, L. (2011). *Make Just One Change: Teaching Students to Ask Their Own Questions*. Cambridge, MA: Harvard Education Press.

44 Schoenfeld, A.H. (1999). Models of the teaching process. *Journal of Mathematical Behavior* 18 (3): 243–261.

45 Schwartz, K. (2015). How memory, focus and good teaching can work together to help kids learn. KQED Mindshift. www.kqed.org/mindshift/2015/04/09/how-memory-focus-andgood-teaching-can-work-together-to-help-kids-learn (accessed 9 April 2015).

46 Schwartz, M.S., Sadler, P.M., Sonnert, G., and Tai, R.H. (2009). Depth versus breadth: How content coverage in high school science courses relates to later success in college science coursework. *Science Education* 93 (5): 798–826.

47 Sepulveda, Y. and Venegas-Muggli, J.I. (2019). Effects of using thinking routines on the academic results of business students at a Chilean tertiary education institution. *Decision Sciences Journal of Innovative Education* 17 (4): 405–417.

48 Shernoff, D.J. (2010). *The Experience of Student Engagement in High School Classrooms: Influences and Effects on Long-Term Outcomes*. Saarbruken: Lambert Academic.

49 Shernoff, D.J. (2013). *Optimal Learning Environments to Promote Student Engagement*. New York: Springer Science + Business Media.

50 Smith, M. and Y. Weinstein (2016). Learn how to study using . . . retrieval practice. http://www.learningscientists.org/blog/2016/6/23-1 (accessed 11 June 2019).

51 Thornburg, D.D. (2004). Campfires in cyberspace: Primordial metaphors for learning in the 21st century. *International Journal of Instructional Technology and Distance Learning* 1 (10): 3–10.

52 Tishman, S. (2017). *Slow Looking: The Art and of Practice Learning Through Observation*. New York: Routledge.

53 Vygotsky, L.S. (1978). *Mind in Society*. Cambridge, MA: Harvard University Press.

54 Wallace, T.L. and Sung, H.C. (2017). Student perceptions of autonomy-supportive instructional interactions in the middle grades. *Journal of Experimental Education* 83 (3): 425–449.

55 White, R.T. and Gunstone, R.F. (1992). *Probing Understanding*. London: Falmer Press.Wiliam, D. (2014). Is the feedback you're giving students helping or hindering?. https://www.dylanwiliamcenter.com/is-the-feedback-you-are-giving-students-helping-or-hindering(accessed 25 April 2019).

56 Wiliam, D. (2016). The secret of effective Feedback. *Educational Leadership* 73 (7): 10–15.

57 Yinger, R.J. (1979). Routines in teacher planning. *Theory Into Practice* 18: 163–169.

58 Van Zee, E. and Minstrell, J. (1997). Using questioning to guide student thinking. *Journal of the Learning Sciences* 6 (2): 227–269.

譯名對照

學術名詞

3 — 2 — 1 橋接｜ 3-2-1 Bridge

以前我認為……，現在我認為……｜ I Used to Think… Now I Think…

促進型問題｜ facilitative questions

傾聽教學法｜ pedagogy of listening

列舉—排序—連結—闡述｜ Generate-Sort-Connect-Elaborate

印度反英暴動｜ Indian Mutiny

即時教學｜ just in time teaching

反思性拋問｜ reflective toss

同理型傾聽｜ empathetic listening

尤利卡城寨之戰｜ Eureka Stockade

形成性評量｜ formative assessment

後設認知覺識｜ metacognitive awareness

想想—疑惑—探索｜ Think-Puzzle-Explore

拔河｜ Tug-of-War

教育型傾聽｜ educative listening

是什麼讓你這麼說？｜ What Makes You Say That?

檢視學生思考｜ Looking At Student Thinking, LAST

瑞吉歐教學｜ Reggio Emilia

生成型傾聽｜ generative listening

看—想—疑｜ See-Think-Wonder

確認偏誤｜ Confirmation Bias

科學、科技、工程與數學｜ Science, Technology, Engineering, Mathematics, STEM

觀點圈｜ Circle of Viewpoints

跳板計畫｜ SpringBoard

連結—延伸—挑戰｜ Connect-Extend-Challenge

進入角色｜ Step Inside

選擇性注意力｜ selective attention

預測—觀察—解釋｜ Predict-Observe-Explain

頻率錯覺｜ frequency illusion

著作、研究與機構

〈上學〉｜ Al Colegio

〈我需要更像法國人，或日本人〉｜ I Need to be More French. Or Japanese.

《引導者的問題之書》｜ *The Facilitators' Book of Questions*

《只要一個改變：教學生問他們自己的問題》｜ *Make Just One Change: Teaching Students to Ask Their Own Questions*

《吉利根島》｜ *Gilligan's Island*

《旱溪聖徒》｜ *Saint of Dry Creek*

《彼德格林》｜ *Peter Grimes*

《書之子》｜ *A Child of Books*

《草原之家》｜ *Little House on the Prairie*

《脫線家族》｜ *The Brady Bunch*

《創造思考文化：真正改變學校須掌握的八大力量》｜ *Creating Cultures of Thinking: The 8 Forces We Must Master to Truly Transform Our Schools*, Ritchhart

《綠色能源島：一個社區如何利用風力改變他們的世界》｜ *Energy Island: How One Community Harnessed the Wind and*

Essendon Grammar School
惠烈基金會｜Hewlett Foundation
普立茲中心｜Pulitzer Center
智利科技大學職業培訓學院｜Universidad Tecnologica de Chile INACAP
智能美德學院｜Intellectual Virtues Academy
華盛頓國際學校｜Washington International school
傳承｜Densho
園景小學｜Parkview Elementary
奧斯本小學｜Osborne Elementary
愛默生學校｜Emerson School
溫士頓─色冷巔峰學校｜Summit School in Winston-Salem
聖方濟‧札維耶小學｜St. Francis Xavier Primary
聖母玫瑰小學｜Rosary Primary School
聖菲利浦基督教學院｜St. Philip's Christian College
聖雷歐納德學院｜St. Leonard's College
聖誕老人工作坊擴充計畫｜Santa Workshop Expansion Project
遠景基金會｜Longview Foundation
慕尼黑國際學校｜Munich International School
學校改革倡議｜School Reform Initiative
盧沙卡美國國際學校｜American International school of Lusaka
盧森堡國際學校｜International School of Luxembourg
織錦合夥顧問｜Tapestry Partnership
羅徹斯特高中｜Rochester High School

人名

大衛‧寇歐｜David Call
大衛‧艾倫｜David Allen
大衛‧里爾｜David Riehl
大衛‧松恩伯格｜David Thornburg
大衛‧柏金斯｜David Perkins

大衛‧薛諾夫｜David Shernoff
山姆‧溫斯頓｜Sam Winston
丹尼絲‧柯芬｜Denise Coffin
丹尼爾‧威爾森｜Daniel Wilson
內華達‧邊頓｜Nevada Benton
森‧阿姆斯壯｜Nathan Armstrong
卡門‧拉弗雷特｜Carmen Laforet
卡特琳‧羅伯臣｜Katrin Robertson
卡崔娜‧波斯｜Katrina Bowes
卡麥隆‧派特森｜Cameron Paterson
卡蘿‧杜偉克｜Carol Dweck
史考特‧拉森｜Scott Larson
史都華‧戴維斯｜Stuart Davis
史提夫‧戴維斯｜Steve Davis
史蒂芬‧威特摩｜Steven Whitmore
史蒂芬‧布魯克菲爾德｜Stephen Brookfield
史蒂芬‧普雷斯基爾｜Stephen Preskill
尼克‧波以冷｜Nick Boylan
本恩‧馬得歐｜Ben Mardell
皮特‧高翰｜Pete Gaughan
吉姆‧敏斯特爾｜Jim Minstrell
吉姆‧瑞絲｜Jim Reese
安‧瑞伊｜Anne Ray
安茱莉亞‧佩迪科德｜Andrea Peddycord
朱莉‧腓德烈｜Julie Frederick
艾希莉‧佩洛絲瑪｜Ashley Pellosmaa
艾咪‧理查森｜Amy Richardson
艾倫‧杜蒙｜Allan Drummond
艾曼達‧史蒂芬絲｜Amanda Stephens
艾莉莎‧詹森｜Alisha Janssen
艾莉森‧修特｜Alison Short
艾莉絲‧維格斯｜Alice Vigors
艾瑞克‧林德曼｜Erik Lindemann
艾瑞克‧馬祖爾｜Eric Mazur
艾蜜莉‧韋爾斯｜Emily Veres
克莉斯‧費森貝克｜Chris Fazenbaker
克蕾兒‧漢米爾頓｜Claire Hamilton
希瑟‧伍德科克｜Heather Woodcock
李‧柯勞絲莉｜Lee Crossley
沃爾特‧巴斯奈特｜Walter Basnight

狄妮斯・柯芬｜ Denise Coffin
貝絲・安・菲納莉｜ Beth Ann Fennelly
亞娜・韋恩斯坦｜ Yana Weinstein
亞當・薛爾｜ Adam Scher
亞歷珊卓・桑琪絲｜ Alexandra Sánchez
依瑞卡・盧斯基｜ Erika Lusky
妮娜・拜耳維茲｜ Nina Bilewicz
彼得・伯默爾｜ Peter Bohmer
肯卓・戴里｜ Kendra Daly
芙洛西・蔡｜ Flossie Chua
金・史麥莉｜ Kim Smiley
阿曼達・史蒂芬斯｜ Amanda Stephens
阿曼達・帝歐｜ Amanda Deal
阿理森・阿考克｜ Alison Adcock
保羅・詹姆士・米勒｜ Paul James Miller
哈蒂薇・維亞斯｜ Hardevi Vyas
珊卓・哈恩｜ Sandra Hahn
珍妮佛・何蘭德｜ Jennifer Hollander
珍妮佛・拉塔特｜ Jennifer LaTarte
珍妮芙・賀蘭德｜ Jennifer Hollander
約瑟夫・歐那斯寇｜ Joseph Onosko
耶爾科・塞普爾韋達｜ Yerko Sepulveda
胡安・伊・維內加斯─穆格利｜ Juan I.
　　Venegas-Muggli
韋恩・寇克斯｜ Wayne Cox
夏蕊・提許曼｜ Shari Tishman
姬因・湯普森─葛若夫｜ Gene Thompson-
　　Grove
娜塔莉・貝里｜ Natalie Belli
娜塔莉・馬提諾｜ Natalie Martino
娜薇妲・班頓｜ Nevada Benton
泰瑞・透納｜ Terri Turner
班傑明・布列頓｜ Benjamin Britten
納莉・吉布森｜ Nellie Gibson
納森・阿姆斯壯｜ Nathan Armstrong
納塔莉・貝莉｜ Natalie Belli
茱莉・芮恩斯｜ Julie Rains
茱莉・曼立｜ Julie Manley
茱莉・藍沃格特｜ Julie Landvogt
茱蒂・安納斯托普洛斯｜ Judy Anastopoulos

茱蒂・布朗｜ Judy Brown
茱蒂・柯柔｜ Jodi Coyro
馬拉・克岳切夫斯基｜ Mara Krechevsky
基恩・奎薩達｜ Gene Quezada
崔夏・瑪帖歐斯基｜ Trisha Matelski
康妮・威柏｜ Connie Weber
梅根・史密斯｜ Megan Smith
梅莉莎・里瓦德｜ Melissa Rivard
梅爾維爾・漢金斯｜ Melville Hankins
荷莉・麥可勒戈｜ Holly McClurg
雪倫・布蘭姆｜ Sharonne Blum
莎拉・法恩｜ Sarah Fine
雪莉・麥格瑞斯｜ Sheri McGrath
麥克・梅德明斯基｜ Mike Medvinsky
麥特・立特爾｜ Matt Littell
麥特・馬貢｜ Matt Magown
傑夫・易凡寇｜ Jeff Evancho
傑夫・華特森｜ Jeff Watson
傑西・蓋克｜ Jessie Gac
傑若米・萬｜ Jeremy Whan
傑森・貝爾｜ Jason Baehr
凱西・格林｜ Kathy Green 凱西・葛林
　　｜ Kathy Green
凱特・杜拉德｜ Kate Dullard
凱特琳・威廉斯｜ Caitlin Williams
凱特琳・麥克奎德 Caitlin McQuaid
凱特琳・羅伯森｜ Katrin Robertson
凱琳・莫莉森｜ Karin Morrison
喬伊絲・洛倫科・佩雷拉｜ Joyce Lourenco
　　Pereira
斯圖亞特・戴維斯｜ Stuart Davis
湯姆・海爾曼｜ Tom Heilman
萊恩・基爾｜ Ryan Gill
萊絲莉・羅伯臣｜ Lesley Robertson
雅爾・梅塔｜ Jal Mehta
塔希蕊・譚珮｜ Tahireh Tampi
塔拉・瑟洛夫｜ Tara Surloff
奧立佛・傑法｜ Oliver Jeffers
愛莉夏・楊森｜ Alisha Janssen
愛麗絲・杜爾・米勒｜ Alice Duer Miller

瑟娜茲・米瓦拉｜ Shernaz Minwalla
葛根蒂普・洛達｜ Gagandeep Lota
蒂娜・布來施｜ Tina Blythe
裘蒂・寇以羅｜ Jodi Coyro
達若・克魯斯｜ Darrel Cruse
雷妮・卡瓦拉｜ Renee Kavalar
瑪莉・貝絲・許密特｜ Mary Beth Schmitt
瑪莉・葛茲｜ Mary Goetz
瑪莉・賓恩｜ Mary Beane
瑪莉・凱利｜ Mary Kelly
瑪雲娜・古德伊｜ Marina Goodyear
瑪裘莉・基內爾德｜ Marjorie Kinnaird
瑪德蓮・貝克｜ Madelaine Baker
瑪麗・戈茨｜ Mary Goetz
維多莉亞・麥克尼寇｜ Victoria McNicol
摩根・菲爾德｜ Morgan Fields
潔西卡（潔斯）・艾爾法羅｜ Jessica (Jess)
　　Alfaro
潘妮・貝克｜ Pennie Baker
魯迪・朋克薩 Rudy Penczer
諾拉・薇妙琳｜ Nora Vermeulin
霓娜｜ Nina
崔西・希瓦利埃｜ Tracy Chevalier
薇若妮卡・波依絲・曼西拉｜ Veronica Boix
　　Mansila
薛娜思・敏瓦拉｜ Shernaz Minwalla
薛莉・彼得森｜ Shelley Petersen
謝拉・高斯｜ Shehla Ghouse
黛安・譚波林｜ Diane Tamblyn
藍迪・葛利羅｜ Randy Grillo
羅倫・柴爾德｜ Lauren Child
蘭姆・史卡羅拉｜ Ahlum Scarola
露易絲一安・蓋德斯｜ Louise-Anne Geddess
蘿拉・佛萊德｜ Laura Fried
蘿拉・麥克米倫｜ Laura MacMillan

地名

中央海岸｜ Central Coast
加州，長灘市｜ Long Beach, California
加州，德爾馬｜ Del Mar, California
北卡羅萊納州｜ North Carolina
昆士蘭｜ Queensland
紐澤西州，新港｜ Newport, New Jersey
密西根州，布萊頓市｜ Brighton, Michigan
密西根州，布隆非希爾市｜ Bloomfield Hills,
　　Michigan
密西根州，伊普西蘭蒂｜ Ypsilanti, Michigan
密西根州，安那堡｜ Ann Arbor, Michigan
密西根州，特洛伊市｜ Troy, Michigan
密西根州，奧克蘭郡｜ Oakland County,
　　Michigan
密西根州，諾維市｜ Novi, Michigan
密西根州，羅徹斯特｜ Rochester, Michigan
雪梨｜ Sydney
華盛頓州，貝爾尤市｜ Bellevue, Washington
新南威爾斯州，紐卡索｜ Newcastle, New
　　South Wales
新墨西哥州，聖塔菲｜ Santa Fe, New Mexico
維多利亞省，艾森｜ Eltham, Victoria
維多利亞省，蒙莫朗西｜ Montmorency,
　　Victoria
賓州，桂格谷｜ Quaker Valley, Pennsylvania
墨爾本｜ Melbourne

讓思考變得可見的力量：一本同時強化教學力與學習力的實作書／
榮・理查特（Ron Ritchhart），馬克・邱奇（Mark Church）著；
劉恆昌，侯秋玲譯.
一初版.一新北市：大家出版，
遠足文化事業股份有限公司，2024.05
　　面；　公分.一
譯自：The Power of Making Thinking Visible
Practices to Engage and Empower All Learners
ISBN 978-626-7283-75-2（平裝）
1.CST：思考能力教學　2.CST：批判思考教學
3.CST：教學設計　　4.CST：教學法
521.426　　　　　　　　　　　　　　　113004652

讓思考變得可見的力量
一本同時強化教學力與學習力的實作書
The Power of Making Thinking Visible
Practices to Engage and Empower All Learners

作　　　者　榮・理查特（Ron Ritchhart），馬克・邱奇（Mark Church）
譯　　　者　劉恆昌，侯秋玲
責任編輯　賴逸娟
行銷企畫　陳詩韻
總 編 輯　賴淑玲
封面設計　莊謹銘
內頁排版　黃暐鵬

出 版 者　大家出版／遠足文化事業股份有限公司
發　　行　遠足文化事業股份有限公司（讀書共和國出版集團）
　　　　　231新北市新店區民權路108-2號9樓
電　　話　(02) 2218-1417
傳　　真　(02) 8667-1851
劃撥帳號　19504465　　戶名　遠足文化事業股份有限公司
法律顧問　華洋法律事務所　蘇文生律師
定　　價　新台幣500元
初版1刷　2024年5月

I S B N　　978-626-7283-75-2